The Anthropo-Historical Ontology | An Outline of My Philosophy

人类学历史本体论
上卷
伦理学纲要

李泽厚 —— 著

人民文学出版社

The
Anthropo-Historical
Ontology
An Outline
of My Philosophy

人类学历史本体论

The
Anthropo-Historical
Ontology
An Outline
of My Philosophy

ETHICS

1930年6月出生,湖南长沙人。1954年毕业于北京大学。中国社会科学院哲学所研究员。1988年当选为巴黎国际哲学院院士。1992年客居美国,先后任美国、德国等多所大学的客席讲座教授等。1998年获美国科罗拉多学院人文学荣誉博士学位。2010年入选世界权威的《诺顿理论和批评选集》。

主要论著有《批判哲学的批判》《中国古代思想史论》《中国近代思想史论》《中国现代思想史论》《美的历程》《华夏美学》《美学四讲》《论语今读》《己卯五说》《历史本体论》《实用理性与乐感文化》《伦理学纲要》《哲学纲要》《中国哲学如何登场？》《由巫到礼 释礼归仁》《伦理学纲要续篇》等；结集有《李泽厚十年集》《李泽厚论著集》《李泽厚集》《李泽厚对话集》等。

李泽厚

中国当代著名思想家,在哲学、思想史、伦理学、美学等多个领域均有重大建树,其原创性思想系统为"人类学历史本体论"。

图书在版编目(CIP)数据

人类学历史本体论:全3册/李泽厚著.—北京:人民文学出版社,2019（2021.11重印）

ISBN 978-7-02-012331-5

Ⅰ.①人… Ⅱ.①李… Ⅲ.①本体论—研究 Ⅳ.①B016

中国版本图书馆 CIP 数据核字(2019)第 029051 号

责任编辑　李　磊
装帧设计　刘　静
责任印制　任　祎

出版发行　人民文学出版社
社　　址　北京市朝内大街 166 号
邮政编码　100705

印　　刷　三河市中晟雅豪印务有限公司
经　　销　全国新华书店等

字　　数　470 千字
开　　本　880 毫米×1230 毫米　1/32
印　　张　27.25　插页 6
印　　数　5001—9000
版　　次　2019 年 6 月北京第 1 版
印　　次　2021 年 11 月第 2 次印刷

书　　号　978-7-02-012331-5
定　　价　149.00 元(全三册)

如有印装质量问题,请与本社图书销售中心调换。电话:010-65233595

前记（2018）

本书原名《哲学纲要》，2011年1月初版于北京大学出版社，同年7月改正众多错漏后第2次印行。2015年7月由中华书局出版。2016年6月增添若干新篇旧作由青岛出版社更名出版。更名实乃恢复，因《哲学纲要》主要由《人类学历史本体论》（天津社会科学院出版社2008年5月初版，同年8月再版，2010年3月三版）拆拼重组而成，当年为八十自祭自寿以纪念研读哲学，交北大出版；不料转瞬又活多年，而殒殁毕竟邻近，乃恢复本名出青岛版，留存"人类学历史本体论"作自己的独特记念。此次由人民文学出版社出版，应出版社要求，书分三册，有所增删。此书多次行印，变相屡售，似有愧于读者，却已无可如何，惊岁月如流更应奋力求索，奈身心疲惫那堪书案折磨，思意未尽，发表难能，此为最后一版欤？不可知也矣。谨记。

2018年88岁于异域波城

目录

序 ___001

内在自然人化说（1999） ___003
自由意志的绝对性___003

相对伦理塑建绝对___010

两种道德论（2001） ___014
经验变先验___014

现代社会性道德___026

西体中用___038

关于情本体（2004） ___052
心、性为本还是情为本___052

什么样的情___068

情本体、两种道德与"立命"（2006） ___086
人性能力___086

权利与善谁优先___094

"道始于情"___103

立命：上帝拯救还是自己拯救___113

谈"恻隐之心"（2007） ___123
道德心理与社会生物学___123

"共同人性"的三方面___135

再谈理性与本能（2008） ___145
动物本能与人类理性___145

能力、情感与观念___149

　　幸福是否伦理学命题？___159

新一轮"儒法互用"(2009) ___168

　　善是什么___168

　　和谐高于公正___174

伦理学答问补 (2012、2016) ___183

　　要点在三个区分___183

　　自由意志乃人性能力___190

　　接着Wittgenstein走___200

　　情本体与女性主义伦理学___203

为什么说孔夫子加Kant (2014) ___208

　　"学而第一"与"不知的共同根源"___208

　　"尔安乎"与绝对律令___211

　　意志、观念、情感和"最高境界"___214

　　人是目的与关系主义___222

　　事实、价值不二分___232

　　历史进入形上___238

　　"上帝死了"之后___244

关于"伦理学总览表"的说明 (2018) ___252

　　情境、情绪和情感___254

　　关于"两德论"___268

自由意志和孟子的伟大贡献 ___ 276

尾声 ___ 290

序

本卷《伦理学纲要》是从我著作中有关论议伦理学的部分摘取汇编而成，它们分别写于世纪交替以来的不同时日，这次汇集因年老体衰，未能改动以求统一。

这些属于不同岁月的文字合成本书，形式结构上便自无系统条理之可言，且有不少重叠雷同、反复陈说的地方，但内在脉络和论证说法倒相当一贯。总的说来，就是继承中国传统，在人类学历史本体论哲学视角下，从"人之所以为人"出发，将道德、伦理作内外二分，道德又外作传统宗教性与现代社会性二分，内作能力（意志）、情感、观念三分，并以此为基点，讨论伦理学的一些根本问题，而不断有所明确、补充和扩展。如确认道德心理和行为中，理性为动力，情感乃助力；人性能力在道德领域乃（自由）意志，等等。此外，拙著《回应桑德尔及其他》（2014）、《什么是道德？》（2015）两书亦均属伦理学范围，亦有重要确认和增补，如《回应》书中的伦理学整体图表（"总览表"的说明）、《什么是道德？》书中对某些具体问题的回答，等等。

我曾为突出特色而片面地说过，中国哲学是"生存的智慧"（如"度"的艺术），西方哲学是"思辨的智慧"（如 Being 的追寻）；十多亿人口和五千年未断的历史是前者的见证，迅猛发展的高科技和现代自由生活是后者的见证，各有优长和缺失。我所想探究的，正是中国传统的优长待传和缺失待补，以及如何传如何补，我以为"转化性创造"是关键。这对我来说，就是以孔老夫子来消化 Kant、Marx 和 Heidegger，并希望这个方向对人类未来有所献益。作为中国传统哲学主干的伦理学，应予此有所贡献。

由于各种主客观制限，我的文章大多匆忙写成，未及锤炼，是以论证疏略，语言平浅，资料不多，概括稍快。诸作如此，本书亦然。但钩元提要，别见洞天，旨意深淳，自成一统，亦不遑多让。"阐旧邦以辅新命，极高明而道中庸"（冯友兰语），为多代学人所深望，亦拙诸作所向往，幸希读者三留意焉。

此序。

2009 年 10 月撰写，2015 年 12 月改订

人类学历史本体论

伦理学纲要
ETHICS

内在自然人化说（1999）

自由意志的绝对性

至少从存在主义开始，当然也可以从 Kant 算起，哲学重心已经转移到伦理学。但伦理学今天实际也已一分为二，即以"公正"(justice)、"权利"(human rights) 为主题的政治哲学 – 伦理学，和以"善"(goodness) 为主题的宗教哲学 – 伦理学。本文暂不谈这一区分。总之，近代哲学从 Kant 起，伦理道德被认为是人所以为人（人的本体）之所在。它高于认识论所对应和处理的现象界。从而，这个崇高的"伦理本体"，作为我所谓的"文化心理结构"中的"自由意志"，究竟是什么，便应是伦理学的重要问题。

我以为，作为人类伦理行为的主要形式的"自由意志"，其基本特征在于：人意识到自己个体性的感性生存与群体社会性的理性要求处在尖锐的矛盾冲突之中，个体最终自觉牺牲一己的利益、权利、幸福以至生存和生命，以服从某种群体（家庭、氏族、国家、民族、阶级、集团、宗教、文化等等）的要求、义务、指令或利益。可见，第一，它是个体自觉意识的行动、作为和态度。动物也有为群体生存而牺牲个体的事例，但不可能有这种自觉的具有理性认识在内的"意志"。第二，由于它常常是相悖于个体生存的利益或快乐，因而是不顾因果利害而如此行为动作的。由于它不屈服于利害因果的现象世界，所以说它是"自由"意志。动物自然也没有这种"自由"的意志。这里的关键在于，人的这种"自由意志"本身具有崇高价值，它为人类对自己和对他人（包括对后人）培育了具有社会文化内涵的普遍性的心理形式，使人获得不同于动物界的社会性生存。这就是所谓高于现象界的"伦理本体"。

拙作《批判哲学的批判——康德述评》（下简称《批判》）曾举儿童教育中的"勿"（勿贪吃、勿贪玩等）为例指出，社会对个体行为的伦理要求，是从小起便培育用理性的自觉意识来主宰、控制、支配自己，这就是中国人讲的"学做人"（learn to be human）。从孔老夫子讲"克己复礼"、"立于礼"，直到今天许多中国人教训儿女，都是这个意思，都是指出：人（human being）并不只是一个生物体而已；要成为一个人，必须有内在的自觉的理性品德。概括到哲学上，这也就是塑造作为"伦理本体"的"人性"心理，也就是我所讲的"内在自然的人化"中的"自由意志"。可见，这"自由意志"不在天理，而在人心。此"心"又并非神秘的感召、先验的理性或天赐的良知，而是经历史（就人类说）和教育（就个体说）所形成的文化心理积淀。Kant 的重要贡献就在于，他把人的伦理行为这一理性主宰的特征，以"绝对律令"(categorical imperative) 的崇高话语表达出来，并以之为超越因果现象界的先验的普遍立法原则。于是，伦理话语有如神的旨意，即使无理可说也必须绝对服从。有了它，人便无所畏惧，也无所希冀，处变不惊，一往无前，"富贵不能淫，贫贱不能移，威武不能屈"。据说 Kant 讲伦理学时，曾使听众落泪。正由于他非常准确地揭示了这一人之所以为人即具有"自由意志"的伟大庄严，表明这个"伦理本体"的地位远在任何个体的感性幸福、快乐以及任何功绩、事业之上。只有宇宙本身能与之相比："位我上者，灿烂星空；道德律令，在我心中。"

《批判》接着叙说 Hegel 批判 Kant 的伦理学，认为它是形式主义，空无内容。因为 Kant 描述谈论的，实际上是伦理行为的心理形式（理主宰欲）的特征，Kant 把这一特征当作伦理行为的普遍性的"立法原则"，落实到具体规范上，如举出"不说谎"、"勿自杀"、"助他人"、"勿怠惰"（即发挥自己的才智能力）等等，便突出地显示由于脱离具体社会历史情境而难以成立。战争中，对敌人能不说谎吗？被捕不说谎而出卖同伴，难道反而更道德吗？自杀在好些情况下比苟且偷生也要更为道德。"助他人"和"勿怠惰"在各种具体情境中，也各有非常复杂的状态，其道德与否很难脱开具体境遇和事实来做一般论定。包括 Kant 提出的"人是目的"，作为普遍立法的伦理原则，在好些情况下，也不成立。例如在战争中和革命中，个体的人很难是"目的"，而常常必须是自觉作为工具、手段和螺丝钉，以服从于民族、国家和革命的利益，才更"道德"。又如，在长期的奴隶社会中，奴隶作为工具而生存，吻合当时历史条件下的"道德"。所以，Plato、Aristotle提不出Kant的命题。凡此种种，说明Kant的"自由意志"、"绝对律令"只要具体化，便很难作为自古至今普遍适用的立法原则，以规范人们的行为。相反，任何个体都处在一定的家庭、氏族、集团、阶级、民族、国家等等具体人群关系中。这些具体人群各个被制约于特定时空条件，从地理环境、生产水平、经济状况到文化传统、宗教信仰，他们所具体实现的伦理关系和所要求的道德规范，常常各有特征，并不一致，有时还有尖锐矛盾和冲突。有的原始部落杀老，有的却尊老，它们是在各自不同的具体历史环境下为维持生存所要求的产物，它们都是"道德"的。妇女贞操问题，也如此。文化人类学证实了许多这种相互不同和冲突的道德行为和道德观念，从而认为一切道德、伦理都是相对的，都是特定时空条件下即历史的产物。伦理从属于历史。只有历史主义，不可能有独立的伦理主义。从Hegel到Marx，也是这种看法。功利主义更是如此。总起来看，与Kant以及各派宗教哲学的绝对伦理主义相对立，相对主义伦理学早已是今天的主流。大量经验事实似乎证实着并没有超经验、超时空条件、放之四海而皆准、具有普遍必然性的先验的"绝对律令"。所有道德都与特定的因果、利害相关联，都只能有条件地服从，并无绝对的神圣性。时空条件的变迁，使道德义务也变迁。

但是,情况却有更为复杂的一面。例如,为什么好些时候人们对敌人宁死不屈这种对己方并无利益的行为态度,内心会产生赞叹和敬重的道德感受?包括有时对恶人的刚毅、勇敢、智慧也会起某种敬重赞赏之情,而大盗比小偷一般也更受尊敬?为什么总有很难用利益或功利(无论个体或集体)来解说的道德行为,如孟子讲的看见小孩快掉下井,常常是本能似的去救援?为什么一些坏人干完坏事,深夜扪心又仍感自愧不安?而 Kant 所举出的"不说谎"、"勿自杀"等等,也确乎是任何社会在一般情况下所要求的"普遍法则"。所有这些,似乎又显示出,的确存在某种超越个体、己方以至某一集体利益的、更为崇高伟大的普遍价值。相对于一切时空条件中的事物,它是某种绝对的存在。"砍头不要紧,只要主义真",但这"主义"仍然只是人间的相对事物。那么,这超越一切相对事物的绝对存在又是什么呢?如此庄严肃穆可比于灿烂星空的道德律令,它究竟来自何处?它那不容置疑无可争辩的绝对根基到底在哪里呢?这就是伦理学特别是伦理绝对主义的一个关键问题。

这一问题有各种回答。宗教徒说它来自上帝。理学家说它乃"天理"或"良知"。Kant 说它是"先验理性"。文化人类学、功利主义和各种相对主义伦理学,如前所述则根本否认它。本文所主张的人类学历史本体论承认并重视它的意义。但认为它不是来自上帝,也不是来自"天理"、"良知"或"先验理性",它仍然来自"人"。

这"人"不是有时空限制的任何社会、民族、阶级、集团,当然更不是任何个体,而是作为过去、现在、未来以及或可无限延长的人类总体,也就是《批判》一书中所说的"大写的人"。这"大写的人"的生存延续便是 Kant 所宣讲"应当"服从的"绝对律令"或"先验原则"的根源。因为它代表的是人类总体的存在和利益。对个体说,它就像是"先验原理":作为人,生来就有此服从义务;不服从它,也就不是人。这是一种似乎无道理可讲的"先验的"理性命令。Kant 的"绝对律令"实际来自此处。Kant 举出的"不说谎"、"勿自杀"等四项规范正是人类作为维系其生存和延续在一般情况下所不可或缺的基本要求。Kant 提出的"人(个体)是目的",则是人类总体发展到现阶段的必然要求和至上理想。它们的根源实际都在这个"人类学历史本体"。

也正因为这一绝对原则(人类总体的生存延续)是理性的,与个体的经验和情感可以无关,所以也如 Kant 所尖锐指出,"绝对律令"在前,道德感情在后。前者与任何经验也与任何情感无关。从而道德感情的特征是敬重,而非爱、同情、恻隐、怜悯之类。"铁肩担道义"是来自对"绝对律令"的敬畏、服从,而非出于任何人道主义或人文精神的同情、恻隐或爱。

这一点极其深刻。它从具体经验的道德情感上,揭示出了上述人之所以为人的理性特征。即人应当以强大的自觉理性而不是任何经验性的感情,包括爱的感情,来战胜个体的所有物欲和私利,包括战胜动物性的巨大生存本能。人去救快落井的"孺子",人敬重勇敢不屈的敌人，不是出于"爱"，而是出于对理性律令的服从。这才是人的"自由意志"，是使人之所以成为人的力量所在。"自由意志"是理性原则，而不是爱的感情。

我以为，以 Kant 为代表，伦理绝对主义所申言的这种具有普遍必然性的"绝对律令"，有其合理内核，是人类学历史本体论对传统进行转化性创造的重要资源。简单说来，仍然是如下几点：第一，任何时空条件的人群作为人类总体生存延续的一个部分，就一般言（虽有特殊或例外），大体有着共同的或相似的要求和规范（如"不说谎"、"勿自杀"等等）。第二，在各种即使不同的道德要求和伦理规范中，都同样是要求个体自觉用理性来主宰、支配自己的感性行为，直至牺牲自己的感性存在（生命）。在这"理"、"欲"的剧烈冲突中，"理"占上风，从而完成伦理行为、道德品格。所以我称之为"理性的凝聚"。伦理绝对主义突出了这一特征，却以"上帝"、"先验理性"、"天理"、"良知"等等名义来令人信从。其实，这一特征只是心理形式，而非具体内容。它们所提出的具体内容都只是相对伦理，都服从于特定时空条件的社会要求。第三，其结果却是通过各种相对伦理，历史地积淀出了某些共同性原则，特别是积淀出人类这一文化心理的结构形式，即"自由意志"，它是"内在自然人化"的重要组成部分。这就是关键，这就是成就。第四，可见，这个心理形式，被称为"伦理本体"或"自由意志"，是以人类总体（过去、现在、未来）的生存延续为根本背景、依据和条件，也在根本上服务于这个"总体"。从而它的"普遍必然"，如同认识论的逻辑形式和自由直观的"普遍必然"一样,是以人类总体为限度。它实际是由"经验"上升而来的所谓"先验"。它作为似乎超越时空条件的"宗教性道德"(先验原则)的"绝对伦理",是以一定时空条件下的社会性道德的相对伦理为其真实的产生基地。这也就是"绝对伦理"与"相对伦理"的辩证法。

相对伦理塑建绝对

自古以来,人类社会各个时期都有一大堆的礼仪、习俗、制度、法律、宗教和艺术,其现实功能在于塑建当时的"社会性道德",即"相对伦理";其长远的本体功能,却在塑造作为"绝对伦理"和"宗教性道德"寓所的"自由意志"。就中国说,大传统中的儒学教义固然如此,小传统中,即使作为娱乐的戏曲如《生死牌》、"包公戏"中强大的伦常情感,至今感人,也如此。就是说,伦理相对主义以其历史的具体经验性的社会性道德,来不断地构造、塑建和积淀作为绝对伦理主义寓所的文化心理的结构形式或伦理本体。"绝对"通过"相对"来构建。这也就是我以前说过的"经验变'先验'(经验之所以可能的条件),历史建理性,心理成本体"[1]。

这里,还要做一个极为重要的补充。Kant的"绝对律令"的来源是超乎经验(transcendent)的"先验理性",其中不容许存留任何经验性的情感。人类学历史本体论讲"绝对

---

[1] 参阅拙作《走我自己的路》中《人类学示意图·序》,台北:三民书局,1996年。

律令"的依据,是经验性的人类总体的生存延续,它并不是"天理"、"上帝"或"纯粹理性"。因之,这个理性原则和"绝对律令",由于并不脱离感性存在的人类,便可以渗入经验和感情。虽然它本身仍然是理性的,却可以与人的经验、情感相联系相交融。这就是我在思想史著作中一再解说的儒学的"仁"。人类学历史本体论既以相对伦理的社会性道德内容来建构绝对主义的心理形式,这就涉及"情"与"理"、"仁"与"义"等等关系。中国文化特别是如儒学,在这方面有大量的论述。从上古的礼乐、孔子的释"礼"归"仁"、孟子的"养气"和"持志",到宋明理学朱熹的"格物致知"、王阳明的"致良知"、刘宗周的"诚意"等等,都是强调经过艰苦的道德锤炼以建构理性凝聚的心理形式。这种"理性凝聚"的锤炼便是经验性的,而且不脱离人际感情。

Kant的伦理学有极高的神圣性,却很难有具体的操作性。但如果将中国儒学的"仁"灌注于伦理的理性本体,就可为操作性奠立基础。这即是将"天理"落实到人情,将理性情感化。传统儒学或以"天心为仁"(汉),或以"仁"为"爱之理"(宋),从而落实为等差亲疏的人际关系和情感关系,由近及远,由家而国,由乡土及四海,形成"仁仁亲民、泽及万物"的一个有机世界。但由于这是以"人类总体的生存延续"为基础,将经验性的仁爱输入实践理性,便并不丧失后者的普遍必然的神圣性,即伦理道德仍然不是以经验性的仁爱而毋宁是以"人类总体的生存延续"这一理性的"绝对律令"为出发点,为道德感情的根源。我曾说:

由于"两个世界"的背景，Kant较易使绝对伦理主义亦即"宗教性道德"自圆其说，因为"实践理性"、"自由意志"、"绝对律令"的本体世界是与经验的现象世界截然两分。前者影响、决定后者，却决不能由后者提升而来。这样，伦理道德将保持其宗教性的本体崇高而不致沦为只有相对价值的时代社会性能。人类学历史本体论和中国"乐感"的儒学传统，由于"一个人生"的背景，本体即在现象中，并由此现象而建立。没有超越的上帝或先验的理性，有的只是这个"人类总体"，它是现象，又是本体。从而"绝对律令"等等作为文化心理结构，必须与特定时空条件下的经验"现象界"相联系相贯通，并由之塑造、积淀而来[1]。

这即是人类学历史本体论与中国传统儒学相融会而成的"自然人化"理论，它追求"极高明而道中庸"。即第一，它将Kant的理性绝对主义视作人类伦理本体的建造，并具体化为文化心理结构的塑建。这"心理"并非经验科学的实证研究，仍是哲学假定。第二，它将中国儒学的"仁"的情感性注入这一伦理本体，使"先验"理性具有经验性的操作可能。"实用理性"，亦此之谓[2]。第三，从而为区分今日"宗教性

---

[1] 拙作《世纪新梦》中《哲学探寻录》。
[2] 这与牟宗三不同。牟虽然也将儒学的经验性的"仁"化为先验的"于穆天命"，但由于缺乏"人类学历史本体"和"文化心理结构"、"实用理性"这些根本观念，就不能很好解说Kant作为"绝对律令"根基的先验理性神圣性之所由来。他的"经验变先验"便将逻辑地或走入超验的宗教，或流向经验的人欲。参阅拙作《己卯五说》中《说儒学四期》等文。

道德"与"社会性道德"提供理论基础。这也就是本文主旨所在。这一理论或应名为"哲学心理学"或"先验心理学"[1]。

(摘自《己卯五说》)

[1] "先验心理学"也可作为 Kant 哲学的本名。Kant 哲学这一重要内容为二十世纪各学派所贬低、鄙视和舍弃。以语言为中心的逻辑主义成了主流,其实值得重新审视。心理乃经验,心理学当然是经验科学。因此所谓"先验心理学",在这里指的是从哲学角度提出经验的伦理心理之所以可能的先决条件,而非研究心理经验本身。这里涉及伦理学与心理学的关系问题。伦理学在性质上本无关心理,它是维持社会的法则和原理,个体心理不是伦理学的主要对象;虽然心理学可以来研讨伦理行为中的个体心理问题,正如可以有战争心理学,但战争主要不是心理或心理学的问题一样。某些学者(如 John H. Riker, *Ethics and the Discovery of the Unconscious*, Suny, 1997)想从个体的经验心理包括无意识出来探究甚或建立伦理道德法则,推论善恶,恐怕只能提供医学治疗学的价值,而不具有伦理学的意义。伦理是由社会来支配个体,心理则从个体来看社会。只有美学(而不是伦理学)能彻底交融二者。因之,本文所谓"内在自然的人化"、"文化心理结构"等等,便都是哲学命题,它只是揭示伦理学的心理含义,而并非心理科学的本身。所以,与 Husserl 的断言相反,本文以为"先验心理学"并非心理学,而只是哲学。

两种道德论（2001）

> 我不相信个体的不朽。我认为伦理学只是对人的关怀，并无超人类的权威立于其后。
>
> ——A. Einstein

经验变先验

（一）宗教性道德

何谓道德？道德和道德学的基本问题是什么？道德究竟能否作为一门科学或学科来研究？作为研究道德的伦理学（ethics），主要研究道德语言的中性分析如元伦理学（meta-ethics）还是规范性（normative）的法则、范畴或主张（快乐主义、先验论、功利主义）？凡此种种道德领域中的诸多问题，都是众说纷纭，莫衷一是。本章只拟从文化心理结构的角度对道德做些现象描述，即认为道德是个体对社会人际（某群体如家庭、宗族、集团、民族、国家、党派、阶级等等）关系在行为上的承诺和规范。说它是"行为上"，因为它必须履行、执行，即是实践性的，是会产生现实后果的。重要的是"承诺"和"规范"，这二者说明它对个体行为是自觉意识到的活动（虽然不一定自觉意识这一承诺、规范本身），是有认识—理解—判断等知性因素起作用,甚至起主要和支配作用的活动。这也就是所谓"理性"主宰的活动。它在个体心理上展现为有意志或意志力量的活动。

道德不同于法律的外在强制。遵循法律的活动是合法行为,它对个体的规范以至束缚、压抑是强制性的外在服从,即所谓服从法令、遵守纪律等等。道德是个体内在的强制,即理性对各种个体欲求从饮食男女到各种"私利"的自觉地压倒或战胜,使行为自觉或不自觉地符合规范。理性对感性的这种自觉地、有意识地主宰、支配,构成了道德行为的个体心理特征,我曾称之为"理性的凝聚"[1]。

这种主宰、支配,可以成为不自觉甚至无意识的,例如孔子讲的"从心所欲不逾矩"。这常常是在特定文化传统中,经由漫长的训练、培育、修养,才能出现的。中国古代的"习礼",孔夫子讲的"立于礼",俗话说的"学做人",以至今日儿童教育中的种种区分对错好坏、判断行为举止等等,都是这种训练和培育。孟子说:"人之所以异于禽兽者几希。"中国古来号称"礼义之邦",都强调人禽之别在于道德,即以此故。即认为人是经过理性的长期培育、训练而成为群体中的一分子的。道德在心理上是人类所特有的理性凝聚的成果,这种"理性凝聚"对个体感性存在所起主宰、支配力量之强大,使 Kant 称之为"绝对律令"(categorical imperative),中国宋明理学则冠之曰"天理"(朱熹)、

---

[1] 参阅拙文《关于主体性的补充说明》,载《中国社会科学院研究生院学报》1985 年第 1 期。

"良知"(王阳明)。

可见,道德并非幸福,此点 Kant 论之甚详。对个体来说,道德常常以与个体幸福(以快乐为根本基础)相冲突、对抗而展现,常常要求个体牺牲一己的幸福。它以超越甚或否定个体的感性幸福、快乐以至生命、生存而取得崇高的尊严地位。一个宁死不屈的敌人和一个举枪投降的敌人,从现实功利上,你会喜欢、奖励甚至赞扬后者,你会仇恨、惩罚甚至杀戮前者。你也会嘲笑、蔑视前者宁死不屈所坚持信奉的"主义"、宗教、主张、原则。但是,从内心深处,你又似乎不由自主地仍然会尊重甚至钦佩他(她)。为什么?因为它超乎现实功利,它以人选择死亡宣布理性原则(所信奉的"主义"、宗教等等)对感性存在的无比优越和胜利。文天祥在监狱中曾写有表达宁死不屈的《正气歌》:"天地有正气,杂然赋流形,下则为河岳,上则为日星,于人曰浩然,沛乎塞苍冥。"与 Kant "位我上者,灿烂星空;道德律令,在我心中"一样,也是说人的道德之"浩然正气"可以与宇宙天地相媲美相连接。它的崇高超出和超越了个体感性生命的存在。既然超出和超越感性生命,道德的本性特征当然便与任何经验无干。所以 Kant 说它是超验或先验的,与经验的幸福无关。幸福是美学问题,因为即使是心灵的"幸福"也包含感性因素如愉悦、满足在内。道德或伦理却非如此,它是研究人的行为准则及其"理性"依据。对个体来说,它并不管人的经验(苦乐、利害等等)如何。

问题是:个体的这种"理性凝聚"的伦理意志或道德力量,

它超越了个体的幸福、经验、利害、要求，到底从何而来和所为为何呢？这也就是问：Kant讲的"绝对律令"、中国传统讲的"天理"、"良知"，究竟从何而来？个体绝对地服从和履行它们，又为了什么？

这便是道德问题或伦理学的关键所在。

Kant和一切宗教，也包括中国的儒家传统，都完全相信并竭力论证存在着一种不仅超越人类个体而且也超越人类总体的"天意"、"上帝"或"理性"，正是它们制定了人类（当然更包括个体）所必须服从的道德律令或伦理规则。因之，此道德律则的理性命令，此"天理"、"良心"的普遍性、绝对性，如"人是目的"、"三纲五常"，便经常被称之为"神意"、"天道"、"真理"或"历史必然性"，即以绝对形式出现，要求"放之四海而皆准，历时古今而不变"，而为亿万人群所遵守和履行。这就是所谓"绝对主义伦理学"，也就是我所谓的"宗教性道德"。它把个人的"灵魂拯救"、"安身立命"即人生意义、个体价值均放置在这个绝对律令之下，取得安息、安顿、依存、寄托。人生在世，就在于尽此义务，以做"上帝"的忠实的仆人，或做慈父、良母、孝子、贤孙。生活真理就在耶稣所说"我就是道路、真理、生命"。这种"绝对律令"对人的内心从而人的行为具有不能抗拒、无可争议的规定性和规范作用。它是超验或先验的理性的命令，却要求经验性的情感、信仰、爱敬、畏惧来支持和实现。例如犹太－基督教的《旧约》、《新约》，伊斯兰教的《古兰经》，中国古代的《论语》、《孝经》等等。这样，伦理学的基本课题——个体的人为什么活的问题，便以这种超个体甚至超人群集体为依据为鹄的，而获得了某种回答。人们以之为个体的自觉行为准则和内心规范，来实现人的存在价值。这种"宗教性道德"，不仅以某种超有限人世的对象或理论为依据，而且常常伴随有各种仪式性的活动、举止和组织，并重复进行，以传布、加强、巩固内心和情感。其由来久远，从远古的巫术礼仪（shamanistic rituals to social rites）以及各种taboo、totem，到基督教、伊斯兰教，到现代各种各样宗教、半宗教甚至非宗教的群体集会，包括近世世俗性的某些"主义"，也都以某种先验（虽不是超验，不是超世间人际）的理论、理想将世上"天国"的乌托邦作为个体追求的人生意义、生活价值的崇高目标，以规范、决定、制约人的内心世界和行为活动，强调个体的幸福应该纳入或设置在此先验目标下；也有一套准宗教性的仪式、集会和组织来强化情感和信仰，这种现代式的"政治宗教"与传统的宗教一样，其空想的乌托邦对个体追求的道德完善、心灵安顿、精神满足也就是个人的安身立命、终极关怀，无容置疑地具有极为重要的意义。"人总是要有点精神的"，"人总是要有点理想的"，"宗教性道德"以提供这种理想、精神，使人们可以如醉如痴如狂地沉浸其中而感到快乐无比。即使是牺牲生命，即使是艰苦异常，即使是历尽磨难，也决不回顾，决无反悔。它常常显示出人的崇高、尊严，显示出人之不同于动物，不同于仅满足于感性快乐、世俗幸福之中的人的"真正的"本体所在。

(二)"礼"源于"俗"

那么,这种"宗教性道德"究竟从何而来?

如果相信"上帝",那么它们应都来自"上帝"。但如果"上帝"只有一位,世上为什么会有这么多不同的宗教、不同的教派、不同的信仰,而且常常争斗不休冲突不已呢?当然,"上帝"的事情是人所不能理解、不能过问的,那就不必问、不该问。但是假若有怀疑心有好奇心而偏偏想问,该如何办呢?

"上帝"不会回答。人们只能试图回答。我的尝试回答是:"宗教性道德"本是一种"社会性道德"。它本是一定时代、地域、民族、集团,即一定时、空、条件环境下的或大或小的人类群体为维持、保护、延续其生存、生活所要求的共同行为方式、准则或标准。由于当时的环境和主客观条件,这种"社会性道德"**必须也必然**以一种超社会超人世的现象出现。从图腾时代的动物崇拜到宗法社会的祖先崇拜,从多神到一神,从巫术到宗教,甚至抽象到哲学理论上,都如此,都强调世上人间的各种道德准则、人的行为规范、心性修养,本源于超越此有限人际、生活世俗的"天理"、"良心"、"上帝"、"理性",正因为这样,人群才慑服,万众才信从。

道德本是维系群体人际关系的原则、准绳,它是一种逐渐形成并不断演化、微调以适应不断变化着的生存环境的产物,成为一种非人为设计的长久习俗。但从远古巫师、古代教主到近代的领袖，它又常常凭借某种传奇性的伟大人物的行为、言语而赋以超越这个世界的严重的神圣性质，经验便由此变成了先验。世间的习俗、经验、法规披戴上神秘光环，成了神圣教义。神圣性使它获有了普遍必然性的语言权力，具有非个体甚至非人群集体所能比拟所可抵御的巨大力量，而成为服从、信仰、敬畏、崇拜的对象。各宗教教主如耶稣、释迦牟尼、穆罕默德，以及中国的周公、孔子，以及某些近代领袖，都如此。"宗教性道德"本来源于一定时空内的某种"社会性道德"，被提升为"普遍必然性"的信仰、情感的最终依托，成为敬畏崇拜的神圣对象。我欣赏 Einstein 这位深窥宇宙奥秘的人所说，"道德不是什么神圣的东西；它纯粹是人的事情"[1]。但由于各种主客观需要，人的事情变成了神意或神谕。

再简单复述一遍：人是群体动物，"人没有锐爪、强臂、利齿、巨躯而现实地和历史地活下来，极不容易。不容易又奋力活着，**这本身成为一种意义和意识**"[2]，亦即人的生存本身构成了人生价值所在。从猿到人，人类一开始便是某种群居生物族类，其个体生存是与该群体生存紧密连接在一起的。个体为自己也就必须为群体（氏族、家庭、团体、民族、阶级、国家）的生存而奋斗。这种奋斗甚至牺牲，成了人之所以为人的最后的伦理学的实在。任何群体都需要这种伦理要求，并将它变为自觉意识来约束、统

---

[1] A. Einstein,《科学的宗教精神》，见《爱因斯坦文集》第 1 卷，许良英、范岱年译，北京：商务印书馆，1976 年，第 283 页。

[2] 参阅拙文《第四提纲》，载《学术月刊》1994 年第 10 期。

治个体，以维护其群体与族类的生存延续。这也大概是最初的具有公共特性的语言本身的重要内容，一开始它就具有权力性和命令性。从发生学说来看，命令句式恐怕就在陈述句式之前。而这也就是这一特定群体社会的伦理道德的规定形式的开始。从原始宗教到近现代的各种"主义"、哲学以及意识形态，这种社会性的伦理道德语言之所以常常要以神圣的或神秘的言说和形式来宣讲出现，就是因为只有以这种形式的言说，才拥有使渺小的个体所不能抵抗、不可争辩、无法阻挡的力量而被认同、服从和履行，使它成为个体自觉意识到人生意义、生活价值、安身立命、终极关怀之所在。在古代各文化传统中，伦理、政治、道德一般都具有神圣或神秘的宗教性能，政治与道德、"社会性道德"与"宗教性道德"常常混而不分。中国两千年来传统的"三纲五常"具有"天理"、"良知"的至上神圣性和"普遍必然性"。西方的基督教义（《圣经》），阿拉伯国家的《古兰经》，更直接以神的旨意宣讲伦理道德的普遍必然的绝对性。实际上，这种"先验"或"超验"的普遍必然只是一定历史时期的客观社会性的经验产物，但"给经验以权威"，便成了原始的神圣[1]。

"宗教性道德"本源于"社会性道德"，在中国"礼源于俗"的历史学的考察中显露出来。章学诚认为贤智学于圣人，圣人学于百姓。刘

[1] 参阅 David Hume：《人性论》第3卷。但他将道德归结并建立在情感上，从重视"理性凝聚"的历史本体论来看，便过于直接和单纯，失去了道德所应有的"普遍必然性"。

师培说:"上古之时,礼源于俗。"[1] 具有神圣性、要求"普遍必然"的中国的礼制,是以民间经验性习俗为来源。它源于远古至上古(夏、商、周)的氏族群体的巫术礼仪,经周公而制度化,经孔子而心灵化,经宋明理学而哲学化,但始终保存了原始巫术的神圣性,成为数千年来中国传统社会的行为准则、生活规范,即所谓"礼教"。"礼教"正是被论证和被相信为"放之四海而皆准,历时古今而不变"的中国人的"宗教性道德"。

例如,作为这个"礼教"的轴心和中国古代诸道德根基的"孝",本是氏族群体为维护、巩固、发展其生存延续而要求个体履行的一种社会性的道德义务。它是以家庭为单位、以宗族为支柱的小生产的农耕经济的时代产物。但经由巫术礼仪到礼制化和心灵化之后,"孝"便成为"天之经,地之义",成为先验或超验的"天理"、"良知",即某种具有超越此世间人际的神圣性的绝对律令。"不孝"不仅违反人际规则,而且是触犯天条,当遭天谴。从汉代《孝经》宣告"孝"是天经地义,到历代小传统中关于孝和不孝受天福遭天谴的传奇故事,都说明"孝"曾经长久是中国人的"宗教性道德"。

不仅是"孝",从汉儒制定"天人感应"的图景、以神圣性的宇宙系统来规范人的世间行为,甚至成为制约皇帝的活动的政治规范,到宋儒建立天理人欲的道学,以先验的"天理"、"良知"来论证宣说人际的伦常纲纪,都是将"社会性道德"的经验内容塞入"宗教性道德"的超验形式,以成为普遍必然、神圣崇高的

---

[1] 参阅拙作《己卯五说·说巫史传统》,中国电影出版社,1999年。

绝对律令。使个体在履行这道德行为中,其内在心理境界超出狭隘的经验范围,具有某种独立自足无待乎外的强大力量,从而富贵不淫,贫贱不移,威武不屈。这也就是超越于现实功利的道德伦理领域中的"自由意志",作为"人"的标准永远激励后世,甚至千古不灭。经验性的社会性道德内容以先验的宗教性道德的形式出现,便能产生这样巨大的功能和效果。谁能不为耶稣上十字架,孔子"知其不可而为之",以及屈原的执着、文天祥的刚毅、岳飞的勇敢,以及鲁迅的硬骨头,而感到如 Kant 所谓的"道德律令,在我心中"那种唯人独有而可与日星辉映的庄严神圣!

"礼,履也。"中国圣贤的"修(身)齐(家)治(国)平(天下)"的学理却把这种由"社会性道德"(救世济民)上升为"宗教性道德"(个体的安身立命、终极关怀),而又由后者主宰前者的真情实况暴露得最为清楚。也就是说,由于巫史传统,缺乏由上帝人格神直接颁布的道德律令,中国的"宗教性道德"都只是以远为含混的"天道"、"天意"的名义出现;而"天道"、"天意"又经常与"人道"、"人意"相连[1],从而二者的升降渗透,比西方(特别是中世纪以降政教分离)要远为紧密。"天道"即"人道",人事与天意相呼应认同,成了中国人的基本信仰方式和道德准则。千百年来,个体儒生就是在这条道路上求得生命和真理,以安身立命,而不必另找精神安息、灵魂寄托。中国传统士大夫甚至现代知识分子之所以较难真心信奉其他宗教,对超验事物始终大体采取"敬鬼神而远之"(既不肯定也不

---

[1] 如"天视自我民视,天听自我民听"等著名话语。

否定)和"祭如在,祭神如神在"(假设它们存在的情感态度)的立场,也是这个缘故。人们常说儒家是入世的宗教,这就是因为在中国,"宗教性道德"与"社会性道德"始终没有真正分开。从哲学上讲,中国人只是超脱(超脱此有限的个体人生),而不是超验(超出人类经验范围)。基督教是"外在超越",即必须承认具有与人异质的上帝人格神,"内在超越"在西方是泛神论以及基督教中某些神秘教派的主张,包括基督教各正宗教派教义以及 Kant 哲学都认为"内在超越"是神人混同的悖论。

Durkheim 认为将世界二分为神圣与世俗,是宗教思想的特征。从 Max Weber 到 Clifford Geertz 也都认为宗教状态及经验是少量或变态的,以与常态的大量的日常经验和状态相区别。这也涉及上述两种道德问题。在现实生活中,这两种道德的联系和区别非常复杂,可以出现多种不同的情况和形态。Geertz 对同一伊斯兰教在摩洛哥和印尼的不同,曾做过具体的分析。在摩洛哥,两个世界(世俗世界和宗教世界)截然分开,从而宗教教义渗透日常生活范围小而力度大。印尼则相反,两个世界更融合,渗透力度小而范围大[1]。可见两种道德的关系、范围、力度大小在不同文化环境中会大有差异。中国由于历史传统没有形成真正具有人格神的"上帝",两种道德的全面渗透合一更是一大特征。数千年来中国的儒家礼教强调的是"道在伦常日用之中",礼制几乎无所不在,贯彻到食衣住行起居饮食各个方面,将社

---

[1] 参阅 C.Geertz, *Islam Observed: Religious Development in Morocco and Indonesia*, University of Chicago Press, 1971.

会统治体制与精神信仰体制紧相捆绑造成了"宗教、政治、伦理三合一"。而它们的混同合一,便使个体更为集中关注于现实世界和日常经验的生活、行为、情感和心境。

尽管有不同于儒家并追求摆脱礼教(从政治统治到行为规范)的佛、道两教,但道教追求长生,灵肉不分(道家追求的也只是逍遥人格);佛教来自西域,在中国或变为士大夫不舍弃世俗生活只求超脱心境的禅宗,或成为老百姓去灾免祸、求吉避凶、为人间现实利益服务的"净土",在对己待人的诸多方面,仍大多沿袭儒学礼教,仍然是仁义忠信、孝亲爱人,只加上或决然避开朝野政治(道),或扔弃各种世俗生活(释)。这种"宗教性道德"实际只是在儒家"独善其身"基础上加上某种或神秘或超验的解说而已。它们虽有一定组织、仪式和教义,但并未能建立真正完全不同于儒家学说而专属于自己的整套道德律则。相反,倒常常是与传统儒学相互渗透和转化。释门师徒以父子相称,并常以之为关系、行为准则。士大夫"出入释老",不失儒生。老百姓三教合流,同堂祭拜。如以前拙作所认为,这也是为什么中国知识分子和一般老百姓易于接受马克思主义,将信仰、情感和理性调整到"宗教、政治、伦理三合一"的宇宙观和人生观的模式中,关注现实人生,成了与古代传统某种"自然"的组接的原因。但由于长期处于斗争环境,特别经由战争时期,对信仰统一的严格要求,完全埋葬了旧传统在交融合一中仍然存有的宽容性、偏离性和异议性。当年儒生便可"出入佛老",奉行多元的"宗教性道德"。独一无二的现代政治宗教却包裹一切，使人的行为、语言、思想、情感已无所逃于天地之间。

现代社会性道德

（一）形式公正和普遍性

由于现代大工业社会的来临，科学技术、生产力、生产方式和"经济基础"的巨大改变，也就是我说的社会存在的"本体"（工具—社会本体）的改变，先在思想领域继而在习俗、政治、法律各个领域，对"宗教、政治、伦理三合一"，亦即对"社会性道德"与"宗教性道德"相交融的中国传统，不管是"封建"传统还是革命传统，造成了极大的挑战。从戊戌到"五四"是第一次，二十世纪八十年代至今是第二次。建立在现代化的工具—社会本体之上的、以个人为基地、以契约为原则的现代社会性道德，对上述传统的"三合一"、两交融开始形成巨大的威胁和破坏。

因之，新旧道德观念的冲突斗争，社会行为中的无序混乱，内心世界的矛盾重重，思想理论的含糊杂乱，形成了今日所谓"道德危机"、"信仰危机"的症候群。百年前，Marx 和 Engels 在《共产党宣言》中曾这样描述过："生产的不断变革，一切社会关系不停地动荡，永远地不安定和变动，这就是资产阶级的时代不同于过去一切时代的地方。一切固定的古老的关系以及与之相适应的素被尊崇的观念和见解都被消除了；一切新形成的关系等不到固定下来就陈旧了。一切固定的东西烟消云散了,一切神圣的东西都被亵渎了。人们终于不得不用冷静的眼光来看他们的生活地位、他们的相互关系。"现在中国正是如此。这也就是说,今天中国人在现代经济发展中,已经有意识和无意识地在突破两种道德合一的传统状态,而追求建立适合现代要求的"社会性道德"。

所谓"现代社会性道德",主要是指在现代社会的人际关系和人群交往中,个人在行为活动中所应遵循的自觉原则和标准。由于涉及面极为广阔,从政治体制和日常生活,直到个人的内心情感、信仰,它是多种学科(社会学、心理学特别是政治哲学和各种职业伦理学)所共同研究的课题。它所处理的社会生活中的人的行为和道德特性,与现代法律、政治、经济直接攸关。

以法律形式出现的现代经济政治体制的特征,是以个人为单位基础上的社会契约论思想。这当然也是极为繁复的问题,是政治哲学专门家的领域。我估计政治哲学在今后相当长的时期内会成为中国的重要显学,所有这些问题将被仔细梳理、研究,远非作者这种门外人所应置喙。因之,这里只能简单化地说明几点:

第一,现代社会性道德以个体(经验性的生存、利益、幸福)为单位,为主体,为基础。个体第一,群体(社会)第二。私利(个人权利,human rights)第一,公益第二。而且,所谓"社会"和"公益"也都建立在个体、私利的契约之上,从而必须有严格的限定,不致损害个体。因为社会本由个体组成,它不能也不应高于个体。相反,社会只能服从、服务于个体(生存、利益、幸福)。但各个个体并不相同，生存、利益、兴趣和所追求的幸福、快乐也并不一致，于是才有契约。基于个体利益之上的人之间的社会契约，是一切现代社会性道德从而是现代法律、政治的根本基础。

Hayek 认为利他主义只是社会生物学的本能，它源出于原始小团体的需要。现代的传统是个人为本，基本原则必须是"不能为了普遍利益而牺牲个人权利"。相反，个人权利才是具有普遍性的必然命题。个体的一切伦理义务和责任，包括牺牲自己，也只是建立在这个契约基础之上。"敬业"、"修德进业"、"忠于职守"等原具有宗教性神圣的"敬"、"德"、"忠"，转化为具有同样崇高地位的现代职业伦理学的范畴。

因此，我为什么牺牲自己？从客观说，是因为我必须履行社会契约，从而最终也正是为了保卫个体原则。如服兵役因战争而牺牲，为救火而丧生，以及各种职业伦理，都属此范围。他（她）们同样是为人景仰崇拜的英雄、模范，但并不是"宗教性道德"那种在苦难中获超升的圣徒或"替天行道"的"圣王"。

从主观说，十八世纪法国唯物论者 Helvétius 等人早已充分论证过，牺牲自己也是为了自己精神上的快乐。如此等等，此处不赘。

第二，现代社会性道德是以抽象的个人（实质的个人个个不同，其先天、后天的各种情况均各不同）和虚幻的"无负荷自我"的平等性的社会契约（实际契约常常没有这种平等）为根本基础的。它的这种类似"宗教性道德"所宣称或要求的所谓"普遍必然性"，只是自文艺复兴时代以来的数百年习俗历史地形成的。它的个人主义原则、自由主义原则等等现代社会性道德，也都是历史的产物。所以即使在启蒙思潮顶峰 Kant 那里，当将这些原则变为一种普遍必然性的先验道德律令时，它也仍然只能是"使你的意志所遵循的准则永远同时能够成为一条普遍的立法原理"，"在任何情况下把人当作目的，决不只当作工具"这样一种形式主义的律令。Kant 形式主义伦理学的缺陷，我已在别处做了讨论[1]。这里要说的只是，现代社会性道德的"普遍必然性"乃来自现代经济政治生活，并非先验或超验的原理，也不是圣人的英明或上帝的旨意。其所谓"普遍必然性"正是"客观社会性"。因此这种道德不是"宗教性道德"，即它不是宗教，不是信仰的对象，只是行为的理性法规。

道德从一开始本即是个体与个体、个体与群体的关系问题。在现代社会以前，经常是个人从属于群体，个体以群体生存、延续作为生活的目标和原则，并且这种"社会性道德"经常笼罩在"宗教性道德"的直接管辖或间接支配之下。前述中国宗教性道德之"三合一"，便是突出代表。现代社会以降，自启蒙主义突出了理性和个人，个人成为轴心并以之来建立这种契约性的道德以来，现代社会性道德在实际上便与"宗教性道德"逐渐脱钩。但脱钩至今也并不完全。在政治上，如美国总统就职需手按《圣经》宣誓（尽管这只是一种仪式）；在生活中，"实质公正"（大都与传统宗教性道德有关）也经常干预形式公正和程序公正。但就整体世界进程来说，现代社会性道德毕竟逐渐占据统治地位，而且取得了法律形式的确认和支持。

[1] 参见拙作《批判》第 8 章。

随着形式公正、程序第一、个人利益基础上的理性化的社会秩序在发达国家中历史性地建立和稳定，这些现代社会性道德的基本命题，随着历史经济的进程日益广泛地在全世界传布开来。尽管有各种曲折困难，以及与各种传统道德或宗教的严重冲突，但它似乎总能最终冲破各地区、种族、文化、宗教的传统框架和限定而"普遍必然"，成为"现代性"的重要标记之一。今日中国也在逐渐脱去"祖宗成法"和"革命神雾"的各种束缚，理性作为人们追求物质生活、食衣住行等的必要工具使社会生活许多方面日益程序化、规范化和形式化。形式公正、程序第一优先于实质公正、内容第一，将成为中国走向现代化的必经之路。理论的任务是自觉明确这一点。

现代社会性道德既以个人为基本单元，所谓"个人"和"个人自由"就成了某种聚焦。

"自由"据说可以有 200 种左右的不同含义。自 Isaiah Berlin 区分"积极自由"(free to，有自由去做什么)和"消极自由"(free from，有自由不受某种干预)以来，"自由"的两种相关联却并不相同的特色及有关问题和困难，也更为清楚。

在我看来，所谓"free from"的"消极自由"是更为历史地对待"自由"。即现代社会的个人自由是逐渐从传统的各种"宗教性道德"的束缚管制下解放而取得的。所以重点突出了历史具体性，即个人为自己的利益去解除或摆脱原有约束的自由，它突出了个体的选择和"解放"。

"积极自由"则更具理想的特色。虽也包括追求从传统束缚下解放出来,但具有一定抽象性。由于重点在于表述个人能做什么的自由,这便可以与造反、革命等相联结以打破常规、法律和传统。从而,它常常反使个体自觉不自觉地或从属或服从在以各种名号的群体行为和观念中(如以自由名号的革命暴力),个人的选择自由反而被剥夺。现代历史已多次有过这种经验。我以为,在现实行程中,前者(消极自由)经常是改良性的,后者经常是革命性的;前者多是具体经验的转换性创造,后者则多有乌托邦理想的号召与向往。

依照一般常态,这两种"自由"的共同点是都必须依靠法律来保护。因之就涉及国家干预(包括政府管制)与个人自由,以及国家与个人的关系等极为复杂的政治哲学问题。

国家(以法律为具体形式,以政府为执行机构)应不应该或在何种程度、范围内干预个人的自由,如经济自由,言论、结社、集会的自由以及各种伦理行为的自由(如家庭、婚姻、爱情、受教育、同性恋、堕胎、宗教信仰等的自由),都是大有争论的问题。并且因时、空、条件的不同,也很难或不可能有完全一致的回答或规定。当然更不属本文论议之列。

但其中一个问题似乎需要在这里重复谈论。这就是自由主义所宣称的"个人自由"以及民主政治这些与现代社会性道德相关的原则,是否真"放之四海而皆准"从而具有世界普遍性的问题。从历史看,即从现代社会特别是第二次世界大战以后和近十年来的所谓"全球一体化"的经济过程来看，如前所说，似乎已在证实着世界各个不同地域、不同种族、不同宗教、不同文化的社会都在或迟或早、或慢或快地以各自不同甚至千差万别的形态，在逐渐或急剧推行上述自由主义这些基本原则，一般首先在经济上，而后在政治和文化上。以至有人过分乐观地呼喊"历史的终结"。门户开放（自由贸易）、财产私有、身份自由、权力分散、言论自由、议会民主，等等等等，是否真有如孙中山在一个世纪前所说，"世界潮流，浩浩荡荡；顺之者昌，逆之者亡"，亦即自由主义所倡导的自由、平等、人权、民主和与之有关的现代社会性道德，其世界普遍性正在实现？

但自由主义所强调的这种"普遍性"，即使在理论上，仍然有一些重要疑难并没很好地解说。

（二）自由主义的问题

第一，这种个人自由的"普遍（必然）性"来自何处？何以可能？一般是一种先验的回答或逻辑的假定，如"天赋人权说"、"神意说"（与"原罪说"、与《圣经》最后审判人人平等有关）、"人性说"、"理性说"，以及包括J.Rawls的"原初状态"、"无知之幕"等理论。F.A.Hayek等人则是"经验传统"说，即"个人自由"非人为设计，乃传统演化，逐渐形成。Kant等人的先验说的非历史性，似为人所公认。Hayek的经验说，则并未说明这传统实际来自近数百年的现代社会，并非人类社会一开始就存有。资本主义社会以前，例如中国社会，这种个人自由的经验传统并不存在，从而它的所谓"普遍性"的依据及缘由，仍然是理论上并未有证明的非历史性的假设。

在这个问题上，我仍然接受 Marx 的"经济决定论"的讲法，以为这"缘由"和依据是现代经济基础即日益社会化的工业大生产化的产物。尽管文化传统（如 Max Weber 所说的新教伦理）曾经有过重要作用，但它之所以可能在世界范围内铺开、扩展，主要仍然是由于经济的变迁。只有在社会稳定、人民生活日趋温饱的现代工业生产社会的基础上，并必须发展到一定水平或阶段，接受自由主义的可能性才最大。中国目前便是如此，而以前并不然。其他地区也如此，如伊斯兰许多地区。没有物质基础即社会存在本体的根本改变，便很难健康成长这种自由主义的"普遍必然性"。自由主义、个人主义并不是某种天生的人性或先验的原则。

第二，这个"普遍性"有没有限制？能"普遍"到何种范围、何种程度？能"普遍"到作为某种情感信仰、人生准则，要求人人内心服从笃信而履行的原则吗？有自由主义或自由主义者共同信奉的宗教吗？并没有。这也就是上面讲过的，这种现代社会性道德本身不能也不应成为强加的"宗教性道德"。它只是一种公共理性（public reason），而不是与非理性可能相牵连的私人意识（private consciousness）。它只是要求人们共同遵奉的"公德"，而非涉及个人追求安身立命、终极关怀的"私德"。否则，便恰好与自由主义原则相矛盾。自由主义强调个人选择的权利,特别是有关个体私人事务,有关信仰、情感、性爱、婚姻、嗜好、兴趣、思想、学说等等方面,"不强加于人"是基本原则。无论是以国家、政府、社会、团体、舆论、宗教的名义都不可以。这正是"自由"(free from)的要义所在。自由主义应容许反自由主义的其他主义、信仰、思想、学说发表和发展的权利,当然也有抗拒它们的权利。政治家、政府、法律一般不能干预。当这种个人奉行、宣传、信仰的"私德"危害到"公德",需要政府干预时,政府干预到何种程度,这个"度"如何掌握,那就是专门的政治学所应讨论的具体问题了。

第三,也是最重要的,当代自由主义在北美、西欧的充分发展似乎走向了它的反面。这有许多情况、许多现象和问题。例如,一个具体事例是,个人应否积极参与政治的问题。自由主义的惯例是,各人可自由选择。参与或不参与,这是个人自由。但其实际结果却是大多数人认为"事不关己,高高挂起",相当消极或不参与,总统、议员选举投票率经常相当之低,人民大众的政治冷淡,便为有各种利益集团支持的"有心"人所操纵,带来的可能是对大多数人的不利。倡导个人自由的自由主义似乎反而使大多数人可能在政治上处于无能为力的不自由状态。如自由主义提倡"新闻自由",结果成了人们被媒体控制的不自由。自由主义提倡多元、多样,结果变成了一元化、同质化。自由主义提倡启蒙,结果竟成了愚民。自由主义提倡理性,结果理性成了反理性的有效工具。自由主义倡导的个体自主,结果变成了个体全面被异化,被商品化,成了对个人从心灵到生活的枷锁和奴役。在物质生活方面,由不干预即放纵的经济自由贸易,使贫富分化厉害,加强了经济控制下的寡头话语权以及由于种族、性别、文化、宗教对经济自由的适应能力不一而增大了社会生活的紧张和冲突。不问实质,只求形式公正,使弱势群体或个体处于不利境地。在文化—精神领域,以个人为本位为中心日益原子化的社会,带来的是人情淡薄、人际冷漠、心理躁动、精神空虚。在衣食基本无忧的情况下,人生无目的、世界无意义,即人生意义、生活价值没有着落,分外突出。吸毒、暴力和性放纵在个人自由保护下可以泛滥成灾。而在全球一体化的行程(这将是一个相当漫长的时期)中,各个国家和各个社会群体如何能协调、处理其不同利益,个体如何能理想地作为普遍性的"世界公民"和现实地作为特殊性的国家公民,其间的矛盾、差异和冲突等等,便是尚待解决的法哲学、政治哲学的难题。自由主义的当今行程显露出它的弱点和缺陷。于是出现了各种宗教复兴以及哲学理论上的社群主义(communitarianism)。

社群主义驳斥并反对以个人为本体单位的自由主义,强调社会(群体)优先。Charles Taylor 强调,任何个人不能脱离社会,社会之外不可能有真正的个人,所以自由主义认为个人权利优先并无哲学基础。Alasdair Macintyre 认为,个人享有的权利是以某种具体的社会规则和社会条件为前提的。而这些特定的规则和条件只存在于特定的历史时期和特定的社会环境，它们决不是人类的普遍性，不是人类社会从来就有的，也不是社会生活所必需的。的确，客观事实也展示，如果彻底斩断经验传统中的人际关系去追求所谓纯粹个体，恰恰可以成为走向屈从于"集体"、"同志"、"组织"的桥梁。这一点也已为历史验证。可见，非历史的自由主义不可能成为一种理想的价值，它也不是一种历史的或现实的状况。Hayek也指出个人主义只能是"方法论上"的，因为无论历史上和现实中，都没有那种纯粹的或原子式的"个人"、"自我"或"自由"。

从理论说，社群主义确有一定道理，因为自由主义倡导的个体（权利）第一，如我所一再说明，本就是一种非历史的假定。但是，关键在于，不能抽象地谈论理论。在中国，如果按照实用理性，就应该从中国的历史和现状出发。而从这一角度看，自由主义比社群主义在今天中国有更大的合理性。后者虽理论上振振有词，在中国的客观现实中，却容易成为倒退的依据：再度抹杀个人，重回过去年代。社群主义重新将善恶的价值问题提到首位，反对程序优先，强调实质公正，抨击"自己选择"即个人自由的理性主张，强调传统、文化对自我形成和个体行为的价值和意义，从根本上否认有普遍性即普世性的道德律，从而各国家、各民族、各文化应尊重、继续其各自的道德，与自己的传统、历史、文化相衔接。如前所述，现代社会以前的传统道德，例如中国的传统道德，是"宗教性道德"与"社会性道德"混同融合，而以前者作为标尺来规范人的行为和内心。尽管换上"革命新装",仍然是在善恶实质标尺和绝对性、神圣性的"宗教性道德"的大旗下,把亿万个体的利益、权利甚至生命统统牺牲埋葬掉。这在中国是殷鉴不远,年老的一代都有切肤之痛的。在理论上,《共产党宣言》便未能真正回答当时人们因质疑而提出的人性懒惰即"利己"问题,社会主义国家甚至福利国家的历史实践也证实这一问题确乎存在。经验似乎说明,只有自由主义的个人主义、自由竞争反而使社会较快发展,而众多个体亦因而受益。早在200年前,Kant便以密林高且直之例来肯定个人竞争。经济上如此,政治、文化上也如此。

总而言之,关于整体与个人,"我仍然持历史的看法。我以为,人是从'个人为整体而存在',发展而成为'整体为个体而存在'的。强调后者而否定前者是非历史的,强调前者而否定后者是反历史的"[1]。自由主义偏重"整体为个人而存在",甚至以之为先验原理(如"天赋人权"说),是非历史的;社群主义偏重"个体为整体而存在",在今日中国则可以是反现代化潮流,从而是"反历史的"(在西方则不是)。

那么,如何办?

---

[1] 见拙答问文《现代性与后现代性》,载《南方文坛》2001年第1期。

西体中用

（一）善恶与对错分家

如所再三说明，虽然我不同意从"天赋人权"到"无知之幕"等等自由主义的基础理论，却仍然赞成自由主义所提出或提倡的以个人为本位的现代道德及法律，并强调在中国巫史传统[1]下要特别重视建立这种道德。从而主张首先要作出两种道德的区别，也就是作出"善恶"与"对错"的区分，这就是政治—文化领域中具体的"西体中用"。

所谓"对错"与"善恶"的分家，亦即权利（对错）与价值（善恶）、现代社会性道德与宗教性道德的分家。孟子的"是非之心，人皆有之"在这里应一分为二："人皆有之"的"对错"之心，与法律、政治紧相联结；"人皆有之"的"善恶"之心，则与宗教、文化、传统相联结。它们之所以"人皆有之"，都是"经验变先验"而已。由于巫史传统的一个世界和神人同质，不像西方政（政府的行政、立法、司法）教（基督教会）分离且历史悠久，使今天区分"宗教、政治、伦理三合一"不仅必要，而且艰难。即使在理论上也如此。这里，我非常愿意引用 J.Rawls 的《政治自由主义》一书中的"重叠共识"（overlap consensus）理论作为支援，将"对错"与"善恶"、将政治哲学与伦理学分别开来。我

---
[1] 参见拙作《历史本体论·己卯五说》中《说巫史传统》、《"说巫史传统"补》，北京：三联书店，2008年。

以为，J.Rawls这一理论正适合于我前述的两种道德的区分，即将现代世界各社会、各地域、各国家、各文化中人们基本的行为规范、生活准则，与各种传统的宗教、"主义"所宣扬的教义、信仰、情感、伦理区分开，割断它们的历史或理论的因果联系。例如不必将现代社会所要求的自由、人权、民主一定追溯或归功于基督教或希腊文化之类，而明确认为它们只是现代人际关系中共同遵行的政治、法律原则（政治哲学）。它们要解决的是"对错"问题，权利、义务诸问题，实际乃是现代经济生活（西体）的产物，所以才有世界性的客观社会性。其普遍性、"必然性"来自我所谓的"工具本体"，而并非来自"天赋人权"或基督教义。至于各民族、各地区、各文化所讲求的传统伦理学，实乃宗教性道德。宗教性道德要求普世性，却恰恰没有普世性，因为它涉及"善恶"问题，各宗教各文化对善、恶有不同的教义和观念。关于善恶的起源、形态等等，各种教义可以大相径庭。各种宗教战争和冲突从古至今不曾断绝。"现代社会性道德"不必要与这种追求普世性的宗教伦理，甚至不必要与追求普世性的"天赋人权"等自由主义陈旧哲学相联系。它的客观上的普世性，来自世界经济生活的趋同或一体化。Rawls将今日的政治伦理与传统的宗教、文化、信仰脱钩的"重叠共识"为何可能或来自何处，似并未详说。我则遵循"经济决定论"思路（《历史本体论》第1章），认为它来自世界经济生活趋同。这一趋同包括食衣住行、医疗、工作、交通、娱乐、信息等物质生活，从而精神生活中的个体自觉、个性解放、个人独立等便不可避免。自由主义和现代社会性道德所要求的只是个人履行现代生活的最低限度的义务、遵行最低限度的公共规范和准则，如履行契约、爱护公物、恪守秩序、遵循各种职业道德、服义务兵役、不侵犯他人等等。违反它们，可以涉及也可以不涉及法律，但由于破坏共同生活秩序，有损他人权益，从而是"不道德的"。这里基本上是个"对错"问题，不是"善恶"问题。错了便于理有亏，于心有愧，而并不一定就是人恶性恶。它着重处理的只涉及调整人们行为的客观规则、权益、界限、利害、冲突，既与个体的灵魂拯救、终极关怀、安身立命无关，也与中国传统教导的"父慈子孝，兄友弟恭"、基督教《圣经》的"打你左脸，送上右脸"无关。"对、错"与"善、恶"的分开和脱钩，也就是使政治、法律所处理的日常生活与宗教、意识形态、文化传统所处理的精神世界有一定的分工和疏离，从而使后者既不过分干预前者，也使个体对后者具有更大的选择自由。当然，也包括允许某些人选择这种现代社会性公德本身作为自己的信仰、意识形态或宗教性私德的自由。但不能由这一部分人去强加给其他人。这样，二者便可以各行其是，各自发挥其优长，而不致相互干扰，弄成一团，剪不断，理还乱。

既然经济生活的时代发展是现代社会性道德和自由主义政法的真实基础，如上所述，没有这种经济生活的社会，便不容易成长自由主义道德原则；在已有这种经济生活的社会，便并不必要从理论上输入西方的基督教义的"原罪"观念或希腊文化的个体公民，也不需要硬从中国传统中去寻找"幽暗意识"，或民主、个人传统（如从孟子到李卓吾、黄宗羲等等）来作为资源和依据。与其从传统（不管是外来传统或本土传统）寻找支撑，不如重视二者的矛盾和冲突，及时作出合适的协调。协调的逻辑（理论）前提，不是去"求同"（不管是去寻找本土传统资源，还是搬外来基督教义与自由主义之同），而是去"别异"，即明确"对错"与"善恶"有别。不应从后者，不管是儒家的性善论或基督教的性恶论，来建立、构造或干扰前者的法律制定和道德裁决。这也就是我多年强调的两种道德分家的基本原则。作为现代社会性道德体现的法律精神和观念信仰，不应涉及人性善恶、人生意义、终极价值之类的宗教性课题。现代社会性道德不应以任何教义、"主义"为依据，只是宣告保证每个个体有在不违反公共基本生活规范下去选择、追求信仰任何一种价值、意义、主义、教条的自由，亦即个体在现代社会生活中的基本权利。

但是两者又真能一刀两断、彻底分割吗？"善恶"的价值观念对人们行为的"对错"准则，难道就真的没有关联、作用和影响？

当然不是。

例如美国的堕胎问题。即使在强调人权、实现现代社会性道德已有200年的环境里，传统的宗教性道德仍然强有力地干扰堕胎的合法性。以《圣经》的名义确认胎儿即人，堕胎即杀人的逻辑顺理成章，它在实践中形成了强大的公众反堕胎运动，要求修改允许堕胎、实现妇女人权和个体自由的法律条款。在中国，因为没有这种文化心理，因之也就不会有这种公众性的强大势力和运动。但是，也有许多传统文化心理，例如"不孝有三，无后为大"的儒家思想，在阻挠着有关现代社会性道德包括妇女人权的实现，如弃溺女婴，同工不同酬，以及强调社会、家庭的"稳定"优先于个体自由等等。

可见，刚才讲到的两种道德的区分，"善恶"与"对错"的分家，也只是一种"理想型"的理论构建。在实际运行和现实生活中，两者的相互影响、渗透和难以分割，又是非常突出的。正因为这样，强调这种区分和分家，也才有重要的意义。但更要看到，它是一桩艰难而漫长的工作。特别是历史经验说明，具有根深蒂固传统的宗教性道德，可以以原教旨主义或强势意识形态等形式，与一定社会、集团的实际力量相结合，常常蛊惑、控制或发动某种"群众运动"，使很不容易争取得来的个人自由一夜之间便"改变颜色"，踪迹全无。从而，注意两者的复杂关系，并根据具体情况做具体分析，其中特别是掌握"度"的艺术，便更显重要。

这两种道德的一个重要不同点，也可以说与"情－理"问题有关。现代社会性道德主要是一种理性规定，宗教性道德则无论中外，都与有一定情感紧相联系的信仰、观念相关，如基督教的圣爱、原罪感、对上帝的无比敬畏崇拜、赎救的追求等等，中国则与亲子情、家族情、乡土情等伦常感情相关。现代社会性道德以理性的、有条件的、相互报偿的个人权利为基础，传统的宗教性道德则经常以情感的、无条件的、非互相报偿的责任义务为特征。

人不是机器，在现实中即使循理而行，按社会性道德的公共理性规范而生存和生活，但毕竟有各种情感渗透、影响于其中，人和人际关系不可能纯理性，而总具有情感的方面。两种道德的纠缠渗透，于群体、于个人，都是非常自然甚至必然的事情。把它们相区分，是为了对实践有利所做的"理想型"的理论分类，特别是针对今日中国处在传统社会向现代社会的转型期而言。但区分之后的联系、关系，又仍然是理论和实践中特别重要的事情。我所强调的是，只有先区分，而后才好讲联系。这种联系，也就是我已提出过的"宗教性道德"（私德）对"现代社会性道德"（公德）可以有"范导"而非"建构"的作用。

（二）"天、地、国、亲、师"

前述美国总统必须手按《圣经》而宣誓，展现着虽政教分离已久，宗教和教会无权干预政治，但个人在履行现代"社会性道德"时，仍可具有某种宗教献身精神和情感。关于基督教的伦理道德与现代自由主义以及社会性公德的讨论和文献已汗牛充栋，非本文所能涉及。我所注意的问题只是，强调两种道德区分之后，中国传统的宗教性道德即以儒家学说为主干，以"天、地、国、亲、师"（1911年改"君"为"国"）[1]为代表符号的情感、信仰、观念，对现代社会性道德，对今日和今后中国人的行为规范能否或有否作用或影响，它们之间可以是或"应该是"何种关系。

---

[1] 它可追溯到荀子"上事天，下事地，尊先祖而隆君师，是礼之三本也"（《荀子·礼论》）。

问题异常复杂，需要伦理学家们的专门论著。这里仍然只能做些简单化的"哲学视角"的表述。

首先一个似乎有趣的问题是：西方基督教所宣讲的情感，由于与"上帝"、"圣爱"相关，爱人是由"上帝"的旨意、命令而来，即使在这一"人情"中，理性成分仍然很重。希伯来人和希腊人的自然环境均非常艰苦，最高情感指向对全知全能的"上帝"的神秘敬畏和崇拜，神人绝不同质，两个世界区分清楚。这个世界的规则（包括自然界的自然律）都是"上帝"所赐而由理智去把握。至于"上帝"本身则是超乎这个世界，也非理智或理性所能认识或把握的本体。从而人的情感一方面是理性化的，另方面则又是非理性和反理性的。二者既可同时并存，又可分途发展。再由于希腊—罗马奴隶制的充分发展，一方面理性主宰、支配情感；斗兽场上人兽相搏，基督教的观众也可以无动于衷，兴高采烈，没有丝毫"恻隐之心"，这是由于理性认定奴隶非自由民即非人之故？另方面，情感又可以完全越出理性，纵欲狂欢，"行同禽兽"。Nietzsche 歌颂的酒神精神的原始生命力量影响至今。理性与情感在西方文化中都有充分的发展空间。其中的情理结构和心理状态，值得很好研究。中国文化似乎与此有所不同。也许由于黄河长江流域地理环境优越，定居农业非常之早且久，畜牧业也不特别发达，人们按时作息、努力耕作即可收取明显可见的巨大成果，从而那种对命运不可抗拒从而对上天的极度畏惧并不强烈存在。相反，由于祖先崇拜始终作为主干，使神人同质，两难分离。情感和理性均停留和发展在人际关系之中，十分重视历史经验。自然界也与人际混同一气，并不分离。更由于不同于奴隶制的中国氏族社会的悠长传统，使以亲子为核心的血缘宗亲关系和世间情感成了主轴。不是因为上帝叫你爱人而如此履行道德行为，而是亲子自然生物感情的提升和扩展而爱人（"老吾老，以及人之老"，"迩之事父，远之事君"）。理性在这里不是主宰情感，而是渗透在情感之中。动物性的本能既没有让其充分展露，又未受理性的绝对抑制，即既不纵欲，也不禁欲，而是让它们在理性的渗透、控制下发展为一整套细腻、多样的人情形态。理性与情欲没有分家，常常交融混同，合二而一。甚至在日常语言中，情理也总连在一起作为标准，以判断人的行为、活动，如合情合理、合乎情理、心安理得等等。它（情理的统一和谐）既是认识论（实用理性）也是伦理学（巫史传统）的准则。在情理结构上，在处理情感、欲望、理知、认识上，中国传统与西方基督教传统形成的文化心理差异，使来自西方但以现代经济生活为依据的现代社会性道德落脚中国，会发生一些新的问题。

八十多年前（1922），作为留美学生的冯友兰曾在读梁漱溟《东西文化及其哲学》一书后写信给梁，其中说："东方之长在能阐明物我一体之理，有精神之大我以笼罩一切个体，而其弊在抑制欲望冲动。西洋在满足欲望、冲动，而其弊在只知有个体而不知有大我，人与人之间只有外的关系而无内的关系。此不但科学如此说，即耶教亦如此说也。（耶教人与人、人与上帝皆无内的关系。）

今若设一说，一方阐明一切欲念、情感皆善，即大我所希冀亦不过一切人之欲念之和，故今日之务而是满足欲望，不过因为我一体之故。故满足欲望时不专为自己一人打算耳。"[1]

这个中西比较虽然粗糙、简单，但仍然很有意思。例如说西方无"内"的关系[2]，"不知有大我"等等。而注意到西方对情、欲、理的处理大有差异，是自现代中国人接触西方文明便一直感受到（不一定理解）的问题。偏重中国传统的梁漱溟的主要著作《东西文化及其哲学》《中国文化要义》如此，通晓西方文化的金岳霖也如此[3]。其他一些人也有大同小异、详略不同的类似论述。我以为这一点颇为重要，并将这种不同归结为神人异质（有超验主宰从而"两个世界"）和同质（"一个世界"）：以为后者来源为缺乏发号施令、有言有行的人格神上帝的"巫史传统"。那么，中国这种来自巫史传统而以儒家为主干的宗教性道德，亦即传统的"天、地、君（国）、亲、师"的情感、观念和信仰，在现代生活的社会性道德中会起和应起什么作用，占什么地位，便似乎是这一问题（两种道德的关系）的要点所在。

冯友兰等人仍然希望将两种道德合一，将"满足个体欲望"的现代要求（实即个人本位的自由主义）作为中国传统"物我一体"

---

[1] 见《学人》第4辑，南京：江苏人民出版社，1993年，第4页。

[2] 有趣的是七十余年后几乎同样的说法；但除此之外，"在自由主义的社会中，虽然我们尊重别人的权利，人与人之间也就没有什么内在关系。"（石元康：《自由与社会统一：德我肯论社群》，载《第四届 美国文学与思想研讨会论文选集·哲学篇》，台北："中央研究院"欧美研究所，1995年，第31页。）

[3] 参阅金岳霖：《论道》，北京：商务印书馆，1987年。

的"精神大我"(亦即"天、地、国、亲、师")的基础,而仍以后者"笼罩"前者,成为"内的关系",而忽视了这两者的重大差异和根本矛盾。这倒可说与后来所谓"科学的人生观"(胡适的"科学的人生观"和共产主义的革命道德)一脉相通。后者使本应是价值中性的自由主义的人权、民主等社会性道德,从"五四"以来具有了非中性的反传统的人生使命感,使它们成了现代先进人士选定的"宗教性道德",仍然是两种道德混而不分。这一过程无可厚非,其结果却可以造成灾难。但是,中国这一传统和宗教性道德却可以在与现代社会性道德作出区分之后,对后者起某种"范导"作用。由于与重生命本身的根本观念直接攸关,亲子情(父慈子孝)不仅具有巩固社会结构(由家及国)的作用,而且在文化心理上也培育了人情至上(非圣爱至上)的特征。我认为它就可以在现代社会性道德中起某种润滑、引导作用。将个人基础上的理性原则予以适度"软化",即以"情"来润"理"。"亲"如此,"天"、"地"、"国"、"师"亦然。"天"、"地"既可以是自然界,也可以是一切神灵的代称;"国"是故土、乡里、"祖国",它是亲情的扩展、伸延和放大。"天"、"地"作为超越有限的个体(以及人群、人类)而又生长、培育、养息个体、人群和人类的根由,对其培育感恩、崇敬、崇拜和亲近、亲密的情感。这正是一种中国的宗教性的道德感情,而与西方有所不同。西方因为由圣爱和理性而来,从"耶教"到 Kant,"敬畏"成了道德的主要情感。中国因为由亲子、乡土自然感情的提升而来,合理性的人间情爱,如"仁义"、"合情合理"

便成了中国传统的道德感情。今天如除去其产生时代的各种具体内容，这种传统的"仁义"感情和"天、地、国、亲、师"的信仰，对今日现代生活仍然可以有引导、示范但非规定、建构的作用。例如，"五四"以来，历经革命以及"文革"，传统礼俗早已一扫而空，但即使如此，在对欧美已为习惯的子呼父名，仍感格格难入；对长辈仍自然持有一种扶助、尊敬的态度，赡养父母，"常回家去看看"，仍然是一种相当自然的道德态度和义务感情。它不应该建构或规定现代经济生活（如家族用人）、政治生活（如论资排辈），即它不能规定个体独立的契约基础上的社会性道德，却可以作为个体心安理得甚至安身立命的私人道德。它是与情感紧相联系的宗教性道德，也只是凭由个人选择的私德，而不是必须共同奉行的公德。

也许其中少数一些，如儿女赡养父母之类的道德义务可以用法律形式作为公共理性即"现代社会性公德"，而不同于西方。但绝大多数却只能是个人自己的选择和决定。例如，爱父母或爱子女应高于（优先于）还是低于（次于）爱上帝？爱父母优先还是爱子女优先？等等，便都不能由"社会性公德"来规定。因此哪一些私德（宗教性道德）可以因范导而进入规定公德（社会性道德），哪一些不可以，便是需要进一步研讨的问题。例如儒家"不患寡而患不均，不患贫而患不安"，道家"掊斗折衡，而民不争"等等，是否可以作为左派自由主义或社会民主主义的经济主张的传统资源，由私德进入公德，即进入我在《告别革命》四顺序论中所说个人自由基础上的"社会公正"问题呢?此外,再又如教育学方面,除遵守秩序、服从纪律外,重视礼仪的训练培育,以陶情冶性感受人生;又如,在处理争端的某些情况下,重视和谐效果可能优先于判定是非公正,凡此种种,当由政治学、经济学、法律学、社会学、教育学、心理学等来研究,仍然不是讨论最一般原则和只作提示的本文所能论及。

"天、地、国、亲、师"中的"师",似乎需要单独说一下。"师者,所以传道,授业,解惑也"。(韩愈)"传"什么"道","授"什么"业","解"什么"惑"?我以为,从中国传统来说,这指的是历史的经验教训。经验的历史主义不仅是中国实用理性的特性,而且也是中国整个文化的特征。"师"的真实意义就在这里。对历史,包括对历史人物、历史事件、历史经验教训的认识、理解和情感,从甲骨文、金文的记述到诗词歌赋中的大量怀古、咏史,就都在这个"师"的范围之内。培育对历史经验教训无可否认的绝对性情感,正是摒弃各种相对主义的重要方式。它是值得倡导的"宗教性私德"的内容之一。从现代史说,例如培育对纳粹和日本人大屠杀的历史事件的绝对性的伦理感情(憎恶),这里涉及"善恶",而并不涉及言论自由,即可以容许有人去否认、论辩这些历史事件的有无(这里涉及的是"对错")。这样,便使关注于"对、错"的"社会性公德"受到情感上关注"善、恶"的"宗教性私德"的影响。这也就是"范导"。有这种与情感、信仰相联结的宗教性道德,对现代社会性道德不仅大有帮助,甚至可成为社会健康存在和发展的某种重要条件。由政府、国家去强迫人民接受、信奉某种即使是正确的、"进步的"学说、思想、主义、宗教、艺术、科学，违反了"社会性公德"的形式公正，从而是错误的。但国家或政府却可以倾向于支持、倡导某些有关培育宗教性私德的学说、思想、主张、观念。这里，政府"倾向于支持"哪一种私德和支持的"度"，便是关键所在，它可以随时随地而颇不相同。这又是政治学所应讨论的政治艺术问题。总之，如《己卯五说》中《说儒法互用》所描述，中国古代儒家曾以情感关系融入注重形式平等一致的法家体制中，说明"儒法互用"在今日尽管有根本不同（古代"儒法互用"后，儒家宗教性道德主宰了社会性道德，今日恰恰要排除这种主宰），但在情感上"天"、"地"（自然界或神灵）、"国"（乡里、故土）、"亲"（父母亲、祖父母、祖先、亲戚、朋友）、"师"（老师、历史经验和事件）仍然可以作用于现实生活，并协助建立起当今迫切需要的中国的现代社会性道德，使两种道德混淆无序、杂乱并陈的状况逐渐改变，重构两种道德分途而又协作的新的"礼义之邦"（但不是做乌托邦式的具体理想或筹划）。"周虽旧邦，其命维新"，即此之谓。

历史本体论如同"无知之幕"、"原始状态"一样，都是一种理论的假设。后者为自由主义的个人权利的绝对性做有关"对、错"的社会性道德假设，前者为群体的历史优先性做有关"善、恶"的宗教性道德的假设。历史本体论提出"天、地、国、亲、师"作为自己伦理学的具体范导理想（它只是社会理想，而不是理想社会），以重人情的儒家和中国传统为心理依归，希望对在全球经济一体化的现实世俗生活不可逃避，即必然带来现代社会性道德极大扩展延伸的未来时日里，提供某种意见和建议。"两德论"是结合中国传统对政教分离这一现代课题所作的政治哲学的探讨。

（摘自《历史本体论》）

关于情本体(2004)

心、性为本还是情为本

(一) 道德律令与理性凝聚

"情本体"是人类学历史本体论所讲中国传统作为乐感文化的核心。

所谓"本体"不是 Kant 所说与现象界相区别的 noumenon，而只是"本根"、"根本"、"最后实在"的意思。所谓"情本体"，是以"情"为人生的最终实在、根本。但很少有人从哲学上这么说，因之第一个问题便是，讲"情本体"还算不算"哲学"？

从西方哲学史看，自 Socrates、Plato、Aristotle 到 Kant、Hegel 为顶峰，理性特别是知性思辨作为获取真理的途径，一直成为哲学主要课题。Aristotle 界定人是理性的动物，中世纪通由逻辑论证上帝的存在。到近代，理性更成为启蒙的话语，事物的准绳。情感一般视为属于文学艺术和宗教，虽然某些哲学家如 Hume 也强调论说过情感，但始终未成为哲学的主题。到 Kierkegaard 等存在主义兴起后有所改变，但仍然是情感被化为理性抽象来做本体论说。

在中国，先秦孔孟和郭店竹简原典儒学则对"情"有理论话语和哲学关切。"逝者如斯乎"、"汝安乎"（孔子）、"道始于情"（郭店）、"恻隐之心"（孟子），都将"情"作为某种根本或出发点。此"情"是情感，也是情境。它们作为人间关系和人生活动的具体状态，被儒家认为是人道甚至天道之所生发。但是，秦汉之后，儒学变迁，情性分裂，性善情恶成为专制帝国统治子民的正统论断。宋明以降，"存天理灭人欲"更以"道德律令"的绝对形态贬斥情欲。直到明中叶以及清末康（有为）谭（嗣同）和五四运动，才有自然人性论对情欲的高度肯定和昂扬，却仍然缺乏哲学论证。其后，它又很快被革命中的修养理论和现代新儒家的道德形而上学从实践上和理论上再次压倒。

这几句十分简略的历史回溯，是想指出，如同西方一样，自原典儒学之后，"情"在中国哲学也无地位。二十世纪五十年代著名的张（君劢）、牟（宗三）、徐（复观）、唐（君毅）四人文化宣言便明确声称："心性之学乃中国文化的神髓所在。"牟宗三更多次申言："中国人生命的学问的中心就是心和性，因此可称为心性之学。"[1] 牟的代表著作《心体与性体》，如同冯友兰的《新理学》一样，都是运用西方哲学的理性框架和逻辑范

---

[1] 牟宗三，《中国哲学的特质》，台北：学生书局，1963年，第 87 页。

畴，以理性或道德为人生根本，构建哲学体系，基本上没有"情"的位置。

但是"心性之学"真是中国文化或中国哲学的"神髓"吗？哲学必须以理性或道德作为人的最高实在或本体特性吗？一些没有系统受过西方哲学训练而对中国传统深有领会的现代学人并不赞同。梁漱溟说，"周孔教化自亦不出于理知，而以情感为其根本"，"孔子学派以敦勉孝悌和一切仁厚肫挚之情为其最大特色"[1]。钱穆说，"宋儒说心统性情，毋宁可以说，在全部人生中，中国儒学思想则更着重此心之情感部分"[2]，"知情意三者之间，实以情为主"[3]。但是无论梁或钱，对此未有更多说明，大都一带而过。从而，中国心性之学的道德理性传统一直被视作此际人生以至无限宇宙的本体。牟宗三的"道德秩序即宇宙秩序"的哲学是一个相当完备的版本。

因此，在话说情本体之前，得先谈论一下这个以心、性、道德为本体的中西方传统哲学。

所谓心、性为本，实际即是以道德为本。在 Kant 那里，优先于思辨理性的实践理性是道德实践。它以绝对律令的先验形式主宰人的行为、活动，使人成为人。即是说，人之所以为人，有赖于它，所以它高于认识的理论理性，是"本体"(noumenon) 所在。

在现代哲学中，G. E.

---

[1] 梁漱溟：《中国文化要义》，上海：学林出版社，1987年，第119页。

[2] 钱穆：《孔子与论语》，台北：联经出版公司，1996年，第198页。

[3] 钱穆：《论语要略》。

Moore 指出"good"是一种非认知所能分析,有如"黄色"一样被直接感知的客观性质。Richard Hare 从日常语言分析也指出,伦理、道德的词汇语句是用以要求、命令、规范人们的行为活动的,与认识的陈述命题根本不同。这些都说明伦理道德与规范、组织、要求、命令人的行为活动相关,而与知识、认识迥然有别。这方面,中外古今论著已如汗牛充栋,毋庸多说。

以心性道德为本体有其一定道理。其中,我始终认为,仍是 Kant 做了最为准确的把握。他所把握的是伦理道德的人类心理特征,即人之所以为人,在于行动实践中的自觉意志。他集中论证了这一特征,而不像幸福论、功利主义等从外在的情况、经验、目的、要求、利益等来论证。

Kant 的重大贡献,例如不同于 Hume,就在于他以绝对律令的先验形式突出了理性主宰、统治、支配人的感性作为、活动、欲望、本能这一道德行为的特征。《批判》说:

> 在 Kant 看来,生命价值和目的不在享受了什么(幸福),而在于做了什么(道德),在于他恰恰可以不作自然锁链的一环。……只有这种服从道德律令的人,才是能有超感性(即自由)能力的自然存在物。[1]

这也就是中国传统所强调的"人禽('自然存在物')之分"。从历史本体论来看,这个

---

[1] 拙作《批判》第10章第7节。

所谓道德特征、自觉意志和心理形式,是人类经长期历史由文化积淀而成的"理性的凝聚"。"理性凝聚"不同于"理性内构",它不是理解、知性、逻辑、思想,而是为了行动一种由理知渗入的确认,即执着于某种观念或规则。它与知性认识的理性内构同属于人的文化心理结构即人性能力,而具有独立的自身价值。Kant 形式主义伦理学的伟大意义就在于,它深刻而准确地揭示了这个作为人性能力的心理形式所具有的超功利、超历史的"先验"独立性格。Kant 所高扬的不计利害、超越因果(现象界)的伦理道德的绝对性,其实质正是高扬这个"理性凝聚"的人性能力。这种能力对人类生存延续具有根本的价值,它不依附更不低于任何外在的功过利害、成败荣辱,而可以与宇宙自然对峙并美,"直与日月争光可也"。当然,Kant 这里的所谓"先验",实际上仍然是通由人类长期历史的经验而来。这个对人类来说的"理性凝聚"的普遍必然的人性能力或心理形式,仍然是长久历史的各种变易着的具体伦理法规、道德律令所积淀而形成。就中国说,孔子和儒家的释"礼"(人文)归"仁"(人性),便显示着这个由文化("礼")而积淀为人性("仁")的转换完成。虽其形态表现为"仁"先"礼"后[1],似乎"仁"(心理结构)是根本。这与 Kant 实践理性的先验优位似乎相近,其实并不相同。

(二)宋明理学追求超验的失败

不同在于孔子《论语》中答"问仁"时,总是随

---

[1] "礼后乎?子曰:'起予者商也,始可与言诗已矣。'"(《论语·八佾第三》)参阅拙作《论语今读·3.8 记》。

具体人物、具体情境作出各种不同的回答，并未空悬一个先验理性的绝对律令作为主宰。宋明理学在佛学影响下却对这种理性主宰做了本体性的极力追求，对世间秩序的超越本源、对行为规范中的礼教信仰做了哲学上的理性探寻，这极大地从思辨上提升了中国思想。宋明理学努力论证伦理道德之所以不能和不应抗拒，是因为它有超乎人（个体和集体）和超乎经验的依据和理由。这就是"天理"或"良知"。宋儒在"性"中分出"义理之性"和"气质之性"，在"心"中分出"道心"和"人心"。前者是道德律令、伦常原则，后者是情感经验、自然欲求。道德伦理的特征就在于区分出"天理"与"人欲"、"义理"与"气质"、"道心"和"人心"，强调必须以前者管辖、统领、主宰后者。我在《论语今读》以小程、朱熹对"仁"与"孝悌"的关系论说，说明他们与原典儒学有严重矛盾。这个矛盾便是，究竟"孝悌"是"仁"之"本"，还是"仁"是"孝悌"之"本"？根据先秦原典，"孝悌"是"仁"之本，《论语》说得极明白："孝悌也者，其为仁（人）之本与？"[1] 但是小程和朱熹却硬把它们颠倒了过来，"论性，则仁为孝弟（悌）之本"，"（程）子曰：爱出于情，仁则性也"[2]，"盖孝弟是仁之一事，谓之行仁之本则可，谓之是仁之本则不可。盖仁是性也，孝弟是用也。性中只有仁义礼智四者，几曾有孝弟来"[3]。朱熹说，"仁是孝弟之本"，"盖仁，性也。

[1] 《论语·学而第一》。
[2] 《二程集》，北京：中华书局，第1180页。
[3] 同上，第183页。

性只是理而已。"[1] 谢上蔡干脆直说"孝弟，非仁也"[2]。

为什么？因为孝悌或"爱"都是具体的经验的"事"、"物"，是日常情感，属于"情"的范畴；而作为它的"本体"、"根源"便应该是不但区别于而且也超越于这情感经验的"理"。所以朱熹称"仁"为"爱之理"[3]，认为"爱是恻隐，恻隐是情，其理则谓之仁"[4]。就是说，仁是性，不是情，它是普遍必然、超越经验的本体即"天理"。朱熹说"理不可见"，不能是任何具体的、偶在的、"可见"的世间经验和情感现象。从而，"情"与"性"不能混同，不能"指情为性"[5]，"仁是性，恻隐是情"，所以"恻隐非'仁'"[6]，情感经验"现象"不是"不可见"的理—性的超越"本体"。前者必须以后者为依据、为根由，才可能具有其普遍必然的崇高特质。

可见，与原典儒学如孟子"仁之实，事亲是也；义之实，从兄是也"由抽象走向具体相反，宋明理学则由具体的情境、情感走向抽象的理性"本体"。前者以具体为"实"，后者相反。我在《中国古代思想史论》一书中曾论证朱熹最近Kant。朱熹的"性"、"理"有如Kant那抽象而绝对的先验律令。但是，也如《中国古代思想史论》所认为，在Kant那里，这作为先验的绝对律令与经验世界毫无干系，本体和现象界可以截然两分。而在程、朱，由于中国久长的巫史传统，很难产生经验与先验、本体与现象截然二分的观念。"理"虽然是"天

---

[1]《朱子语类》，卷二十。
[2][3][4][5][6] 同上。

理",但这"天理"又总与作为自然物质的经验生存混同在一起。宋明理学一方面强调"理为本"、"理在先"、"理为主";另方面又强调"理在气中"、"离气不能言理"、"人欲自有天理",并经常以各种自然景物如季候、生物、生理等经验现象来作比拟和解释。这使得他们这个不同于"气"的"理"、不同于"情"的"性",不仅没有摆脱而且还深深渗透了经验世界的许多特色和功能,所以,我以为宋明理学对超验或先验的理性本体即所谓"天理"、"道心"虽然做了极力追求,但在根本上是失败的。他们所极力追求的超验、绝对、普遍必然的"理"、"心"、"性",仍然离不开经验的、相对的、具体的"情"、"气"、"欲"。他们曾慨叹说,"仁字难说,《论语》一部只是说与门弟子求仁之方","盖其(孔子)所言皆求仁之方而已……"[1]《论语》的确只讲"求仁之方"[2],所以说"孝悌"(情)是"仁"之本;宋明理学追求超越"求仁之方"的"仁"的理性"本体",将"仁"当作"理"、"性"、"道心",与"爱"、"情"、"人心(欲)"区别甚至割裂、对立起来,于是只好一再承认"难说"了。1982年拙文《宋明理学片论》强调了这个问题。今再引述如下:

[1] 延年、龟山。转引自陈来:《论宋代道学话语的形成和转变》,载《中国学术》总第8辑。
[2] "孔子讲'仁'讲'礼',都非常具体。这里很少有'什么是'(what is)的问题,所问特别是所答(孔子的回答)总是'如何做'(how to do)。"(《论语今读·前言》)"这也就是Socrates、Plato的逻辑性、普遍性、实体性(what is)与孔老夫子的实用性、特殊性、功能性(how to do)之区别所在。"(《论语今读·11.21记》)

Kant 把理性与认识、本体与现象做了截然分割,实践理性

（伦理行为）只是一种"绝对律令"和"义务"，与任何现象世界的情感、观念以及因果、时空均毫不相干，这样就比较彻底地保证了它那超经验的本体地位。中国的实用理性则不然，它素来不去割断本体与现象，而是从现象中求本体，即世间而超世间，它一向强调"天人合一，万物同体"；"体用一源"、"体用无间"。Kant 的"绝对律令"是不可解释、无所由来（否则即坠入因果律的现象界了）的先验的纯粹形式，理学的"天命之谓性"（"理"）却是与人的感性存在、心理情感息息相通的。……在宋明理学中，感性的自然界与理性伦常的本体界不但没有分割，反而彼此渗透吻合一致了。"天"和"人"在这里都不只具有理性的一面，而且具有情感的一面。程门高足谢良佐用"桃仁"、"杏仁"（果核喻生长意）来解释"仁"，周敦颐庭前草不除以见天意，被理学家传为佳话。"万物静观皆自得，四时佳兴与人同"；"等闲识得春风面，万紫千红总是春"……是理学家们的著名诗句。

尽管心学强调"心"不是知觉的心、不是感性的心，而是纯道德本体意义上的超越的心。但是它又总要用"生生不已"、"不安不忍"、"恻然"等等来描述它，表达它，规定它（包括牟宗三也如此）。而所谓"生生"、"不安不忍"、"恻然"等等，难道不正是具有情感和感知经验在内吗？尽管如何强调它非心理而为形上，如何不是感性，尽管论说得如何玄妙超脱,但真正按实说来,离开了感性、心理,所谓"不安不忍"、"恻然"等等,又可能是什么呢?从孔子起,儒学的特征和关键正在于它建筑在心理情感原则上。王阳明所谓《大学》古本,强调应用"亲民"来替代朱熹着力的"新民",也如此。但这样一来,这个所谓道德本体实际上便不容否定地包含有感性的性质、含义、内容和因素了。

像"仁"这个理学根本范畴,既被认作是"性"、"理"、"道心",同时又被认为具有自然生长发展等感性因素或内容。包括"天"、"心"等范畴也都如此:既是理性的,又是感性的;既是超自然的,又是自然的;既是先验理性的,又是现实经验的。……本体具有了二重性。这样一种矛盾,便蕴藏着对整个理学破坏爆裂的潜在可能。[1]

该文论述了这个内在矛盾的"破坏爆裂",即它逻辑地导致"心不离身"、"即情即性"、"情性皆体"的王门后学,而指向了自然人性论,宣告了古典宋明理学的终结。我多年申说这一论断,但一直为学人完全忽视。我至今认为,尽管体现了古典士大夫追求现世秩序的超越根源及其宗教情怀,但宋明理学追求超验(或先验)理性的失败,仍然是中国思想史上最值得深入探究的重大课题之一。它涉及如何了解中国文化和哲学。当然,我只是提出问题,还需要大量的专门研究。但这表明,历史本体

[1] 拙作《中国古代思想史论》,北京:人民出版社,1985年,第236、237、262、241页。

论从根本上不赞同承续宋明理学的现代新儒家,不赞同以"心性之学"来作为中国文化的"神髓"。当然,历史本体论也不苟同于自然人性论,而主张回复到"道始于情"的原典传统,重新阐释以情本体为核心的中国乐感文化。

宋明理学追求超验之所以失败,如前所说,是因为不可能根本摆脱"巫史传统"中"内圣外王"等基本观念,它关注的核心仍在世间人际开万世太平,而非超验天国的灵魂安息。它虽想为世间人际的伦常政治秩序寻求一个超世间人际的根由,但由于没有超验世界或天国上帝的哲学—宗教的心理(包括意识层和无意识层)背景,作为"性"、"心"、"理"的"仁",便始终不可能等同于Kant那与经验无关的实践理性和绝对律令。特别从情感—信仰的角度说,更是如此。中国上古各种原典均不同于《圣经》,它缺少对耶和华、耶稣的那种有别于人间情感的畏和爱。从而,宋明儒学以充满人际世间的"孝悌"和"恻隐之心"来填入"天理"、"性"、"心",便不可能真正超出这个世间。这里呈现出人际世间的伦常情感能否和如何转换为超世间的宗教信仰和宗教情感的问题。宗教强调由神而人,"巫史传统"则由人而神[1]。二者文化积淀的情理结构有别,正是使宋明理学追求超验理性失败的根本原因。这在下节"什么样的情"中当再论说。

---

[1] 参阅拙作《己卯五说》中《说巫史传统》。

（三）道德的人是"最终目的"？

作为"理性凝聚"的道德律令既然是人之所以为人的根本所在，那么，道德、伦理便是人（人生、生活）的最后目的和最高境地吗？Kant"第三批判"的《目的论判断力批判》最后以"文化—道德的人"作为自然向人生成的最终目的，便是如此。Kant 说，"善的意志是人的存在所能独有的绝对价值，只有与它联系，世界的存在才有一最后目的"[1]；"换句话说，服从道德律令的理性存在者的现实存在，才能看作是世界存在的最终目的"[2]。牟宗三的道德形而上学以"宇宙秩序即道德秩序"，也是如此，也是以伦理道德作为自然、世界和人（人性、人生和生活）的最终意义、价值和目的。

道德秩序超越经验情感而普遍必然，人应该在经验世界中服从、履行，以之统领、管辖、主宰自己的行为、活动，并由之生发出道德情感。这道德感情，就如 Kant 所说，不是同情、怜悯或爱，不是什么"恻隐之心"，而只是"敬重"。同情、怜悯、爱或"恻隐之心"都与动物本能性的苦乐感受有直接或间接的关联，"敬重"却是一种与动物本能毫无关联而为人类所特有的情感。这是一种由理性（即经理知确认）出发而产生的情感。"敬重这种道德感情的特点便根本不是快乐；相反，它还带着少量的痛苦，包含着强制性的不快。因为它

---
[1] Kant：《判断力批判》，第86页。
[2] 同上书，第87页。

必须把人们的各种自私、自负压抑下去,在道德律令之前自惭形秽。另一方面又因为看到那个神圣的道德律令耸然高出于自己和自己的自然天性之上,产生一种惊叹赞美的感情,同时由于能够强制自己,抑制利己、自私、自爱、自负而屈从道德律令,就会感到自己也同样高出尘表而有一种自豪。一方面压抑各种自私、利己感情产生出不快、痛苦,同时又因之而感到自豪、高尚,这样两种消极、积极相反相成的心理因素,Kant认为,便构成了道德感情的特征。它不是自然好恶,而是有意识的理性感情。"[1]

这种"敬重"的道德情感在某些宗教神学那里,非常接近以至可以吻合于对神的敬畏情感。当然也仍有区别。Kant也清楚地知道伦理道德和道德感情还不能等同于宗教和宗教感情。伦理道德(伦理是以社会规范说,道德是从个体自觉说)毕竟是有关世间人际的,尽管可以是"超验"、"天理",总还不即是"天"、"神"本身。尽管可以将它与灿烂星空媲美,但毕竟还不是那创造了灿烂星空的上帝。

从这里,Kant走向了道德的神学,提出上帝作为人类保证自己道德行为的主观信仰,才是人的最高企望和目的。Kant说,"上帝并非在我之外的存在,而只是在我之内的一种思想。上帝是自我立法的道德实践理性","道德不可避免地走向宗教,通过它扩展自己为一个在人类之外的有力量的道德立法者的理念,因为它的意志便是

---

[1] 拙作《批判》第8章第6节。

最终目的，这同时是和应当是人的最终目的"[1]。

由于没有宗教传统和"上帝"背景，中国的乐感文化和承续它的历史本体论便并不以道德—宗教作为人的最高目的和人生最高境地。

"实用理性"在提出之初，本作"实践理性"（1980年拙文《孔子再评价》）。据 Kant 晚年著作《逻辑学讲义》一书，实践的认识之不同于理论的认识（A cognition is called practical as opposed to theoretical），在于它包含着命令—行动。如 Kant 所说，理论认识不要求行动（acting），其对象只是存在（being）。而所有实践认识，其最终形态和目的是道德行为。所以 Kant 的伦理学也就是《实践理性批判》。这也就是上面提到过的 Kant 认为自然的目的是文化—道德的人。由于历史本体论不以道德—宗教作为归宿点，而强调归宿在人的感性的"自由感受"中，从而它便不止步于"理性凝聚"的伦理道德，而认为包容它又超越它的"理性融化"或称"理性积淀"（狭义），才是人的本体所在。即是说人的"本体"不是理性而是情理交融的感性。这正是当年弃"实践理性"（practical reason）而用"实用理性"（pragmatic reason）一词的重要原因。尽管从自然说，出现文化—道德的人是由自然而超出自然，但作为人，却不能停留在这超自然的目标和境地中。你、我、他（她）仍然是感性自然的存在物，所谓"最终目的"仍然要

---

[1]《单纯理性限度内的宗教》第1版序言,均引自《批判》第9章第2节。关于文化-道德的人是自然的最终目的,参阅该书第10章。

回到这个感性生命中来。

如前所说，Kant 将"人之所以为人"即区别于其他动物族类，归结为伦理道德，因以之为"本体"所在，这在确立人性上，远优于任何经验主义。但由之也就将此"本体"和"最终目的"（在宋明理学和现代新儒家，这也就是"天理"、"良知"、"性体"、"心体"）作为绝对律令而君临一切，使这个世界的一切感性屈从、臣服其下。以伦理作为人的最高目的和最高境地，经常使人为神役，与"人为物役"相对应，都造成人的异化[1]。

如果说 Darwin 说明了人由动物而来却仍是一动物族类，那么 Freud 也说明了人的心理的这同一特征。Freud 以"本我"(id)、"超我"(super-ego) 和"自我"(ego) 等概念描绘了人类文化心理形式中社会理性压抑、主宰动物本能的理欲关系。这种压抑和主宰即 Freud 所说的"现实原则"，它虽使人作为社会成员而存活和延续，但那被压抑被主宰的动物本能欲求又仍然不可能消失，而经常在睡梦中、艺术中和其他"脱轨"行动中不断冲出。"理性凝聚"并不能取代和控制一切。人的生存、生活、生命价值和人生意义也不是理性秩序和伦理道德所能全部等同。所以一方面，如 Karl Kautsky[2] 或丁文江[3] 以及今天的社会生物学认为群居动物也有伦理道德，与人无别，完全无视和贬低作为理性凝聚的自由意志这一人所特有的文化心理结构，是片面的。另一

---

[1] 参阅拙文《康德哲学与建立主体性论纲》(1981)。
[2] Karl Kautsky：《唯物主义历史观》第一分册，第 3 篇第 9 章。
[3] 参阅《科学与人生观》一书中丁文江文。

方面，如 Kant 或牟宗三，认为这种理性凝聚的道德自觉便是人的最高目的和最高境地，以之为"本体"，忽视和贬低人的动物感性情欲的正当和重要，也是片面的。

历史本体论认为这里的关键是"情理结构"问题。即情（欲）与理是以何种方式、比例、关系、韵律而相关联、渗透、交叉、重叠着。从而，**如何使这"情理结构"取得一最好的比例形式和结构秩序，成了乐感文化注意的焦点**。乐感文化反对"道德秩序即宇宙秩序"，反对以伦常道德作为人的生存的最高境地，反对理性统治一切，主张回到感性存在的真实的人。人不是神。你、我、他（她）也是动物。你、我、他（她）是神（理）与动物（欲）的结合统一。问题就在于这是结合而不是同一或分裂。分裂或同一将造成人的身心痛苦。这就是"以人为本"的乐感文化的根本含义。它不是自然人性论的欲（动物）本体，也不是道德形而上学的理（神）本体，而是情（人）本体。

从历史上看，伦理道德作为"本体"，作为人的根本和"最终实在"是由于道德律令、伦理规范经常以宗教形态出现，对道德情感的敬重与对神的敬畏情感便经常浑然一体。从 Kant 由道德律令引向宗教信仰的论证中可以看到，由道德情感的"敬重"引向宗教情感的"敬畏"，二者混同合一，是轻而易举的。各种宗教正是通过仪式、典礼种种有组织的群体活动，将伦理道德的规则浸泡在炽热炽热的神圣的情感信仰中，产生出巨大的行动力量，使之成为人生的最终目标和生活归宿。宗教特别是宗教情感常常就这样成了道德心理的某种泉源。

在这里,道德与宗教、道德情感与宗教情感便基本上是同一的了。这也就是我所说的社会性道德变为宗教性道德或二者合而为一。

什么样的情

(一) Abraham 的杀子与中国的"孝-仁"

如上所说,道德伦理虽以理性凝聚的心理形式即以理性认知主宰情欲来决定行为,却仍然需要某种情感信仰来支持。西方中世纪以来,基督教义是伦理道德的重要基石,中国由于宗教、伦理、政治三合一[1],儒家学说既是理知观念,又具信仰—情感功能。从而,这种"情"被当作与"本体"相关。

但是,这是什么样的"情"呢?"情"有许多种类。中国古代讲"喜怒哀惧爱恶欲"等所谓"七情"。其中,无论中西,"情"与"爱"经常联系在一起,是"情"的一种基本形态。而情(爱)又明显与人的身体存在即人作为生物体的基本需要、欲望、本能有直接、间接的联系和关系。上面已讲,由于长期的社会历史,人的"情"并不等同动物的欲,情(爱)经常成为某种理欲交错而组成的复杂多样的心理状态或情理结构。"理"以社会秩序正当性出现,中国原典儒学说"始发于情,终近于义","发乎情止乎礼义"。梁漱溟征引《礼记》

---

[1] 详见拙作《论语今读》、《己卯五说》、《历史本体论》。

说,"夫礼者,因人之情而为节文,称情而立文。……(礼)非从天降也,非从地出也,人情而已矣"[1]。有如梁所加重点,作为理性秩序的"礼"是"人情"的外在规范的仪文表现。"礼"、"义"的根本在于内心的人情,而非外在的天地神灵。也就是说,"礼"不以超越或先验的"心"、"性"为"本"为"体",而是以普普通通、百姓日用而不知的人际感情为"本"为"体"。《论语今读》指出,《论语》一书多次出现的基本概念如"诚、敬、庄、慈、忠、信、恕"等等,无一不与具体的情感心理状态有关,并非抽象的"心"、"性"的理性概念。

问题在于,原典儒学所宣讲的这个作为"礼"的来源和根本的"因人之情"的"情",主要是什么样的"情"?

孟子和后儒都着重说明,与墨子讲的"博爱"的"情"相区别,儒家的"情"是以有生理血缘关系的亲子情为基础的。它以"亲子"为中心,由近及远、由亲至疏地辐射开来,一直到"民吾同胞,物吾与也"的"仁民爱物",即亲子情可以扩展成为对芸芸众生以及宇宙万物的广大博爱。儒家认为有男女、夫妇才有父子,有父子之后才有君臣以及兄弟和朋友,但儒家既不以男女、夫妇,也不以天地、神灵,而始终抓住"亲子"这一环作为核心或根本。这即是"孝-仁"。

对比同样注意家庭和教育的犹太教,对比同样大讲情爱的基督教,这个核心是相当显著的。《圣经·旧约》中

---

[1]《梁漱溟全集》第7卷,济南:山东人民出版社,1990年,第463页,重点原有。

Abraham 杀子的著名故事，是犹太教、基督教和伊斯兰教所共同遵奉的神圣教义，可在此做一比较。

Abraham 遵循上帝命令，决心杀子献祭（杀戮最珍贵最亲爱的人以供奉上帝，是许多原始宗教常有的神圣礼仪），虽然最后一刹那得到上帝赦免，但那决心杀子所引发的内心苦痛和恐惧、惶惑、战栗之情，有如 Kierkegaard 所精心描述，是极为惨厉深重的。与此激情或可比较且更强烈的是《圣经·新约》耶稣上十字架的受虐。不管是为赎众生犯罪的博爱，还是为众生还债以平息上帝的震怒，不管是代替论（substitutionary theory）还是示范论（exemplary theory）的神学解说，"十字架上的真理"是必须经受苦难获取拯救（复活），背负苦痛来赢得不朽（永生），其特征也是以身心极度受虐痛苦和血淋淋的死亡来惊魂动魄、震撼人心。犹太教、基督教以及伊斯兰教在建构人类心理上，都突出地呈现了情理结构中理性绝对主宰的特质：突出这种信仰－情感与任何生物本能、自然情欲无关，纯粹由理知确认，并坚持、执着某个由知性确定的对象、原则、观念或规则。在这里，理性（知性的特定观念）不仅绝对地主宰着感性，而且是在自然感性万分痛苦的受虐、挣扎和牺牲中来确立自己的权威，即对上帝的信仰和服从，以斩断恋生之情或诀别人世亲情，来奉行神的旨意。这里所产生出的特定情感，可以看作是 Kant 所讲实践理性的道德感情的人格圣化。基督教讲"圣爱"高于理性，具体落实在情感上，便正是以纯粹理性的绝对主宰（由知性确认的自觉意志）为根本特征。这是一种以极度理性凝聚来彻底、全面、干净地舍弃、压倒和征服自然情欲和世间一切其他感情。它所突出的是彻底洗涤人间情欲特别是自然生理情欲（这经常被认为是一切罪行、丑恶的渊薮）而带来的精神欢悦。这种以理性凝聚的意志力量来决裂、斩绝人世情欲，历经身心的惨重冲突和苦难，却仍然永无休止地对上帝的激越情爱，可以造成心理上最大的动荡感、超越感、净化感和神圣感。它虽万分痛苦却可大获欢欣，虽残酷折磨却可深感超越，对比人际世间的种种污秽丑恶以及人世情感的琐细繁杂，显得分外崇高和圣洁。

从 Abraham 杀子，到耶稣上十字架，以及到穆斯林为真主而圣战，都是不惜与自己这个有限肉体的生存和人间世际的欢乐相决裂，在行为中展示这个崇高圣洁的情感－信仰，而与神相联结。似乎只有这样，才能超出自己的"本然"状态，并使人认识到自然状态在价值上的根本缺失。所以，在根本上人所以爱和所以能爱都不由于人自己，更与人的自然情欲无关，它是因为上帝命令人如此。此爱非来自世间，它来自实乃理性的"圣爱"，从而它远远高出于任何世间人际的关系、律令、规则，所以也才能无远弗届。这才是真理、道路和生命。从而，真正的爱完全不能起因于或归结为任何世间人际的某种原因，更不能是动物性的血缘亲情所能生发。

如前所说，与此相反，儒家所倡导的伦常道德和人际感情却都与群居动物的自然本能有关：夫妻之于性爱，亲子、兄弟之有血缘，朋友之与群居社交本性。从而儒家的情爱，可说是由动物本能情欲即自然情感所提升（社会化）的理性情感。虽然最初阶段（无论是原始民族或儿童教育）都有理性的强制和主宰，但最终却是以理性融化在感性中为特色，与始终以理性（实际是知性特定观念）绝对主宰控制有所不同。中国文化传统对经由内心情理分裂、灵肉受虐、惨厉苦痛即由理性在残酷冲突中绝对主宰感性而取得净化升华，是比较陌生的。二十余年前我说，中国人崇拜的菩萨或肃穆庄严或慈眉善目，甚或威猛狰狞，但都不会是血淋淋的十字架[1]。上面所说宋明理学追求超验的失败，正是因为在情理结构上有这个非常重要的传统文化心理的根源。以亲子为核心、以"尽伦"为指归的宋明理学，以及现代新儒学对宋明理学的宗教性的尽力发掘，事实上仍然很难与犹太—基督教所塑建的理性主义的"情理结构"相比拟。儒学宗教性的种种劝善惩恶、自我反省如功过格之类，比之基督教义和实践，相形之下，差距甚远。

这种不同，在哲学上，也许可看作是实在论（以上帝为本的普遍性）与唯名论（以世俗生活为本的特殊性），或理性主义与经验主义的不同。后者肯定人的动物生存，将社会性所要求的"理"渗入"欲"，将动物族类的自然本能转换性地提升，创造为理性化的伦常关系和伦常感情，

---

[1] 参阅拙作《走我自己的路》中《中国思想史杂谈》等文。

强调理渗透情、情理协调、"合情合理"和人际温暖。前者以无条件的理性命令即上帝的爱为起点和来源,轻视甚至要求斩断以生物性为基础的人间关系和世俗情感,以取得精神纯净、拯救灵魂。一个强调情(欲)理交融,一个重视情(欲)理差别。对"人活着"这一基本事实,一个采取肯定并着重这个肉体存在以及由此产生的关系即现实人伦,因而活的意义("为什么活")的根本也即在此世间人际之中。一个采取轻视甚至否弃肉身存在和由此产生的关系即现实人伦,因而活的意义的根本是在另个世界的彼岸天国。前者尽管也有以社会理性来斩绝人伦情爱的事例,如儒家宣讲的"大义灭亲"、"郭巨埋儿"之类,但它们不但世俗的条件性、相对性极强,而且也远非核心观念。在原典儒学中,孟子倡导的是舜负父出奔即"孝"大于"忠",亲情高于王位甚至律法。鲁迅则痛斥"郭巨埋儿"之类违背人情,毫不道德。即使在所谓"亲不亲,阶级分"用极端的政治理性来宰割家庭的"文化大革命"中,毕竟只能通行在极短的两三年内,远远不能被长久地和普遍地接受。这种以理性全面压倒情感对中国人的支配力量相对地薄弱稀淡。相反,"常回家去看看"倒不断为人们所提及和倡导。以生理血缘基础的"孝-仁"为核心的伦常情感(包括民间经常以血缘"兄弟"名号结拜为生死之交)仍然长期影响着中国人。这可能就是犹太教(唐、宋传入)、基督教(明末传入)等理性绝对主宰情感的根本教义较难被中国人彻底接受的心理原因。

耶稣的名言："不要与恶人作对。有人打你的右脸，连左脸也转过来由他打"，"爱你们的仇敌，为逼迫你们的人祈福"[1]。孔子的名言："何以报德？以直报怨，以德报德。"[2] 两相对照，前者舍弃日常经验，显示服从上帝意志的理性力量。后者则以生存的合理性来做衡量和决定，经验情感的实用精神十分突出。这也正是中国实用理性和乐感文化之不可分割，与西方思辨理性与实践理性可以分开之不同。鲁迅说，Dostoevsky 不仅从清白里拷问出罪恶，而且从罪恶里也拷问出清白。即是说最优秀最高尚的人，心中也有黑暗和罪恶；而十恶不赦的罪犯凶徒，心灵中也有纯洁、高尚和温柔。Dostoevsky 在帝俄特定时代环境里所叙说描绘的种种，经常被人搬用为普遍原则。也就是说，最好的人也有恶（包括原罪），最坏的人也有善，在灵魂拷问中，大家同样是上帝面前的罪人，无分彼此，因此应爱敌如己，普救众生。对重经验合理性的实用理性来说，这便是善恶不分，好坏同样。这样，也就可以一面作恶，一面讲爱；一面流泪，一面杀人（如宋武帝）。这对重实用理性和乐感文化的中国人，便较难接受。

《旧约》讲畏，《新约》讲爱。尽管"畏"与"爱"可以有各种比例、节奏的组接构造，从而产生形形色色的不同教义、教派、仪式和种种不同而复杂的情理结构，但大体都仍是以理对情（欲）的绝对压倒，即情（畏、爱）出于理，由神而人。中国

[1]《新约·马太福音》5：39、5：44。
[2]《论语·宪问十四》。

则讲"道始于情"、以情为本,即使宋明理学大讲"存天理灭人欲",也仍然承认"人欲"的地位,甚至认为"天理即在人欲中"。至于嘲笑、反对宋明理学的人,如袁枚则干脆说:"从古忠臣孝子,但知有情,不知有名。为国家者,情之大者也;恋黎倩者,情之小者也。情如雷如云,弥天塞地,迫不可遏,故不畏诛,不畏贬,不畏人訾议,一意孤行,然后可以犯天下之大难……"[1] 袁枚公开把道德伦常不建在"理"(即袁枚所谓的"名",亦即"名教"、礼教)而建立在"情"上,以此世的情爱来作为可"弥天塞地"的道德意志所由起。这可以算作现代"自然人性论"的启蒙先声。

关于"自然人性论",我在《中国近代思想史论》中已经讲过。这里要表明的只是,历史本体论提出"情本体",虽并不同于自然人性论,却仍然承续着这一启蒙。乐感文化以情为体,是强调人的感性生命、生活、生存,从而人的自然情欲不可毁弃、不应贬低。虽然承认并强调"理性凝聚"的道德伦理,但反对以它和它的圣化形态(宗教)来全面压服或取代人的情欲和感性生命,认为重要的是应研究"理"与"欲"在不同生活方面所具有或应有的各个不同的比例、关系、节奏和配置,即各种不同形态的人性情理结构,亦即以"儒学四期"的"情欲论"来取代"儒学三期"的"心性论"。

---

[1] 袁枚:《读〈胡忠简公传〉》,《小仓山房续文集》卷三十。

（二）"未知死，焉知生"与"未知生，焉知死"

从哲学上说，西方自 Plato 到 Kant、Hegel，理性主义以不变理式、先验道德律令和绝对精神将理性对感性的统领提到顶峰。自 Nietzsche 到 Heidegger 等人，反理性主义又以权力意志（will to power）、此在（Dasein）等等也同样使这一统领达到顶峰。前者（理性主义）较单纯地强调了理性、思维、逻辑对感性的优先和主宰，后者（反理性主义）则以理性方式更为复杂地突出了肉体生命的虚无和毁灭。所以，尽管是所谓"反理性主义"，却仍然是理性对自然情感的压倒和摧毁。这种反理性主义与中国乐感文化更可比量，呈现在"哲学"上，Heidegger 的"未知死，焉知生"与孔老夫子的"未知生，焉知死"便可做一个对照。

Heidegger 的 Dasein（此在）的真正含义就是"去在"，即意识到自己的存在而在。这个被意识到的具有时间性的有限此在，依据 Heidegger，只有排除"活在世上"、"与他人共在"而专注于"前行到那无可避免的死亡"而敞开的多种可能性中的自觉选择和自我决断，才有真正的在。在死亡作为每个个体所面临而具有的独特限定的面前，我的"去在"才显现"真我"、"本己"面目，它即是自己的决断和选择。所以，领会着死亡而生存，并不只是意识到自己有限时间性的存在，也不只是"真我"自觉选择的可能性，重要的是，它是站在前行到死亡中的基点上去决断客观性的明天。所以不是 his possibility 而是 its possibility。明天大于（重要）过去和现在，这才是真正展示"本己"、"真我"的此在的时时刻刻。由启蒙时代发展而来的个人主义、理性主义，最终推出了这个反理性的情感峰巅。面向死亡的个体情感是独一无二、无可替代的。你没有了，即使最"体现"你的任何事物都不会是你。最真实最珍贵的只是你这个时时刻刻的"此在"，它面向死亡而决断明天。这种"未知死，焉知生"的死亡哲学，给予人的并不是怯懦、消极或悲观，而是勇敢、悲情、奋发、冲力。它要求人对"此在"负责，面向死亡，强力前行。

当"二战"高潮期，Heidegger 这一哲学曾一度被指责为对生死无所谓的虚无主义，是反对逻辑的纯情感哲学，"畏"是怯懦。这当然是巨大的误解。在 1943 年 Heidegger 发表《形而上学是什么？》之"后记"中做了回应。兹摘抄几句如下：

> 牺牲乃是为存在者而把人之本质挥霍到对存在之真理的维护中，这种挥霍由于起于自由之深渊而解除了一切强制。在牺牲中发生着隐蔽的谢恩，唯有这种谢恩赏识恩典；而作为这种恩典，存在已经在思想中把自己转让给人之本质了，从而使人在与存在的关联中承担起存在之看护。[1]
>
> 牺牲乃是在通向对存在之恩宠的维护的进程中对存在者的告别。[2]
>
> 因此，牺牲不能容忍任何一种计算，

---

[1] Heidegger：《路标》，孙周兴译，北京：商务印书馆，2000 年，第 361 页。
[2] 同上，第 362 页。

通过计算，它往往只根据有用或无用而被清算，不管目标是被降低了还是被提高了。这样一种清算使牺牲之本质变得畸形。[1]

本质性的思想关注着不可计算的东西的缓慢迹象，并且在不可计算的东西中认识到不可回避的东西的无法忆及的到达。此种思想专心于存在之真理，并因此为存在之真理助力，使之在历史性的人类那里找到其处所。这种帮助不产生任何成果，因为它并不需要效应。[2]

向着根本性的畏的清晰勇气，确保着存在之经验的神秘可能性。因为，近乎作为对深渊的惊恐的根本性的畏，居住着一种畏缩。这种畏缩照亮并保护着那个人之本质的处所，在其中人才有归家之感，才持留于持存者中……勇气在惊恐的深渊中认识到几乎未曾被涉猎过的存在之空间；从存在之澄明而来，任何一个存在者才回转到它所是的和所能是的东西中。[3]

如此等等。

1943 年是德苏战争最为激烈紧张的生死关头，回答官方的浅薄指责，Heidegger 强调"不容任何计算"即不容逻辑认知、利害考虑的一己存在者的告别、牺牲，正是把自己转让给存在，才真是维护真

---

[1] Heidegger,《路标》,孙周兴译,北京:商务印书馆,2000年,第361页。

[2][3] 同上, 第358—359页。

理、本质、存在。这是从哲学根本上给正在酣战中的德国士兵以鼓励、歌颂和"打气",深刻地赞扬他们面对死亡那一往无前的自我选择和决断明天。Heidegger在上世纪二十年代所提供的充满情感的死亡进行曲,在这个时候,便历史具体地奉献给Hitler了。

在十年前,我曾说过Heidegger哲学是"士兵的哲学"[1],正是指它悲情满怀(知道我必然要死),一往无前(不容计算地自我选择和决断),在"先行到死亡中去"亦即在进入无中去体验存在。

近偶读到一本书,其中说到"在第二次世界大战的各大战场上,盟军在打扫战场时经常可以从德军士兵的尸体上发现Heidegger的头像以及他的《存在哲学》(应为《存在与时间》——引者),这些纳粹士兵或许最能理解Heidegger的向死的哲学"[2]。我上述哲学抽象判断竟有如此巧合史实,颇出意料,为之愕然不已。

Heidegger的"未知死,焉知生"的反理性哲学,正是以极度抽象的理性凝聚鄙弃日常生活和生存以制造激情的崇高,从而也使这种情感可以引向某种深沉的狂热。Heidegger的Being便有上帝的身影在。

但Heidegger是无神论哲学。Being有"神"的阴影,却不是神。因此,

[1] 拙文《哲学探寻录》,载《明报月刊》1994年第7期。
[2] 刘国柱:《希特勒与知识分子》,北京:时事出版社,2000年,第319页。此材料未注明出处,应属可靠。此足见当日德国知识分子对Heidegger的迷恋。也有人指出,Heidegger与日本武士道精神近似(见Graham Pakes文,C.Macann编:*Martin Heidegger: Critical Assessment*)。武士道以死为生的意义和本质,不计因果利害,不想过去未来,只执着于当下的刀法,无所顾惜,无所依恋。武士道这种"念念不忘死亡"以崇死为生的要义,也终于为日本军国主义所利用。参阅拙作《己卯五说》中《中日文化心理比较试说略稿》。

如果不能依归于神，便也可以走向游戏。"未知死，焉知生"在战争时期可以是满怀激情无所计算地向前冲行；和平时期便也可以是无所计算地服药狂欢，唯当下快乐是务。由 Heidegger 走向后现代颇顺理成章：人生、自我均已化为碎片，便不必他求，当下人生即可永恒，此刻快乐就是上帝。从 Nietzsche、Heidegger 的无神论往下一转，便是今日后现代的彻底虚无主义。也如好些人所指出，这正是启蒙以来极度推崇理性的个人主义和理性主义所必然发展的结果。现代反理性主义成了理性主义的"逻辑"发展，反理性主义的哲学仍然通过抽象概念等理知逻辑方式来表达自己。动物没有什么理性或反理性，而只是非理性。人的动物性的生存以及自然情欲只是非理性，既不是理性，也不反理性。Heidegger 的反理性主义是一种以标准理性形态出现的反理性的情感哲学。也正因为此，不是 Plato，也不是 Kant，而是 Heidegger 最可以恰当地与中国传统乐感文化和情本体作某种参照。这也就是上述"未知死，焉知生"与"未知生，焉知死"的比量。与 Heidegger"未知死，焉知生"强调要避开"与他人共在"种种"非本真本己"之后的"先行到死之中去"的独一无二的"此在"恰好相反，"未知生，焉知死"强调的是，以普通日常生活为本根实在，以细致、丰富、多样的人世冷暖为"本真本己"，以"活在世上"的个体与他人的你、我、他（她）的"共在"关系，来代替个体与 Being 或上帝的单向却孤独的"圣洁"关系。"未知生，焉知死"将"神圣"建立在这个平凡、世俗、具体的现实生活之中。

这就是"道在伦常日用之中",就是"布帛菽粟之中,自有许多滋味,咀嚼不尽"[1],就在此平凡世俗中去窥探生存的本体、存在的奥秘。的确,面向死亡时,你会深切感受自己的独一无二、不可替代、不能再来,其实这独一无二、不可替代、不能再来也可以是"此在"的生存,尽管你总是"与他人共在"地活在世上。你的死亡是独一无二、不可代替的,你的"生"、你的每时每刻也可以是独一无二、无可替代的。

关键就在于你是否自觉意识到,死是不可避免的无定的必然,生又何尝不然?你自己的生命意义、人生价值不也就在你这时时刻刻却又稍纵即逝的自我意识的生活中吗?为什么不去把握和珍惜这个偶然性极大的生存呢?我曾一再征引纳兰性德"当时只道是寻常":你的日常世俗生活中的种种滋味,其实并不寻常。一部《红楼梦》之所以为中国人百读不厌,也就因为它让你在那些极端琐细的食衣住行和人情世故中,在种种交往活动、人际关系、人情冷暖中,去感受那人生的哀痛、悲伤和爱恋,去领略、享受和理解人生,它可以是一点也不寻常。

死亡确乎是每个人都有的无定的必然,向死亡走去确乎是每个人都有的现在进行时。但为什么一定要时时刻刻惦记着这个必然呢? 为什么不可以忘记它(儒、道)或即使不忘记(禅)却仍然去热情地肯定和拥抱生活呢?这不同样可以领悟到那存在的虚无吗?儒家说"存,吾顺事;殁,吾宁也",重生安死;那么,又何必激情满怀,盲行冲动?

[1] 张岱:《答袁箨庵》。

生活不可以同样有意义吗？如《历史本体论》所说，在中国传统，"死"的意义和价值由"生"来敲定，"将死放在生的历史系列中去考察、诠释"。不是死，而是生（人活着），是唯一的衡量标准。因此死才"或重于泰山，或轻于鸿毛"。死作为"无"，又仍然是"有"。

从而，这里有不同的两种追求、两种探索和两种境界，都可臻极致。我尝以为《红楼梦》应与《卡拉马佐夫兄弟》对读。它们两美并峙，各领千秋。但能否取长补短、相互助益？上帝以至高无上的地位给人生以目的、生命以价值，以及作出最后审判，比起在日常世俗、平凡生活本身中去建立或追求人生目标和生命价值，似要远为顺理成章和稳操胜券。但中华民族以广阔时空和延续不绝的生存事实，却又未必一定有此结论。究竟如何呢？愿提斯问，请教高人。

《论语》说："叶公问孔子于子路，子路不对。子曰：女奚不曰，其为人也，发愤忘食，乐以忘忧，不知老之将至云尔。"拙作《论语今读》解释说：

> 子路没回答，很难回答，很难概括描述孔子。孔子自己的回答，则生动平易，短短几句话，点出一个超脱世俗的人。这人已解决"畏"的问题，忘却"老之将至"，死之快来。孔子多次讲到"乐"，称赞颜回"不改其乐"。后世阳明学派也说"学是学此乐"，此"乐"即"仁"，乃人生境界，亦人格精神。……

如前面篇章所再三说过，中国是"太初有为"、"太初有道"（行走），因"此道"而有"情"：情况之情，情境之情，如《周易》所言"类万物之情"。由此客观的"情"、"境"而有主观的"情"（生活感情）、"境"（人生境界）。这就是中国"哲学"的主题脉络。……从而，情境便不止于道德，实乃超道德，这才是"天人之际"。解"为天地立心"为道德之心，强天地以道德，似崇高，实枯槁，且不及佛学禅宗矣。

"为天地立心"之"心"，非道德，非认知（理性），乃审美：鸟飞鱼跃，生意盎然，其中深意存焉。……此生命哲学最终归结为"乐"的心理—生活—人生境界，"成人"、"立圣"即成此境界。[1]

《论语今读》在"知之者不如好之者，好之者不如乐之者"章重复这一论断说：

> 朱注甚好。"兴于诗，立于礼，成于乐"与"知之，好之，乐之"可以作为交相映对的三层次。这层次都是就心理状态而言，都在指向所谓"乐"——既是音乐，又是快乐的最高层次、最高境界。这也就是所谓"天地境界"，即我称之为"悦神"的审美境界。此境界与宗教相关。因上帝存在并非认识论问题，亦不止是伦理学问题，归根究底，应为情感性的美学问题。拙著以前曾

---

[1] 拙作《论语今读·7.19记》。

提出"审美的形而上学"、"审美的神学",均此之谓。孟子所说"上下与天地同流",庄子所说的"无乐之乐,是为天乐",是也。这也就是前面再三讲到的儒学的宗教性之所在……[1]

原典儒学以"父母俱存,兄弟无故"、"仰不愧于天,俯不怍于人"、"得天下英才而教育之"为人生最大快乐[2];后世则有"先天下之忧而忧,后天下之乐而乐"[3];梁漱溟说,"事亲从兄之乐,如同草木之有生意"[4]等等,都是将最高最大的"乐"的宗教情怀置于这个世界的生存、生活、生命、生意之中,以构建情感本体。这也就是前面讲的由"理性的凝聚"而最终转化为"理性的融化和积淀",由"立于礼"而"成于乐",由"知之好之"而"乐之"。在这里,生命与事物、灵与肉并不两分,它们同在一个现实的世间人际中。中国的"彼苍者天"不是 heaven,它超自然又仍是自然(sky)。地亦然,它是那"厚德载物"可崇奉托付的"坤德",又是那非常具体的山水花鸟、乡土草木。从而,中国哲人总强调与自然天地、与山水花鸟、与故土家园相处在浓厚的人世情、人情味的流连依恋之中。就在这里而不必在超自然超人世中去追寻道路、生命和真理。这也即是中国人的"天、地、国、亲、师"的情感—信仰。朱熹说:"释氏说空……不知有个实底道理,却做甚用得?譬如一渊清水,清泠澈底,看来一如无水相似。它便

---

[1] 拙作《论语今读·6.20 记》。
[2] 《孟子·尽心上》。
[3] 范仲淹:《岳阳楼记》。
[4] 梁漱溟:《中国文化要义》,第 85 页。

道此渊只是空底,不曾将手去探是冷是温,不知道有水在里面。"[1] 这个看法倒与 Hegel 批评直接性的片面、抽象,认为将有限的特殊作为绝对,其实乃抽象的空洞相当一致[2]。我以为,释家一无可说的"空"与 Heidegger 实际一无可说的"无定的必然"(死亡),以及"烦"、"畏",尽管形态繁复高级,但在一定意义上,又仍然可说是某种抽象的直接性。所以,《历史本体论》主张:"由 Heidegger 回到 Hegel,但不是在社会、政治、道德上而只是从心理上回到 Hegel,即回到历史,回到关系","回到人际世间的各种具体情境中,亦即在有巨大深度的空渊(无)基础上,来展开这个'我意识我活着'所能具有的丰富复杂的客观历史性的精细节目(有)……使它具体化落实到人世的情感中来"。(第3章第1节) Heidegger 的情境、情感、"此在"仍然是理性的抽象普遍性,这里则恰好是非常具体的特殊和实在。释氏化万有为空相后,人还得活;Heidegger 提出那"无定的必然"(死亡)以及"烦"、"畏"之后,人还得活;而且人总活在一定的具体的人际世间的社会情境关系之中,避开或企图甩脱这个具体实在的"有",而去追求那空幻的"无"或激情于那"无定的必然",在乐感文化看来,恰好是缘木求鱼。

(摘自《论实用理性与乐感文化》)

[1] 《朱子语类》卷一二六。
[2] 参阅 Hegel:《小逻辑》,§86、§87。

情本体、两种道德与"立命"(2006)

人性能力

问：你上世纪八十年代提出"情本体",九十年代提出"两种道德",这二者似乎有联系?

答："情本体"主要与"宗教性道德"有关,从而也影响到"社会性道德"的规范建立,因为我认为宗教性道德对社会性道德有"范导"和"适当构建"的作用。但这里首先要明确"道德"与"伦理"这两个概念的含义。

问："伦理"与"道德"两词在日常生活中甚至在学术领域中,经常是混同使用,很少区别的。

答：也正因此,在开头就需明确一下二者的异同。

问：你以前曾以内外来区分"道德"与"伦理"。

答：是这样。我将"伦理"界定为外在社会对人的行为的规范和要求,从而通常指社会的秩序、制度、律令、规范、风习(或习俗即风俗习惯）等等。Hegel 对此讲得很深刻，Marx 继承了他，都认为人们的一切道德行为是一定社会历史下的产物。Hegel 讲的伦理学就是家庭、市民社会、国家等等，而不同于 Kant。Hegel 批评 Kant 的道德哲学是纯形式的，缺乏现实内容，也是这个意思。

问：Kant 讲的道德是绝对律令、自由意志、实践理性。

答：与伦理的外在规范不同，我将"道德"界定为人的内在规范，即个体的行为、态度及其心理状态。我曾说过 Kant 哲学是先验心理学的哲学，因为我以为 Kant 哲学提出了人之所以为人的"心理形式"问题，我称之为"人性能力"或"心理形式"，或"文化心理结构"，其中便包括"道德"。

问：这怎么说？

答：人性能力、心理形式或文化心理结构包含认识、道德和审美三者。前二者我以前已说了不少[1]，现在就道德－伦理再说明一下。Kant 说，Rousseau 教会他尊敬普通人，Kant 对普通人行为中的道德意识惊异赞叹。他的实践理性就是"百姓日用而不知"，既普遍立法又法由己出、专属于人的"善良意志"（good will）。人们只要"立意这样去做"，便可以非功利，轻生死，超因果，越时空。人以此而成为人，所以道德是人的本体存在。Kant 称之为"先验实践理性"。我称之为以"理性凝聚"为特征的"人性能力"，它区别于理性内构（认识）和理性融化（审

---

[1] 如拙作《批判》一书对认识、美学的论述。

美）。我以为，从"人性能力"角度去阐说 Kant，才抓住了要害。

问：你的"理性凝聚"与 Kant 的实践理性有何同异？

答：异的是 Kant 认为这种人性能力是先验的理性，不能从经验中得来；历史本体论则认为，这理性仍然来自经验，但它是由人类极其漫长的历史积累和沉淀（即积淀），通过文化而产生出来的人的内在情感-思想的心理形式。所以它对个体来说是先验的，对人类总体则仍由经验积淀而成。其特征则是理性对感性的行为、欲望以及生存的绝对主宰和支配。所以称之为"理性凝聚"。它在开始阶段（如原始人群和今日儿童）都是通由外在强迫即学习、遵循某种伦理秩序、规范而后才逐渐变为内在的意识、观念和情感。从而，这也可说是由伦理（外在的社会规范、要求、秩序、制度）而道德（内在的心理形式、自由意志），由"礼"而"仁"。人性能力由经验而先验，由传统习俗、教育而心理。

问：那么与 Kant 的相同处呢？

答：都认为对于一时一地的经验来说，这心理形式或人性能力是先验的。所以它才能不顾任何经验环境、功利愿欲、生死恐惧而"立意"如此这般的行为活动，"富贵不能淫，贫贱不能移，威武不能屈"。这种人性能力、心理形式的形成对人类的生存、延续具有极其重大的独立价值，而超乎一时一地的时空和因果。而这也就是中国传统所说的"太上立德"。这"德"即这人性能力超乎和高出于任何事业功绩和学说著述（立功、立言）之上。它之所以如此重要和崇高，就在于它在不断树立人之所以为人的本体实在。它也就是一般所谓的道德精神。我以为，Kant 道德哲学之所以不是任何"最大多数人的最大幸福"之类的功利主义伦理学所能比拟，就因为 Kant 揭示的是人的道德行为的这一本体特征。它的崇高、伟大可以与天地媲美，"位我上者，灿烂星空；道德律令，在我心中"，是我最爱的 Kant 名言，我自以为译得很好。

问：但《批判》一书不也赞同 Hegel 对 Kant 的批评吗？

答：正因为包括 Kant 本人在内，都没有把这一 Kant 称之为"绝对律令"（categorical imperative）的道德特征看作人性能力或心理形式，而把它与外在的伦理规范、社会秩序纠缠一起，混为一谈，便出现了许多脱离实际的所谓"形式主义"的弱点。

问：这如何说？

答：如前所说，伦理作为外在规范和秩序，它们是历史的产物。因时空、环境而大有不同，有很明显的相对性。我说过多次，例如原始部落有的杀老、弃老，有的却尊老、敬老，它们都决定于当时当地的经验功利（为节约食物而杀老和保存经验而敬老）。二者虽矛盾对立，但都是为了维护某一时空环境下的群体的生存延续而产生的伦理要求和行为规范，在当时当地都是道德的。伦理道德随时代社会而变易，这是 Hegel、Marx，各种功利主义、相对主义伦理学以及实证的文化人类学所再三论证说明了的。Kant道德哲学在这些历史具体事例前显出它缺乏可操作性的"形式主义"。Kant在认识论上非常重视经验及可操作性,在道德哲学上则相反,重视的是人之为人的理性本体的存在。批评Kant这种"形式主义"的人,忽视了本体存在的首要性质。

但是另一方面,由于Kant道德哲学所突出的是作为人性能力的绝对律令,又恰好处在启蒙时期的人类历史阶段,这个心理形式问题便与当时实质性的外在伦理规范和要求难以分割地纠缠在一起了。Kant所提出的绝对律令的三条准则:普遍立法、人是目的、自由意志,如《批判》所指出,与他的"第一批判"一样,都是在为现代人和现代社会开辟道路。Kant的"第一批判"揭示出上帝乃先验幻相,不可认识,但人们却仍然可以有普遍必然性的科学知识,因为人拥有先验理性的认识能力。Kant的道德哲学也如此,它是Hobbes、Rousseau以来的原子个人和社会契约理论集大成的哲学思想,即一方面摆脱基督教的神学道德论,另一方面树立起同样超乎人类感性的普遍必然。Kant哲学证明人的认识、实践都无须依存于神,极大限度地从哲学上空前高扬了人的旗帜,宣告人从中世纪的政治、思想的神权统治下的解放。

可见,人的旗帜有这两个方面,一是具有社会时代特征的实质性的外在伦理方面,即"人是目的"不是工具,人有"自由意志"可"普遍立法"而行事。它从哲学上确立了个体的人的自由、独立、平等。这是其后迄今不断研讨、发掘和批判的方面。

另方面则是我所强调的，Kant所高扬的同时也是人性能力、心理形式、文化心理结构的内在道德方面。这一方面将为未来社会的人文成长提供更重要的研讨角度和方向。Kant指出的是，自然情欲、性好并非恶，善恶是人的自由选择：是遵守那普遍立法的道德律令呢，还是相反。这也就是我所说的人性能力的展现。所以任何人都没有借口不对自己的行为负责，而推诿于环境、条件、利害、因果。

由于两个方面的相互重叠，Hegel以来的相对主义伦理学从社会历史角度对前一方面（实质性方面的相对性）作为形式主义加以批判，把另一方面（人性能力方面的绝对性）忽视或抹杀了。坚持绝对主义的Kant追随者由于突出和辩护前一方面，对后一方面（人性能力方面）也缺乏足够的突出或重视。

在我看来，前一方面（外在伦理的实质性方面）作为普遍必然的Kant的绝对律令落实在具体时空环境的行为或立法中，的确受着各种经验条件的制约而难以成为可操作的现实规范。

问：你不是说过Kant的著名"四例"：不自杀、不说谎、发展才智、帮助别人，具有人类普遍性吗？

答：这"四例"倒可说是人类任何群体所必然要求其个体成员"应当"（ought to）履行的伦理秩序和道德规范。因为只有遵守这些规则，才能维持和延续这个群体的生存。但即便如此，具体落实在现实的时空环境中，仍然很难"普遍必然"。为保守秘密在敌人面前说谎或自杀，并非不道德，从而它们的道德与否仍将历史具体地为相对主义伦理学所裁决。

问：那么 Kant 道德哲学的实质性方面没有价值？

答：大不然。"人是目的"这理想在充分实现之前，永远有激励人们为此目标奋斗的重要作用。启蒙理想在一定时期可以作为宗教性道德而为仁人志士安身立命、服膺拥抱，并为之奋斗、牺牲（例如在中国现代）。此外，如 John Rawls 由"无知之幕"确立的两条原则，既从理论上概括了罗斯福新政以来的经验，又是从 Kant 而来。它有一种"人是目的"的理想气质。它一举战胜流行多年的"最大多数人的最大幸福"的功利主义经验论，并不偶然。"最大多数人的最大幸福"眼中就没有"少数"，而"少数"也是人，"人是目的"再次显出了它的理想性的力量。经过几个世纪，Kant 这一"律令"已逐渐通由法律和外在伦理秩序成了现代社会性道德。

问：但是，Hegel、Marx、今日的社群主义者以及 Carl Schmitt、Leo Strauss 等人，都认为伦理制度如国家便不是建立在什么原子个人或社会契约之上，而是超个体的"绝对精神"、"生产关系"等等在人们活动中辩证运行的现实产物。Rawls 也后退到仅从政治上来确定"重叠共识"的"公共理性",因此有人讥评他的政治自由主义是"无道德的政治"。

答:如前所述,Hegel、Marx以及今日的社群主义者都否认原子个人,历史的产物,从而Kant只是形式主义。但我以为这"形式主义"至今仍有价值,特别是在中国。发达国家的人们因不满足这种社会性道德所设定的政治中立、价值多元(以至无价值)所带来的精神危机和社会弊病,而发展中国家(如中国)则不但要首先解决每一个人的物质生存的基本需要,而且在精神上也得首先摆脱各种"神"的统治管辖。所以,我一直认为,Kant和自由主义在中国不是多了,而是不够。作为公共理性,现代社会性道德(首先是现代性外在伦理秩序)正是今天中国所迫切需要明确和建立的。

问:Hegel、Marx等人强调历史性,你也强调历史性,有何异同?

答:重点不同,也可以说是两种不同的历史性。他们强调的历史性是指一时一地的具体环境和状态,我强调的历史性是指历史的积累性。前者重视相对,后者重视绝对。我以前讲自然人化,包括外在环境和内在心理,都是指它们由积累和沉淀的历史成果,人有如此这般的工具、环境,人有如此这般的能力、本领,都是通由历史(就人类群体说)和教育(就个体说)才有可能。作为理性凝聚的人性能力,正是如此。相对主义伦理学、功利主义幸福论看来具体、实用而且符合经验,我以为,却完全丧失了对为Kant所高扬的这一"人之所以为人"的伦理道德特征的人性能力的确认。人性能力看来似是形式，其实却是**人们心理中情理关系的某种具体结构**，所以并不空洞。它虽然必须由历史上不断演变的相对伦理制度和规范所不断塑建，但这"形式"本身却超出这些伦理制度、规范的相对性和一时一地的历史性，而对人类具有绝对的价值和意义。这是由历史建成的理性，由经验变成的先验，由心理形成的本体。它超越任何个体或群体，代表的是人类总体（过去、现在和未来），从而具有神圣性或宗教性、绝对性。可见，一方面没有历史的积累，没有经验的积淀，不可能产生这神圣的先验的人性；另一方面，没有这人性能力和形式，历史将不可能向前行进，人将倒退到动物世界中去。

权利与善谁优先

问：这里似乎涉及权利优先于善还是相反的问题。

答：我在《己卯五说》中认为，"伦理学今天实际也已一分为二，即以公正（justice）权利（human rights）为主题的政治哲学－伦理学和以善（goodness）为主题的宗教哲学－伦理学"。《历史本体论》从而提出"善恶与对错分家"："明确对错与善恶有别，不应从后者，不管是儒家的性善论或基督教的性恶论来建立、构造或干扰前者的法律制定和道德裁决"，"作为现代社会性道德体现的法律精神和观念信仰，不应涉及人性善恶、人生意义、终极价值之类的宗教性课题。现代社会性道德不应以任何教义、主义为依据，而只是宣告保证每个个体有在不违反公共基本生活规范下去选择、追求信仰任何一种价值、意义、主义、教义的自由，亦即个体在现代社会生活中的基本权利"。该书认为这比较接近 Rawls 的"重叠共识"。但提出，不同于 Rawls，历史本体论认为这"重叠共识"实际是以现代市场经济和今日全球经济一体化为真正基础。正由于科技生产力的发展、经济全球的趋同，使人们生活日渐趋同或接近，才要求大体相同或接近的法律—伦理的规范、秩序和制度。这也是在世界范围内不断重演数百年前欧美政教分离的故事。Kant 说无需天使，就是魔鬼为了各自的利益也可以订出共同遵守的美德。这种"美德"指的就是这种现代社会性道德。它通常经由法律形式来巩固和表达，是一种政治性的秩序、建构、制度，而要求人们自觉遵守。其特征也就是"权利（对错）优先于善（善恶）"。

问：但当前时髦的潮流是反对权利优先于善而主张善优先于权利，如社群主义和 Leo Strauss 等人的理论。

答：《历史本体论》一书已指出，对错与善恶、政治与宗教虽说分离，实际上千丝万缕，难以分割，"两者真能一刀两断，彻底分割吗？'善恶'的价值观念对人们行为的'对错'准则难道就真的没有关联、作用和影响？当然不是"，并举出美国关于堕胎的多年争斗为例。接着还说："现代社会性道德以理性的、有条件的、相互报偿的个人权利为基础,传统的宗教性道德则经常以情感的、无条件的、非互相报偿的责任义务为特征。人不是机器,在现实中即使循理而行,按社会性道德的公共理性规范而生存而生活,但毕竟有各种情感渗透、影响于其中,人际关系不可能纯理性,而总具有情感方面。两种道德的纠缠渗透,于群体于个人都是非常自然甚至必然的事情。"(第2章第3节)

自由主义在欧美发展到使这个所谓由"光秃秃的个人"(即原子个人)所组成的"理性社会"弊病丛生,心理匮乏,从而由新老自由主义所坚决提出的"权利优先于善"的基本原则,受到社群主义和保守主义的极大质疑和反对。他们从根本上驳斥和否定以"原子个人"为基础的现代社会性道德,宣称"好坏"高于"新旧"(反对进化论),"善恶"优于"对错"(否定价值中立),要求回到古代的美德伦理。Kant 也就成了必须与之分手的重要对象。

基督教在美国近年的复兴,也呈现出这一点。由于它比社群主义等理论具有远为明确的情感-信仰特点,便正好填补了自由主义要求权利优先、政教分离、价值中立,从而缺乏宗教情感-信仰的弱点。于是以追求好的生活(good life)即善(the good),来取代"权利"的优先地位,来反对或否定启蒙思潮。

问:那么什么是这"善",这"好生活"呢?

答：这正是难点所在。各种宗教、文化对"善"、"好生活"、"幸福"（happiness）有各种不同的理论、学说和思想，而每个个体对"好生活"、"善"、"幸福"的认识和体验也各有不同选择、差异，甚至对立、冲突，特别涉及精神方面。这里很难有共同一致或"重叠共识"的"好生活"或"善"，而只有各自不同的宗教、文化的传统标准，所以我把它归之为"宗教性道德"。《历史本体论》强调了善、恶与对、错的分家，也就是宗教性道德（个人良心）与社会性道德（公共理性）的分家。后者在各不同宗教、文化的群体和国家之间可以努力找到"重叠共识"，前者则很难，只能各行其是。

问：为什么？

答：这就是我以 Marx（唯物史观）来填补 Kant 和 Rawls 的地方。如前所说，我以为现代社会性道德如自由主义、个人主义以及 Rawls 的理论、Roosevelt 的"四大自由"等等，都是以现代经济物质生活为根基，即以保证人的物质性生存延续（食衣住行性健寿娱）的基本满足，亦即以"世俗性"的"幸福"为目标。这方面是可以有共同的标准、尺度和重叠共识的。正如今天世界上的人们大都弃油灯而用电灯，舍马车而坐汽车一样。从唯物史观和吃饭哲学看，这个方面对于人的生存是非常基本非常重要的。现代社会正是通过强调"人是目的"和人的权利而不断实现和扩大这一"幸福"的。现代社会性道德正是为了从个人内在心理树立起这一"公共理性"的公德规范，来帮助实现现代化的外在伦理、政治、制度、秩序的构建。这制度和秩序甩开精神上的信仰（价值中立）而使权利优先。只有肯定这一经济发展的同一趋向的基础，才能脱开对这种"权利优先"的"公共理性"、"现代社会性道德"、"政治自由主义"种种宗教、文化、道德的质疑和反对。即现代社会性道德并不以"原子个人"、"社会契约"等自由主义理念为真实根基，而是以现代人的生存、生活（"人活着"的现代经济-生活存在）为根基。而这种"公共理性"、"政治自由主义"，当作为理性凝聚和心理形式的具体内容，成为人的自觉意识和自由意志时，它本身即是道德，即现代社会性道德（公德）。

问：所以善优先还是权利优先实际涉及两德关系问题？

答：对。权利优先还是善优先？也就是做公民优先还是做基督徒（或穆斯林、印度教徒、佛教徒、儒生）优先？也就是生活优先还是灵魂优先？有人选择灵魂优先、做宗教徒优先，追求拯救心灵、超越世俗而舍弃世间一切幸福，作为个人和某些群体的自由选择，只要不严重干扰或为害社会或社会性公德，没有什么不可以。如美国 Amish 村民至今拒绝现代文明，不用任何电器和汽车；某些宗教或政治团体反对自由平等，实行严格的等级、独裁制度，并没人去反对干涉。但不能使之成为社会的统治秩序和造成世界的"文明冲突"。权利优先的公共理性保存精神领域内的价值多元、自由选择的开放性，亦即我多年所说物质一元和精神多元。即使各种宗教性道德和不同的文明对社会性道德有所影响、范导和构建，但由于有物质生活基础的公共理性作为准则，便可以求同存异，和而不同，并行发展，以实现国内安宁和世界和平。Kant 的永久和平论便是建立在诸共和国家基础之上，而不是建立在某种宗教性道德或某种政治意识形态的大帝国基础之上。

问：你主张什么优先？

答：上面已表达得很明白了。在现代社会，我主张由现代经济生活所决定的权利优先，也就是社会性道德优先。正因为此，我主张政教分离，反对由各种宗教和传统文化来构建现代政治和现代伦理道德。但同时清醒意识到，各种宗教和文化传统仍将以各种方式作用于社会性道德，这不可避免而且可以予以适当认同。这就是《历史本体论》所说的宗教性道德对社会性道德的范导和适当构建，关键在于掌握这个"适当"。这也就是我讲的"度"。权利优先，贯彻着"人是目的"；善优先，则活生生有血有肉的人可以不是目的，灵魂、上帝、集体、革命才是目的。权利（对错）优先于善，因之，"9·11"恐怖分子就应当遭到谴责，他们是彻底"错了"，因为滥杀无辜，践踏人权。尽管某些主张"圣战"的人（善优先）可以认为"9·11"是"善"，恐怖分子是"烈士"，拉登是"英雄"。

问：你是从 Kant 讲起的，Kant 哲学对此将如何说？

答：既然我认为 Kant 道德哲学有**人性能力和人是目的这两个层**

面，因之权利与善的关系问题便也可分出两个层次。

第一层是心理形式的方面。人性能力作为绝对律令，在任何具体的经验善恶之前，即优先于善恶。如《批判》一书所揭明，善恶概念是派生的。作善作恶是自己选择和决定的，是法由己出的自由意志的结果。

"我应该"（I ought to）即"我立意"（I will）。这"立意"和"应该"也可以作恶，正好像基督教认为恶可源出"上帝"一样。在这意义上，人性能力、自由意志如同上帝一样，是第一位的。

第二层是社会实质性的方面。既然认为"人是目的"是现代社会的产物，现代法律和社会性道德（对错）如前所说便优先于任何传统的、宗教的、文化的善恶概念。更由于人类学历史本体论没有人格神的宗教观念和信仰，它认为人类总体的生存延续的实践及其利益即是最高的善，而"人是目的"的现代人权要求，尽管其理论基础的"原子个人"是非历史的，却仍然是趋向于这个最高的善的重要的历史步骤，从而，"对错"与"善恶"在这里可以结合起来。在这里，人类学历史本体论与 Kant 又有一致处，Kant 的"第三批判"下部分"目的论批判"认为，大自然的最终目的是文化－道德的人，它的现实实现的历史途径却正是这个作为道德律令的"人是目的"。当然，目的论只是一种范导而非构建。

问：但两种道德的区分和联系涉及了理性、非理性等问题。

答：Kant哲学高扬理性，理性代替了上帝成为"至上"。但什么是"理性"，一直多义而含混。Kant的"理性"是人所具有的超人类的普遍必然性，它不可能来自经验，所以是先验的。这虽然去掉了人格神的上帝，却仍然有着上帝的影子。就历史本体论说，如拙作《批判》所认为，所谓"普遍必然性"只是人类的客观社会性或社会客观性，它仍然来自经验和历史（积累），理性是在人类漫长的历史实践中所建立、所发明、所创造的行为规范（伦理）、事物规则（知识）以及社会制度（如国家）等等。这种外在规范长期积累沉淀而为人类内在的心理形式和情理结构，这就是人类的认识（逻辑、数学和辩证观念）、道德（自由意志）和审美。这已在《批判》、"主体性哲学提纲"、《实用理性与乐感文化》中反复说过了。

但人是动物，有其生物－生理生存的本能、需要、欲望、暴力、情绪等方面。它们并不属于"理性"范围，而且常常反抗、冲破由"理性"所规范和约束的各种规则，这就是"非理性"。人的生活、生存、生命都是理性和非理性的复杂组合物。如纯是理性，人将等于机器；如纯是非理性，人则是动物或婴儿。

那么，什么是"反理性"？反理性与非理性并不相同。反理性是以理性的方式即观念、主张、论说以及有意识的行为活动，来极力推崇上述各种非理性，以之来反叛、对抗、冲击甚至压倒理性。这种反理性的方式多种多样，既可以是非常抽象的哲学思辨，也可以是感性刺激的文艺创作和审美倾向，更可以表现在有组织的行为活动的宣泄。它们有时在现实中和历史上起着某种解构现有形式框架的作用，从而对人类生存延续有益。有时则相反，由于对理性规范和秩序的否定和破坏，如某种宗教或政治狂热，可以导致群体的衰退或灭亡。

在人类生存和人们生活之中，理性、非理性、反理性三者经常并存。如上所说，人不是机器，不可能仅仅依靠理性而生存和生活，但现代社会又恰好是这种理性的产物，它以现代工业科技为基础，如 Max Weber 所言，它将整个社会制度以及人们的行为活动关在牢笼中，加以规范化、秩序化甚至同质化。这确乎迅速地推进了现代社会的成长和成熟，但因此也激起了反抗。这就是各种反理性思潮和制度的出现。如果说理性的公共讨论是现代社会民主的核心，公共理性是现代社会性道德的核心，那么，各种反理性的理论、观念以及行为活动则相应而起来满足人们情感、信仰的追求或需要。

今天，在发达国家，以公共理性和自由主义为基础的现代社会性道德在其原则基本实现后，早已不能满足人们对人生价值、生活理想、生命意义等等安身立命、终极关怀的追求，于是便激起了人们对各种非理性、反理性的宗教教义、信仰和情感的向往、追求或复归。"善优先于权利"响彻一时，便以此故。但我以为至少这对当前中国并不适用并不合宜。

"道始于情"

问：Kant 把"理性"推上最后的制高点，做一件事不是出于情感的爱憎，不是出于同情或"恻隐之心"，而只是服从理性命令的"应当"才算道德。Schiller 当年便无可奈何地嘲讽说，我出于愉快感情去帮助朋友倒值得怀疑是否道德，只有带着反感去帮助才道德了。

答：这确是 Kant 的道德哲学的一个要害问题。

问：虽然道德确乎是理性命令，即人意识到他（她）所"应当"去做的事，无关喜怒哀乐，只是执行理性的命令。但人之所以能够和愿意执行这理性命令，履行道德义务，在许多时候总是与情感有关系吧。

答：这就是 Kant 哲学的疑点和难点所在。机器无情，纯理性地执行人的指令行事。人接受谁的指令呢？接受自己的指令，即自由意志。但这意志又仍然与具体的外在的伦理规范、秩序、制度、法则相关，是由这些具体伦理、制度所包含的某种观念、信仰和情感引导着人们"立意"如此去做。所以我强调"立意"、"应当"所真正揭示的只是"理性凝聚"这一心理形式即人性能力，即 Kant 讲的"形式原则"而非"实质原则"，因为实际牵引、指令这一能力去如此这般行动的（道德行为的实际动力），仍然与人们的信仰、感情、观念有关，而这，也就与各种传统文化、宗教和宗教性道德攸关。

问：所以政教分离不可能真正彻底。几年前你提过美国多年有关堕胎的巨大争斗，近年还有中学能否讲授反对 Darwin 进化论的智慧设计（intelligent design）即新版上帝创世说的争论。

答：传统文化、宗教性道德在即使二德分开、政教分离后，仍然会范导、制约社会性公德以及现代法律和政治。这其实也就是非理性甚至反理性来影响理性，这无可避免，甚至必要。但同时又是危险的。关键仍在于"度"。具体问题需要具体分析，找出具体的适当的"度"：这"度"仍然是某种经验合理性，而非先验理性的裁决。

问：世界上那么多不同的文化、宗教和宗教性道德，非理性和反理性的方面和因素能否也找到某种重叠共识呢？

答：这问题上面已提出过，并已回答。如前所说，社会性道德之所以有"重叠共识"，我认为是由于现代物质生活（亦即世界经济一体化）所导致的生活的趋同走势。精神领域虽也有趋同走势，但迄今远远不可能有"重叠共识"。比较起来，中国在这方面倒可能有一定优势。因为中国的"道"（天道）始于"情"，基督教和伊斯兰教的"道"（上帝、真主）始于"理"。人情大体相同或接近，"理"则可有多种多样，却又要求一致或统一，这就难了。

问：这如何说？

答：《圣经》和希腊哲学实质上都以"理"胜。在西方，logos 是逻辑、理性、语言，强调的是理性对感情的主宰和统治。中国传统虽也强调"理"，但认为"理"由"情"（人情）生，"理"是"情"的外在形式，这就是"称情而节文"的"礼"。郭店竹简（原典儒学）一再说，"道始于情"、"礼生于情"、"苟以其情，虽过不恶"等等。孔、孟所讲的"汝安则为之"、"恻隐之心"、"不忍人之心，行不忍人之政"等等伦理、政治也都是从"情"出发。这里特别值得注意的是，即使同样讲情（或爱），也仍有不同，这我在《论实用理性与乐感文化》一文中已着重揭示。基督教讲的是理性主宰感情的情爱，人之所以爱人是因为人应当听从上帝的旨意而爱。爱是一种理性要求。中国讲的是理性融入感情，人之所以爱人（首先是爱父母子女）是由生物性自然情感提升而来，是一种理性化了的自然情感。所以说，前者是"道始于理"，后者是"道始于情"。尽管基督徒不赞成甚至反对 Kant 那种"无情才道德"的理性主义，强调上帝的爱、基督的爱（情感）才是道德的基础和动力，但这种爱却恰好是理性（通由上帝这一观念）来主宰和决定的。上帝是一种理性的信仰，"天、地、国、亲、师"是一种人情的信仰。这种不同也就是我所讲的两个世界（基督教、Plato）和一个世界（中国）、宗教传统（西）和巫史传统（中）的不同：后者是一个世界（人生）中对自然生物情感做理性化提升，所以讲身心合一、天人合一、物质生活精神生命的合一；前者是两个世界中上帝旨意的绝对性，所以讲原罪、讲拯救、讲灵魂对身体的绝对超越。在后者（巫史传统），理性只是工具，世俗人情才是根本；在前者（宗教传统），理性就是上帝本身，世俗人情远为次要。当然，我讲"情本体"并非专指中国传统，它有人类普遍性。但认为什么样的情却有区别，所以才提出上述"始于理"与"始于情"。

问：为什么有此不同？

答：这就涉及历史了。这种差别，我以为有社会历史的背景原因。中国文化传统成熟巩固在新石器漫长时期，它以定居农业和血缘氏族制度为基础。希伯来人和希腊人则游牧、航海、商业和奴隶制占了更大比例。氏族成员温情脉脉的关系感情（中）与奴隶只是会说话工具的社会理性（西）是迥然不同的。我以前说过，像罗马斗兽场"率兽以食人"的表演观赏便将为儒家所排斥。在中国，"义"作为道德义务、责任（duty, obligation），虽与公正、正义（justice）相连，但它不是理性的绝对命令，而是综合、平衡和剪裁了各种人情所得到的最终结果。所以才说"始者近情，终者近义"（郭店竹简），才说"理无可恕，情有可原"，才说"合情合理"、"通情达理"。在这里，不但（人）"情"冲淡、缓和了（正）"义"，而且"情"的和谐常常也高于（正）"义"。所以才说"和为贵"，而并不去追求一个是非、公正的绝对标准。这也是实用理性不同于先验理性的地方。

问：那么你所说的宗教性道德对社会性道德的范导和适当构建，

中西便会有所差异？

答：基督教讲"博爱"，在上帝面前人人平等，最后审判伸张的是公正。中国讲"孝－仁"，传统礼制强调上下左右的差别，在这差别中达到和谐幸福。去掉传统礼制的特定社会秩序和伦理内容，其"和而不同"的原则（即肯定差异，在差异中追求和谐）仍然有现代价值。中国传统讲"度"、讲"中"、讲"和"、讲"乐"（音乐和快乐），强调的不仅是外在社会关系的和谐，而且也是社会成员内在心理的和谐与愉快，以此作为政治－伦理的最高境界。所以说"乐与政通"。

我以为"孝－仁"与"博爱"、"和谐"与"公正"、"大同理想"与"千年王国"，可能是中西宗教性道德对现代社会性道德范导和适当构建的主要差异。这也就是中国更讲究"由近及远"，一直到"仁民爱物"、"民吾同胞，物吾与也"的"孝－仁"，多于远近如一、一视同仁的"博爱"；追求人际情理的和谐均衡，重于实现理性的公平公正；以世上天国的幸福理想替代灵魂永生的上帝天堂。记得小时候看小说《封神演义》，到结尾时，使我非常惊异的是，姜子牙最后将那些打拼厮杀得难分难解、你死我活的敌我两方的战死亡灵，竟然双双对对一律封神；是非曲直、善恶恩怨、高下强弱统统勾销，共同携手，进入和平安宁的神仙世界。这大概是儒释道合流后的中国人的某种观念吧？不知道这观念今天与基督教、伊斯兰教、印度教遭遇后又会怎样？是否也可以争取某种会通交融呢？是不可知也矣。

问：大同理想与此有何干系？

答：大同理想乌托邦是将天国建立在人世上，以之作为理想追求、生活价值、人生意义。因之珍惜、珍贵、珍重此世间的生存、生活、生命和各种物质现实的人际、物际关系，赋予"人活着"以热情、理想和希望。它颇不同于期望千年王国的最后审判和上帝拯救、获取永生，从而对此世间人际、人情相对说来较为轻视、冷漠甚或敌视，走极端者则以牺牲血肉之躯来换取上天堂的入门券。

问：是否可以再具体说说。

答：已经够具体的了，再具体就越出了哲学范围。我在《论实用理性与乐感文化》一文中提出，将传统的"礼教三合一"转换性地创造成"仁学三合一"，也就是说在以对错为标准的社会性公德基础上，用来自自己传统的宗教性道德的范导指引，即"孝－仁"、"和谐"、"大同理想"的范导指引，可以适当构建更有特色的现代社会性道德，其中如"不患寡而患不均，不患贫而患不安"的宗教性道德，对富裕丰足却不安、不均、永远动荡的资本社会，便可以有某种制约。而"天地之大德曰生"、"仁，天心也"、"天行健，君子以自强不息"（刚韧、不断实践）、"地势坤，君子以厚德载物"（宽容、接纳异己）等等，中国人所崇拜的"天、地、国、亲、师"的宗教性道德，可以使中国人在"权利优先于善"的社会生活和"公共理性"支配社会性公德的状态中，在日益机械、疏远、冷漠的陌生人的现代社会和散文世界中，在原子个人日益感触其孤独、迷失、压抑、生活猥琐、漫无意义中，尽可能地去争取存留人间的温情、温暖和温柔。

问：今天有社会性道德也就足够了，为什么还需要宗教性道德？

答：这上面已经说过了。社会性道德只是公德，是一种公共理性（public reason），它不能解决好些人追求生活价值、人生意义、心灵拯救、精神慰安等等安身立命或终极关怀的问题。宗教性道德虽然不是公共理性，甚至是反理性，却可以使人得到这方面的满足。许多人明明知道上帝不可能被证实，却仍愿意相信和信仰，因为从这种信仰和相信中可以获得生活的意义、价值和力量。信仰总是有情感的，这种情感和信仰确乎有助于润滑和改善由现代自由主义的"公共理性"所带来的社会生活的利己与冷漠。我的哲学之所以始终强调心理问题，并对传统的"内圣外王之道"作出新的阐释，也以此故。

问：请再讲讲"道始于情"。

答：何谓"情本体"？它就来自这个"道始于情"。《论实用理性与乐感文化》一文中已说明中国传统重视情感（由情况、情境产生的人情及关系），将之作为生活的本根实在。郭店竹简的"天—命—性—情—道—教"的秩序，便是中国哲学文化的"逻辑"。其中并无"理"字。在中国伦理学，"理"即是"义"。这些都突出展现了我所谓的中国文化的"一个世界"、

"巫史传统"、身体心灵不重分割的主要特征。在这里,"天"、"命"、"性"都具有物质和精神二重性:既具有非常现实的物质性、自然性,同时又具有神圣的精神性和神秘性。自古至今,"天"对中国人便是"苍苍者物质具有天帝之精者也"(王国维)。"命"、"性"也如此。"命"既是生物生理的,又具有不可知的偶然性;"性"是"气质之性",又常被说成是"义理之性";都既是物质性的生理存在,又具有某种虽不具体却又确定的神圣品格。

在"天—命—性"之后的"情",其物质具体性便更清楚。它与"欲"紧相关联,而不等于欲,即不是个体一己的欲望、需要、要求、利益,而是在这基础上自己与他人的交往、联系、沟通、会聚中所产生、形成和发展的心理状态和境界。但是仍然与一己之欲有各种直接、间接的联系和关系。它以动物性的生理机制为基础,却又超出于它。[包括上述人性能力的道德行为也有其进化论的社会生物学根源(个体利他的族群在竞争中的优胜生存)。但对动物个体是自然本能,对人类个体却是超动物本能的自觉意志。]这个"超出",就正是文化积淀的成果或产物。而"情"、"欲"的相连相异,错综复杂,对人的生存具有本体意义。在今天和今后更将成为生活的核心部分。我曾以为,继先秦礼乐论、汉儒天人论、宋儒心性论的儒学三大时期之后,今天将以"情欲论"为主题,开拓发展出儒学第四期。(参阅拙作《说儒学四期》)这正是"情本体"、"道始于情"既传统又现代的"时代精神"。

问：这一"情本体"说是你独创,但你也征引过梁漱溟和钱穆。

答：对。我曾说过梁和钱比现代新儒家如熊(十力)、冯(友兰)、牟(宗三)更为准确地把握了中国传统的特质和根本。但他们语焉不详,没有从哲学上展开,经常只是提示一下而已。梁、钱我已多次引用过,这里我愿再征引几句钱穆的话:"其主要关键,在一情字上。人类群体日大,则欲日退而情日进。盖欲只在己,常要把外物来满足我。情则及物,常把自己的来推及人。""人之有情乃为人类一大特点,而天地竟可无情。"(钱穆《双溪独语》)钱认为"性"是"人"、"物"均有,动物有"欲",而只人有"情"。可见,"情"不等于"欲",而与"欲"又有关联。

问：但中国古书说"天道无亲,常与善人",又如何讲?

答：善人作为个人,则"福"、"德"常常不能一致,好人受难、坏蛋万年是常见的经验事实。这里只是说"天道"、"人道"相连而是一个"道"。天地无情,但人(主要是儒家)赋予它们以情(参阅拙作《中国古代思想史论》)。也正因为"天道"、"人道"只是一个"道","天道"不是具有人格性的"天主"(上帝),没有人格神的明确谕示旨令,它只是呈现在"善人"的行为活动,即"人道"中。而这"善人"的行为活动及其伦理规范即所谓"人道",却又以特定的情况－情境－情感及其关系为指归、为依据。可见,这个"情"不是 Hume

所说的一般的同情心,而是非常具体、现实并有着各种等差区别,即由前述礼制所规范、以父慈子孝为轴心而不断辐射、扩充从而具有普遍性的情,它以"孝－仁"为基础。它们成了中国传统的伦理道德即"人道"的根本。古人说,"教民亲爱,莫善于孝","孝－仁"在这里不仅是情感,也是行为的义务,即孟子所谓"仁心义路"。无论大小传统,中国人都讲"报恩":报天地生长之恩,报父母养育之恩,报夫妻互助之恩,报兄弟扶携之恩,报师生朋友交往得益之恩。它们既是理性的,又是感情的,是理性渗透融入情感之中。这种充满情感因素的道德理性行为的"报恩",也就是"义"。也正因为有此起始的情感助力,就使绝对律令的道德义务有了可操作性、可实现性。从而在道德行为中,除了"敬重"这一根本道德感情外,便并不排斥亲爱、激动、恻隐、是非、悲壮等等经验性的情感和观念。所以我说:"Kant 的伦理学有极高的神圣性,却很难有具体的操作性,但如果将中国儒学的'仁'灌注于伦理的理性本体,就可为操作性奠定基础,这亦即是将'天理'落实为'人情'。"(拙作《己卯五说》中《说天人新义》)

问:这样一来,由于与经验和具体感情紧密相连,道德律令不就失去其神圣性和普遍性了吗?这个 Kant 的老问题如何回答?

答:回答就是:它的普遍性和神圣性在于它是人所特有的人性能力。这人性能力不是天赐或先验的超人类的理性,而是人类经由漫长的历史和教育所自己建立的。在 Kant 哲学,理性至上和神圣；在中国传统，理性只是工具，人的生存、生活、生命才是至上和神圣（它的前提又是整个自然界的生存），从而人的情感才是根本或至上。理性是由历史建立，先验是由经验变成，本体是由心理形成，普遍必然性是社会客观性。而且，由于有大同远景的支援、范导，Kant 那个福德一致的难题也可以得到适当解决，而不必依托于灵魂不灭和上帝存在。我曾说过"以美储善"，即以审美仁爱的天地境界（悦志悦神）来度此人生，必要时便"知其不可而为之"和"从容就义"，履行义务，实现道德。这就完全保存了 Kant 那道德律令在人心中的伟大崇高。在这里，人仍然是服从自己所选择的可普遍立法的理性命令而行事的。这个理性命令的绝对和崇高，仍然分毫不损。它的崇高也就是人的"人性能力"、道德精神的崇高，它也就是自由意志。

立命：上帝拯救还是自己拯救

问：你讲哲学主题是命运，你这"情本体"、"两种道德"与命运主题有何关系？

答：由于人们将 Kant 道德哲学仅仅作为外在伦理规范和制度，忽视了人性能力问题。Heidegger 将内在心理作为本体，"烦"、"畏"便作为当下碎片的人的生存特征而被突出。Leo Strauss 称之为"激进的历史主义"（radical historicism），但它所呈现的,却正是否定历史和反历史的自我当下的现代生活之命运偶然。由这心理构成的"本体",当然无须伦理学,人生只是在偶然中不断选择和决断来向前冲行,于是最后只好祈望"只还有一个上帝才能拯救"(Heidegger)。Heidegger 所突出的现代人生的命运,是由自由主义的极度"光秃秃的个人"发展而来。原子个人在理论上本来是非历史的,却在现代经济的基础上,日益成为现代社会生活的真实。这是一个最大的历史反讽。同时,这也激起了回归古代和传统的强力呐喊。今天,反进化论、反科学、反历史和反个体,要求回归超历史的德性,将现代社会性道德的人权交还给上帝,已经成了当代伦理学的时尚风景。

《历史本体论》明确反对这趋势或时尚。它以中国传统融合 Kant、Marx 来对应这一挑战。这个融合也就是:第一,厘清两种道德及其关系。第二,以情为本体。第三,认为人类需要拯救自己,让自己决定命运。人类现在确乎处在空前危险的境地:地球升温,环境破坏,资源枯竭,核弹扩散,贫富悬殊,精神失落……建立在自由主义、个人主义之上的现代发达社会日益暴露了各种严重弊病,这一切也确乎与理性化的现代科技和物质文明不可分。

问:那么,具体如何办?

答:简单说来,由于我以为现代社会性道德(公德)和"权利优先于善"并非建立在 Hobbes、Rousseau、Kant 或 Rawls 的原子个人、社会契约、无知之幕等自由主义理论假设上，而是建立在现代资本社会自由雇工的经济基础之上（上述这些理论假设只是这个经济趋势的理论反射和思辨提升），因此由现代个人主义、自由主义所带来的各种社会弊病、生活祸害和精神失落，便不是因为这些已落实在现实生活、经济、政治、法律和文化上的各种社会性道德或"权利优先于善"本身有什么问题。相反，所暴露的还是这种理论假设（"原子个人"和社会契约等等）的非历史性的谬误。如果依据唯物史观，从现代经济（生产、生活）历史上肯定"社会性道德"和"权利优先于善"，除去上述理论非历史性的纯粹理性设定，从而重视各种宗教性道德的情感范导，便可能在理论和实践上走出"光秃秃的个人"的单个原子，以"合情合理"即人际关系中真实具体具有血肉的个人，来作为伦理学－政治哲学的基础。这也许便能走出一条新路。这个"个人"是动物性的血肉之躯，但具有人性能力而区别于其他动物。这个人性能力，是人类从制造原始工具、茹毛寝皮千百万年以来的历史产物。这个产物可以给予今日人们以自信，即人类可以拯救自己，而不一定需要等待或取决于上帝来拯救。

问：但你这个历史形成的个体仍然很突出人性，不像自由主义的个人原子突出自然性。你的《批判》和上世纪八十年代主体性文章中认为主体性的主观方面就是人性。

答：历史本体论包含着一种新人性论。它着重的是社会性、理性对自然性、感性的积淀。人性本是中外哲学的老命题，正如上述，历史本体论从人类角度将中国传统、Kant 和 Marx 融合一起做一种新的探索。这也是我的哲学核心。例如我以 Kant 的辩证论消融 Marx 的先验幻相（由阶级斗争导向共产主义），以孔夫子的心理原则（情理结构）来消融 Kant 的理性至上和绝对律令（categorical imperative），如此等等。

问：请进一步说明。

答：《批判》一书从 Kant 认识论开始，逐章具体地讲了这个不同于动物、Kant 称之为先验理性的人性，即我称之为由历史文化积淀而成的心理结构（即人性能力），并将它放置在使用工具以制造工具的群体劳作实践的基础上，认为人文由此出，人性由此立。

问：你三十年前就讲这个"使用—制造工具"，并以之界定"实践"概念，作为对唯物史观的展开和发展，这不太过时了吗？

答：真理永不过时。但是真理常常难以很快被人认同。2006 年 4 月《科学的美国人》杂志发表了一篇瑞士人类学家的研究成果，他们在苏门答腊对某一猿类的野外观察研究，得出的**结论是"智力产生于文化"**（intelligence-through-culture），即人的智力是通过文化生成的。这"文化"指的就是"使用工具"（tool use）**在一定群体内由模仿而传播和保存。这一实证科学的假说与我三十年前的"文化心理结构"的哲学观点完全吻合**，读后感到非常高兴。

问：这如何讲？

答：历史本体论的实用理性（pragmatic reason）认为，人的理性（rationality）是由经验合理性（empirical reasonableness）提升而来。它在认知层面，是使用工具以制造工具的劳动操作创造了认识形式（逻辑、数学和辩证法）；在关系层面，由于这种劳动操作是在群体中进行的，产生了伦理、道德。前者特征是理性内构（理论理性），后者特征是理性凝聚（实践理性），都是不同于动物而专属于人的"人性能力"。人性能力是人类自己经由漫长（百万年）的历史实践而塑造建立的，它是为人类的生存和延续服务的。这也就是我所谓的"经验变先验，历史建理性，心理成本体"。如我以前所说明，在人的认识形式中最重要的因果观念，便是使用—制造工具的历史性成果。我也指出，人类语言因为保存了使用—制造工具的语义才区别于动物的语言。所以，不是语言，而是使用—制造工具的实践，才是人类生存的特质和基础。正是在这基础上，不但人类创造了外在的人文（物质文明），而且也创造了内在的人性（精神文明）。这也就是我所讲的，走出二十世纪语言哲学的统治，努力迈向历史形成的心理。语言不是存在之家，历史—心理才是。我期望未来世纪脑科学的发展，将科学地揭开这一人性能力问题，进一步证实我这个"积淀论"的哲学视角的确当性，来更好地更有效地帮助人们去发展自己的才智能力，去创造、把握自己的命运。

问：你有时用"使用工具以制造工具"替代"使用—制造工具",是什么意思?

答：二者意思是相同的。由于好些动物也使用甚至制造工具,但其使用和制造大都是用肢体,而人类从原始石器开始,却不只是使用肢体而更重要的是使用工具来制造工具,用石块来打击石块。这在内在心理上是非常重要的,如《批判》强调提出的"自觉注意":"所谓'自觉注意'不是由外界对象对主体本能需要的吸引而引起,这样产生的注意是'自发注意'。我以为,'自觉注意'恰恰是抑制了这种注意和本能要求而产生的最早的人类能动性的心理活动,这种注意的对象与动物性的本能欲望、利益、要求无关。它经常不是如食物等等外界对象,而是人的主体实践——劳动操作自身,亦即在最早的劳动操作的实践活动的漫长过程中,对这种活动操作自身的自觉意识和强迫注意,视觉在这里与动觉、触觉获得联结、综合和统一。"(第5章第2节)这是说人的"自觉注意"产生在长久集中注意制造工具,而并非为满足本能或适应环境的对象上。这一点本身在伦理学、心理学上都具有重要意义。使用工具以制造工具将这一点更为突出,它在外在能力和内在心理上开辟了新的阶段,开启了人类起源。

这里还需要澄清一种普遍误解,我所说"使用—制造工具"是指在特定的内外条件所组成的结构中,它才成为人类起源即人类如何可能的决定性因素,并不是说没有任何其他因素或条件下,孤零零的"使用—制造工具"本身就能产生人类。产生人类的其他内外必要条件包括:动物必须达到一定的脑容量、直立行走(即上肢已开始从行走、攀缘中解脱)、有一定数量成员的群体(才可模仿传递、交流和保存个别人"使用—制造工具"的发明经验)、有信号言语能力(保存"使用—制造工具"的经验作为语义的语音前提)和特定自然环境的生存压力,等等。黑猩猩在实验室内能使用—制造工具,但因为在自然环境中无此生活压力(不使用—制造工具便不能获取食物)便没有发展出这种潜在的可能,从而也就不能产生我所讲的普遍必然地使用—制造工具的活动。所以"使用—制造工具"只是在许多因素相互关联的结构体中出现,才成为"人类如何可能"的必要和充分条件即决定因素。这一点一些人没有注意,便大肆批判起来。

问:这整篇文章好像在回应你自己的《论语今读》?

答:《论语今读》已销行 10 万册以上,该书前言曾提出"情理结构"、"两种道德"和"立命"作为读《论语》"三重点",但并未说明三者是何关系,我觉得有责任交代一下。

该书前言说:"孔学强调'知命、立命',即个性的自我建立……即每一个体要努力去了解和掌握专属自己的偶然性的生存和命运,从而建立自己,这就是'知命'和'立命'。这样才可能使自己在这个偶然存在、生存的人生道路和生活环境中,去实现自己的超感性的实存。"在该书结尾时,又说:

最后一章又回到"命",本读已多次讲过了,这里再简略重复一下:"命也者,不知所以然而然者也",即人力所不能控制、难以预测的某种外在的力量、前景、遭遇或结果。所以,可以说,"命"是偶然性。"不知命,无以为君子也",就是说不懂得、不认识外在力量的这种非可掌握的偶然性(及其重要),不足以为"君子"。就人生总体来讲,总被偶然性影响着、支配着,现代社会生活更是如此。如何注意、懂得、认识、重视偶然性,与偶然性抗争(这抗争包括利用、掌握等等),从而从偶然性中建立起属于自己的"必然",这就是"立命"、"造命"。因此不是盲目顺从、无所作为、畏惧以至崇拜偶然性,而恰恰是抓紧、了解和主动适应偶然性。孟子说"夭寿不二,修身以俟之,所以立命也。……莫非命也,顺受其正,是故知命者不立乎岩墙之下。尽其道而死者,正命也。桎梏死者,非正命也",便是这个意思。人可以自己"立命"、"正命"、"造命",这才算是"知命",这也才显示出人的主体性的崇高强大。因为在建立自己的命运时,总有基本原则,这原则不是动物性的自然性欲,而是人类性的宗教性道德。……后儒曲解"天命之谓性"后,"知命"、"立命"、"正命"变成了"安命"、"顺命"(听命)、"宿命",让一个外在的(不管是外在的"天理"或冒充内在的"良知")"规律"、"理则"统治、支配、命令着自己,它们经常以宇宙图式(如传统的阴阳五行、现代的"历史必然性")或道德律令(传统的"天理良心"、现代的"斗私批修")的系统的形态出现。主体性被否定和消失了。所以，只有解构这些体系或系统，揭示出它们的自相矛盾和多元解释，才能了悟和珍惜"偶然"，让个体掌握和创造只属于自己的命运的真情厚意。本读愿以此为《论语》二十篇五百章作结。

如前所说，人类现在已走到十字路口，存在足以毁灭这个族类的各种危机。人类是由个体组成的，每个个体便有责任。而对个体来说，现代社会生活使遭遇、环境的各种偶然性日益增大，掌握自己的命运也日益困难。这使"立命"更成了重要问题。

问：如何"立命"？

答：《论语今读》说了不少。要"立命"就首先要"学"。学什么？学"智"、"仁"、"勇"这"三达德"，亦即"兴于诗，立于礼，成于乐"，才能"智者不惑，仁者不忧，勇者不惧"，处在各种遭遇事件、境地中，面对形形色色的荣辱成败、生老病死，面对人生虚无、生活没有价值、生命缺乏意义，可以不畏不烦，或迎或拒，从容应对，潇洒灵活，在各种命运偶然中来建立起只属于自己命运的"必然"。这种学习，其实也就是上述心理形式、人性能力（认识、道德、审美）的培养成育。

问：培养成育了人性能力，便能决定命运？

答：既承认和重视偶然性，便说明有不是个人主体所能掌握、控制或决定的时刻、事件、环境。宏观大概有序可寻可建，个体微观的不确定性、不可预测性，从来便是难以改变的。从而个体的"立命"也就常常是"知其不可而为之"、"谋事在人，成事在天"了。但中国古话说得好，"有志者事竟成"、"文王既没，文不在兹乎"，与希腊悲剧所展示命运难以逃脱神意"必然"不同，历史本体论认为，命运仍然是可以尽可能努力去自己把握、去"立"起来的。"既济"之后是"未济"，人总是生活在永不完成的不确定性之中，现代社会生活更如此。这里的要点，是说人"应当"依靠自己的"人性能力"来主动对应，而不是依靠、等待某个上帝来拯救。宋末谢叠山说，"人可回天地之心（扭转不利的命运），天地不能夺人之心（偶然性不能使人屈从认命）"，亦此意也。这即是"三军可夺帅也，匹夫不可夺志也"，这即是 Kant 的实践理性、绝对律令，这即是高扬主体性的历史本体论的伦理学。

[附记] 本答问强调的是"人性能力"，它虽为主要核心，但仍非人性全体。Hegel、Marx 忽视了这类问题，Heidegger 则以"此在"(Dasein) 突出了现代人生存状态，实亦现代人性样貌，成为他的"基础本体论"。如何颠倒 Heidegger，经由对 Kant（人性能力）、Hegel、Marx 和中国传统的回归（历史感）而迈出新的人性——人的生存步伐，将是下一课目的主题。

2006 年，Boulder

谈"恻隐之心"（2007）

道德心理与社会生物学

问：你提出人性能力作为人性的骨干或核心，同时说人性并不止于此，那还有什么？

答："恻隐之心"便是。这又是一个大题目，我今天谈不了。

问：简单谈谈吧。

答：何谓"恻隐之心"？"恻隐之心"到底是什么？人们讲得很多，学说、理论也五花八门，却一直不太清楚。这四个字是孟子提出的。孟子说它是"仁之端"，是人先验（先于经验）地存有而"活泼泼"地呈现出来的良知良能。孟子以小孩坠井、人往救之的直觉的道德行为作为例证。这种行为不为名不为利，纯是一片天机呈现，认为这是道德的根源和动力。人在生活中逐渐失去了这种良知良能，所以要赶紧从内心发掘它、存养它，存则得之，舍则失之。这也正是宋明理学家所强调的"天地之性"、"义理之性"等等一大堆学说的由来，它构成了中国伦理学的主流。通俗读物《三字经》一开头就是"人之初，性本善"，已普及到民间社会，影响极大。

问：那么西方呢？

答：Hume 以"同情心"作为道德根源和动力。他在《人性论》一书中说，"同情是我们对一切人为道德表示尊重的根源"，"道德上的善恶确实是被我们的情绪，而不是被我们认知所区别出来的"。但 Hume 不认为这"同情"或区别善恶的情绪是某种先验或神赐的良知良能，而认为它们只是来自人的自然苦乐感受："人类心灵的主要动力或推动原则就是快乐或痛苦。当这些感觉从我们思想和感情中除去以后，我们在很大程度上就不能发生情感行为，不能发生欲望和意愿。"Hume 在《人性论》中仔细讨论了人的各种情感，把情感分为"平静的"、"激烈的"两大类，而将"平静"一类的如经常被误认为是"理性"的"慈爱"、"怜悯"、"同情"等等置于首位，强调它们正是道德的本源，认为理性只是依循这些情感的指挥来活动的。Hume 说出了"理性只是情感的奴隶"这一名言。

问：这很有意思，与 Kant 恰恰相反。

答：Hume 自有他的道理。如我以前所说，作为人性能力，理性凝聚的自由意志是一种心理结构形式。这心理结构形式并非静态的抽象存在，而是具有能动力量的理性形式因，此理性形式因又经常与经验性的生理本能的原始冲力结合纠缠在一起。这原始力量之一就是"同情"即"恻隐之心"。这样似乎可解决上次说过的 Schiller 嘲讽 Kant 的难点：我好意助人不算道德，恶意助人反而道德。Hume 所突出的正是作为道德行为原始助力的情感方面（同情心、恻隐之心）。

问：可是，你还是站在 Kant 一方。

答：对。因为"同情"根源于一种以苦乐为标志和特征的自然本能，苦乐更是建立在动物生理基础的需要、享受、欲望之上，它们不能构成人类道德心理的特质，既非充分条件，也非必要条件。有了同情心，并不一定能做出道德行为；道德行为也不一定要以同情心来作为原始力量。如我前所强调，道德行为是服从理性，履行义务，并不一定与同情心有关。

问：那你为什么又要强调提出 Hume？

答：因为 Hume 正可补足 Kant，有重要的教育学意义。即重视"同情心"作为实现人性能力的肯定性的"自然天性"而加以培育。如对儿童的爱心培育，这样便可尽量避免理性凝聚的人性能力为邪恶观念或否定性情感所左右或支配。因为在某些否定性情感（如仇恨）或邪恶观念的支配或冲力下，也可以"义不顾身"地滥杀无辜，酿成大错，尽管它也可以展现出人的勇敢、顽强等等理性凝聚的意志力量即人性能力。

问：可见，善恶行为既与人性能力也与人性情感相关，相当复杂。

答：对。要把善恶观念、人性能力、人性情感三者做出区分，然后再看其复杂联系和关系。可以说，善恶行为都是人的自由意志所做出的选择或决定，所以人要对其选择和决定负责。动物性、人欲本身不是恶，有意（自由意志）选择去放纵或扼杀才是恶。这一点，中西哲学都讲得很明白。包括大讲"天理人欲誓不两立"的宋明理学也并不认为维持动物性生存的情欲本身是恶，而是认为过分宽纵它们才恶。这种能支配、主宰、控制感性情欲的力量就是理性凝聚的人性能力，Kant突出这个方面来讲善恶行为，我以为抓住了人类道德的基本特征。但Hume所注意的不是这个人性能力方面，而是这能力实现时常见的某种经验状态，并以之为原因。例如说，尽管你能做好事，但是为什么你会做好事？他认为原因是因为你的情感即同情、爱、恻隐之心推动你去做，去实现你的人性意志能力即自由意志。

问：这是说情感与能力并不能等同。

答：对。不能完全等同。

问：所以培育人性情感也很重要。

答：人的情感有许多种类和方面，有肯定性情感，有否定性情感。如何了解、对待、培养是一个重大问题。当然，这里的肯定否定二分只是为了叙说方便，实际情况远为复杂。

问：那么，这作为肯定性情感的"同情"、"爱"、"恻隐之心"又来自何处呢？

答：这是要害所在。可以分出先验和经验两大派，也可说是神学派和科学派。

问：如何说？

答：先验派当然就是孟子，也包括许多中西大哲。中国现代首推牟宗三。牟宗三大讲"圆善论"和"智的直觉"，把作为道德本源的"恻隐之心"极端神圣化和神秘化，提到了宇宙—人生的最高点，强调它就是中国生命哲学之根本。牟简称之为"觉"："吾常说仁有二特性，一曰觉……此觉是由不安、不忍、悱恻之感来说，是生命之洋溢，是温暖之贯注，如时雨之润，故曰'觉润'。……觉润即起创生……其极也必'以天地万物为一体'（案：此即其无限性），此可由觉润直接而明也。此即仁之所以为'仁体'。"[1]"觉——不是感官知觉或感觉（perception or sensation），而是悱恻之感，即《论语》所言的'不安'之感，亦即孟子所谓'恻隐之心'或'不忍人之心'。"[2] 牟以为，正是这种"觉"、"感"使"天道""往下贯"，化为自己内在生命特性。"所以天命、天道观念发展的归宿，必为与主体意义的诚、仁两个观念同一化（identification）。"[3] 从而人的道德心灵就是宇宙本体，"恻隐之心"就等于"仁体"、"诚体"、"性体"、"心体"，也等于"天

[1] 《圆善论》，转引《心体与性体》，台北：学生书局，第260—261页。

[2] 牟宗三：《中国哲学的特质》，台北：学生书局，第35页。

[3] 同上，第44页，上各引文中括号均原有。

理"、"天道"、"天命"[1]。道德心灵囊括一切，道德形而上学就是宇宙形而上学。这可说是把孟子的先验论在现代哲学的话语中推到了顶峰。

问：牟大讲恻隐、悱恻、不安、不忍，以此来表述这个道德—宇宙本体，强调它们不是感知觉，但同时强调它也不是理性、观念、思维，又不承认它是人格神或上帝，那到底是什么呢？

答：十八世纪英国 Shaftsbury、Hutcheson 等人认为，道德直觉是由于人有五官之外的另一内在第六感觉，但它还是经验性的，还是属于人的自然身心的，与牟说的"心体"、"性体"、"天命"、"天道"等等根本不同。牟这个"不安"、"不忍"、"恻隐"、"悱恻"那么高深神秘，不是感知觉，却又可以感受体验，所以我只好把它最后归结为某种宗教神秘经验，他自己也不讳言这一点[2]。

问：这可说是将"同情"、"恻隐之心"作为道德根基的先验论极致，你不是说还有另一派理论？

答：那就是社会生物学的理论。我上世纪八十年代提过 K.Lorenz，这里想以 Karl Kautsky 和 E.Wilson 为代表，他们都是在 Darwin 理论基础上的发展。

问：请说说。

答：Karl Kautsky 是当年马克思主义的著名领袖。他在十九世纪《唯物主义历史观》巨著中，用大量动物学和人类学材

---

[1] 参见《圆善论》第 262 页等处。
[2] 见拙作《论实用理性与乐感文化》。

料，论说了人类道德来自动物本能，来自动物的"社会欲"。他说，"道德并不是人们特有东西，也不是人心里的一种神秘圣火为依据。它是动物所共有的，它是导源于各种社会欲的"[1]；"从群居生活里面发出来了一大批高级的欲：如完全献身于其共同体、同情、自愿牺牲、勇敢、名誉心……""原始民族的道德，甚至像希腊人和罗马人那样高级的民族的道德，都可以在动物界找出类似的东西"[2]；"同情心既不是以思考为基础，也不是以想象为基础，这是一种由生存斗争培养起来的本能，人们遵照着这种本能活动而不用把它搞清楚，正如候鸟遵照着迁徙的本能活动，并不用完全明白它的意义一样"[3]。Kautsky 甚至将共产主义也放在实现动物"社会欲"这个生理基础之上，以说明其有不可抗的强大动物本能的普遍必然力量。

问：Wilson 呢？

答：Kautsky 引用的是早一些的资料，二十世纪七十年代，Edward Wilson（哈佛大学教授）以包括遗传基因在内的更新的研究，做出了类似的结论。他区分以群体为中心（无条件利他）和以个体为中心（有条件利他）的动物族类，指出人类居中而偏后。人的利他行为实际是以个体及其最邻近亲属的利益为目的。他说："有一点是确定无疑的，这种自我献身

[1] 《唯物主义历史观》第二分册，上海：上海人民出版社，1965 年，第 295 页。
[2] 同上，第 294 页。
[3] 同上，第 296 页。

的冲动不必解释为神圣或超验的，我们有理由去寻找更为常规的生物学解释"[1]；"人的利他主义的多数表现，说到底都会有自利的成分"，"人的怜悯心也是有选择性的，常常最终是自利的"[2]；"利他主义自然要服从生物学法则"[3]；"人的一切利他行为都受到一种强烈情感的支配"[4]；"以感情为基础的直觉的选择的观念，其根源是生物的"[5]，如此等等。总之，利他是自利，以有益于自己这个血缘种族的生存延续。这个受"强烈情感支配"如此崇高的"利他"的"道德"行为，实际乃生物族类经由竞争为维护、延续生存的情感本能产物。"道德并没有其他可以证明的最终功能"[6]，所谓"同情心"、"恻隐之心"、"不安"、"不忍"的真实根源，不过如此。这与上面牟宗三讲的道德形而上学对照起来，真是一天上，一地下；一如此高远神圣，一如此低俗平凡，交相辉映，煞是有趣。

问：关于这个道德"本能"还有什么说法吗？

答：2007年1月29日《时代》杂志有一篇题为"我们如何做出生死抉择"的短文，也很有意思。该文说，根据近来脑科学大脑扫描研究，是情感决定了人的一般行为选择。只有在脑内与抽象思维和认识控制相连区域的活动水平加强并占优势时，才做出相反决定。该文配图

---

[1] *On Human Nature*，中译本《论人的天性》，贵阳：贵州人民出版社，第140页。
[2] 同上，第142页。
[3] 同上，第154页。
[4] 同上，第150页。
[5] 同上，第155页。
[6] 同上，第156页。

举例：一列火车开来，如不转闸换轨即将撞死五人，而换轨则将撞死自己所爱的一人或某一无辜的人，除非功利主义伦理学（亦即理性的社会认识或法则）告知和命令死五不如死一，人们一般不会去转闸换轨而宁袖手旁观。可见人的行为、道德的根基是情感而非理性，还是 Hume 正确。

问：照这种说法，人的行为和道德完全是本能性或非意识性的了，根本无需人性能力、道德良心、自由意志了。

答：对。这与我所说 Kant 强调人性能力完全相反。我以为刚才讲的那个例子倒恰好说明，即使并不一定是"善"或"对"，但决定改闸换轨，这一坚决执行理性命令不顾感情私利的抉择，正是自由意志和人性能力的展示，而为动物所不能。在战争中为掩护集体安全而闷杀啼哭的亲生婴儿，不被谴责而受赞扬，也以此故。中国传统讲的"大义灭亲"，也如此。当然，这都属于特殊或极端的情况。一般和更多的情况，是履行道德的义务常常以某种积极的、肯定性的情感，如同情、爱、怜悯等等来作为帮助力量，在这一点上，Hume 是有道理的。在这里，情感与能力便合二而一，而理性似乎只是情感的奴隶了。

至于为何一定要保全多人（或社会或群体利益）而损己，为何社会、群体利益高于一己，则属于另一问题，即善恶观念问题。善恶观念的各种具体内容是特定时代、社会、环境、习俗、传统所决定的，具有突出的相对性。并不是所有损己利人都是善，特别是在打着"集体"、"民族"、"国家"、"人民"、"上帝"各种旗号之下的所谓理性命令，好些时候便是虚假和伪善的。

问：你多次说过尊老和杀老在特定历史社会条件下，都是道德的。但就人类总体讲，尊老比杀老仍然更道德。

答：那正是由于人类生产和生活的发展已无须杀老便能生存延续的缘故。同时也因为尊老比杀老在发展、培育生物自然基础上的善良情感从而履行人性能力，对巩固群体和延续生存也更为有益。所以尽管善恶标准是时代、社会决定的，具有相对性，但由于人类生活发展，经由漫长历史，相对中逐渐积累出某些成为人类普遍性绝对性的善恶标准和原则。例如尊老毕竟取代了杀老。人类各民族各宗教各文化的善恶标准、观念或原则，由于社会生活的趋同已日益接近和彼此宽容，但迄今也仍然并不一致。而且，即使在同一社会、时代里，也有对善恶的不同观念和信奉。例如美国关于堕胎问题的争斗，等等。而另一方面，为善为恶的人性能力或自由意志虽具有普遍必然的绝对性价值，却就总体说，在肯定性人性情感或善的观念推力下的人性能力，一般说来，会受到尊敬、赞扬、钦佩；而在某些否定性人性情感或恶的观念推力下的人性能力，即使如何高强刚毅，却一般并不为人称道。从而善恶观念、人性能力、人性情感在这里便一致或统一了起来，历史具体地成为 Kant 所要求的"我一定如此行为，使我能意愿我的准则成为普遍律令","只照你能意愿它成为普遍律令下的那个准则去行动"的"绝对律令"。它们世代沿承,化为各种不朽的人格楷模,形成了各民族、宗教、文化、道德传统的主流。总之,人性能力与人性情感都属人性。人性能力是人之所以为人的骨干主体,人有动物无。情绪、情感,人(动)物俱有,但性质不同,它是血肉。人要生存,血肉和骨骼不可离异。

问：但它们很难区划分割开来。

答：正因为如此,便更要注意其区划。当然这属于"理想型"的研究区划。实际上,人的行为是在许许多多复杂变易却又延续不断的各种具体的善恶教义、观念和各种肯定否定的人性情感帮助下,由人性能力所做出的活动抉择。所以,我以为人的伦理道德不能归结为动物本能,也不能归结为先验的"人性善",而是人类历史（就社会说）和教育（就个体说）将社会性的善恶理知观念经由大脑的认识思维领域通向情感领域,并与动物性的爱憎情欲相联结所构成用来支配、主宰、控制感性行为的意志活动。未来脑科学将会发现神经领域这通道的具体形式。从人类学历史本体论的哲学说,这也就是一种历史积淀的文化心理结构。

问：那么有没有牟宗三的那种神秘的"智的直觉"呢?

答：对照科学,我觉得牟宗三讲得玄之又玄的"智的直觉"、"不安"、"不忍"等等显得苍白无稽。所谓"不安",本来自《论语》中孔子问宰我不服三年之丧的"汝安乎"。"不忍"来自孟子"闻其声不忍食其肉"从而以羊易牛的故事,都是非常明确的经验心理。牟硬要把它抬高到"心体"、"性体",甚至"天命"、"天理"的"本体"高度,却又强调不能更改这个"活泼泼"的经验心理的特征。尽管牟说这个"不安"、"不忍"不是感官知觉（perception, sensation）,但它不仍然可以是感性情感（feeling, affection, emotion）吗？牟以这种具有感性经验特征的描述来界定、申说超验（或"超绝"）的"道德本体",我以为是自相矛盾,说不通的。所以我一再讲牟和Kant根本不同。Kant没有也决不可能用什么"不安"、"不忍"、"怵惕之感"这种经验心理的词语来叙说道德的绝对律令（categorical imperative）或本体的超验存在。

问：你是说,与人性能力的理性凝聚特征相比,人性情感的经验性质与动物性本能的关系和联系更为密切？

答：但重要的是它们都人化了,即经过社会历史的积淀,这些源自动物性的本能情感已变得远为不同了。我不知道动物会不会有如抑郁、烦闷、忧虑、焦虑、羞愧、嫉妒、悲悯、忏悔、傲慢、敬重、仰慕以及宗教-审美方面的虔诚谦卑、悲喜交集、人生感伤、淡淡哀愁、莫名惆怅……之类的情感。或许动物也有某些类似的情绪,但性质毕竟不同,人类把即使动物也有的情绪发展、改变得非常复杂、丰富、细致、多样,其中主要正是由于渗入了理性的许多观念、思绪,使它们远远不只是动物性的欲望、需要等本能情绪了。人把动物性的同情、爱怜,也把动物性的凶残、暴虐发展到动物不可能有的强度和高度,具有了质的不同。也正是这些人化了的肯定否定情感,驱赶着理性凝聚的人性能力做出了许许多多或感人心魂或骇人听闻的善恶事迹。

二十多年前我举过 Jack London 的小说,描述一位白人为金钱贪欲千辛万苦在冰天雪地里远道运送鸡蛋的故事。他的人性情感是贪欲(建立在利己的基础上),他的人性能力是坚毅的意志。他这行为是善是恶呢?却很难说。作者认为是恶:贪心发财。却又不尽然,他发财是想生活好,无可厚非,更何况运送鸡蛋对缺少鸡蛋的远地他人也大有裨益。从这个故事可以看到人性能力、人性情感与善恶观念的区别及其相互交错的复杂性。

"共同人性"的三方面

问:从而,对每一件行为的善恶判定要特别慎重,要"具体问题具体分析"。这"具体"也就是当时当地的各种情况和条件。

答:道德、伦理以及伦理学都是为人类服务的。善恶均与人类相关,从根本上都是从各该人类群体的生存延续的利害来定标准、设规则、立制度、成观念,以致变为传统和习俗。人性情感则多种多样,有正有负。人性能力是中性的,可作善也可作恶。把三者混在一起谈论便很难说清楚。传统的"人性善"、"人性恶"、"人性善恶混"等等学说,五花八门,便是一例。

问:你区分人性能力作为道德行为的理性主宰和动力,人性情感作为道德行为的感性助力,善恶观念则是这主宰和助力的具体内容。看来,这"一体三分"是你的道德哲学的要点。而"传统宗教性道德"与"现代社会性道德"的"两种道德论"则是你的伦理学—政治哲学的要点。这"三分"和"两分"又是什么关系?

答:所谓"善恶观念"也就是各种"宗教性道德"和"社会性道德"所设立、培育的社会(群体)的规范、准则和秩序,它一方面具体指挥着人的自觉意志即人性能力;另一方面又深入渗透人的情感,内在的道德与外在的伦理在这里便合为一体。

问:既然"两种道德"与外在的社会伦理规范攸关,为什么不说"两种伦理"或"宗教性伦理"、"社会性伦理"?

答:因为焦点在于厘清个体道德行为有性质不同的规范,而不在说明外在伦理规范的类别差异。外在的宗教伦理、社会伦理还有好些不同差异和类别,如基督教伦理、儒家伦理等等。

问:你不是说"宗教性道德"是善恶,"现代社会性道德"只是对错吗?

答:对错进入感情也就成了善恶,外在的对错、善恶区分在内在心理情感上消失合一了。如孟子讲的"是非之心",既是理性判断（对错），又是情感好恶。所以，两种道德的分裂和矛盾会造成个体情感上极大的冲突和痛苦。从而，将三者（善恶观念、人性能力、人性情感）区分而又重视如何统一，即培育肯定性的人性情感（如同情心、"恻隐之心"）、坚强的人性能力（自觉意志）和对各种善恶、对错观念、主张的识别判断，便是非常重要的课题。

问：那么情感是否也是一种能力呢？

答：能力与情感应该是两个不同的概念。就生理说，会跑会跳与会爱会怕还是不同的。而有爱心却无决心无勇气即没意志力量去行动，有行动能力却无仁心爱意去行动或不去行动，这种现象，比比皆是。当然在许多情况下两者又是混合在一起的。

问：那么，人性能力与人性情感的培育也有不同？

答：人性能力在伦理道德领域就是培育意志，使异质的理性进入感性生物体，即上述脑科学中认知领域对情感领域的某种神经通道的建立和控制。人性情感也要培育，也有理性参与，但那是在原自然情欲上的引导、发展或限制，而不同于意志能力的培育。它的脑神经结构通道和形式也会不同。认识作为"理性内构"（原作"理性内化"，今改此词）有其生物学的自然基础（如五官知觉、好奇心理等），道德作为"理性凝聚"也有其生物学的自然基础（如动物的忍耐、等待等克制能力等），但理性在这两方面（认识和道德）都处在主宰、决定和优势地位，而与情感培育不同。后者多半是理性渗透、融化在原自然情欲之中。

问：看来，从道德心理说，人性能力与人性情感两者都需要培育。

答：提倡斯巴达、武士道，只锤炼坚毅顽强的意志能力不够；大讲爱心、高谈仁义，只养育善良仁慈的同情心也不够。只有"文质彬彬，然后君子"，所以才有"礼、乐、射、御、书、数"文武双全的"六艺"。

问：你似乎比较欣赏中国儒家培育人性的方式。

答：这正是因为儒家强调将人性能力与肯定性人性感情（当然也包括某些否定性情感如羞耻）紧密连在一起来进行培育。既讲仁爱，又讲刚毅；既讲"不忍人之心"，又讲"虽千万人，吾往矣"。将肯定性情感（"恻隐之心"）与人性能力（刚毅木讷）紧密连在一起，并由之定出善恶观念，由近及远，推及四海。

问：如何说？

答：如我以前所说，儒家是以一种动物也有的自然性情感（亲子情、社会欲）为基础或起点，加以理性化的提升，最终构成一整套"父慈子孝兄友弟恭"、"君臣父子夫妇兄弟朋友"的伦理体制和善恶观念，使人性能力得到了具有强大动物本能基础而又理性化了的人性情感的支持。儒家先讲"老吾老"，而后才是"以及人之老"；"幼吾幼"，而后才是"以及人之幼"，由亲及疏，由近及远，这就是"能近取譬"、"爱有差等"和"道始于情"。历史证明，这种以理性化的自然情感为基础比仅以理性原则为基础（如墨家的平等的"兼爱")要持久和优胜[1]。培育这种由亲人而家国,可以一直扩延到"推恩足以保四海"(孟子)、"千里万里,一家一人"(谭嗣同)的博爱胸怀,却正是建立在这个以生物自然为基础而又理性化的人性情感之上的。前述《时代》杂志文中曾提出,如果按照理性的功利主义伦理学,"救助十个非洲挨饿的婴儿不比维持你九十高龄的父亲的生命更好(更道德)吗"的问题,但人们一般并不如此做。这照中国的传统说,就是所谓"人情之常"或"人之常情",违反这个"人之常情"便是"矫情"。儒家不赞成"矫情",包括批评庄子妻死鼓盆而歌。所以,除了特殊和例外的情况,儒家一般并不强调"大义灭亲"、"忠孝不两全"之类违反"人之常情"的规则、命令;相反,儒学一直强调家国相连、君父相通、齐家治国、忠孝两全等等。这正是为了将人性能力与肯定性的人性情感(爱、同情、恻隐之心)捆绑在一起,使作为理性律令、意志力量的人性能力有一条比较强有力而积极可行的实现道路,避开了 Kant 绝对律令缺乏具体可操作性的难题。

问:那么,这个"情"、这个"人之常情"是不是就是道德感情呢?

答:非也。道德感情仍如 Kant 所言乃是"敬重",是对理性凝聚的人性能力(自由意志)的敬重,而不是以生物性为基础的同情、慈爱、"恻隐之心"。"敬重"虽也是人性情感,但与同情、恻隐等有根本不同,它是一种理性情感,建立在理知认识之上,虽也有自然生物因缘,

---

[1] 阅拙作《中国古代思想史论》中《墨家初探本》。

却为动物所无有。人们对战斗英雄、革命烈士的敬重,主要不在他们的人性情感(热爱人民或仇恨敌人),而在他们把人性情感实现在宁死不屈、奋不顾身的坚毅意志即人性能力中。

问:那么,你所提出的人性情感、人性能力与善恶观念是一种什么关系?请简单说说。

答:由人性情感作为助力,经由善恶观念的知性裁定,而由人性能力(即意志能力)执行之,构成了人类的伦理道德行为。这是一个十分复杂的过程。尽管有时呈现得非常迅速,似乎是一种"良知"、"天性"的道德"直觉"或本能,实际仍然是长期历史—教育的积淀成果。所以有时也呈现为较长时间的明确思索,如文天祥(不投降)、洪承畴(投降)。前者之所以受人尊敬钦仰,不仅在于他所选择的善恶标准,而更在于他不管如何困苦艰难却坚决顽强地执行这个道德律令的人性能力。可见,人性(意志)能力仍然是三者之中占据核心地位而最为重要的骨干、枢纽。这也就是为什么我在上次答问中突出 Kant 的原因。

问:那么,你上面讲的科学派与神学派,你站在哪一边?Kant 的先验论不应属于神学派吗?

答:Kant 并不讲恻隐之心,只讲实践理性,实践理性也是一种先验论。我虽然赞同 Kant,却倾向于科学派,这两者并不矛盾,它正是历史本体论不同于 Kant 先验哲学之所在。因为历史本体论是建立在人类学即人类的生存延续的现实而不是建立在纯粹理性的设定之上。但历史本体论虽然重视人类学的生理基础，却又同时强调人性不能等同于动物性，不能把人类的道德行为归结、统摄在社会生物学之下。尽管人类作为动物族类，会继续原遗传基因和各种动物本能以维持和延续族类的生存，但这生存毕竟已进入千万年的文明－文化的历史过程中，它**已经不是动物本能和生物遗传所能决定的了**。所以我的**总观点仍然是"内在自然的人化"**。而我之所以认为"道始于情"的中国哲理具有世界价值即人类普遍性，**正在于它在古代历史条件下较好地表述了这个"内在自然的人化"，即重视理性化是建立在生物本能或自然情感之上的**。人类学历史本体论哲学之所以说既要"继承启蒙理性"（Kant 是最大代表），不赞同宣扬非理性或动物本能的各种反理性思潮，又要"继承中国传统去其（启蒙理性）弊病"，做出"转换性的创造"，也是如此。与自由派以世界普遍性压倒或漠视中国特殊性不同，与新左派、国粹派以特殊性对抗或否认普遍性不同，人类学历史本体论是以有经验依据的、有可认识性和可操作性的特殊，来改变、改进和改善普遍，从而成为普遍性本身。正如人类学历史本体论以**实用理性**来反对后现代，主张重建理性（但非先验理性）权威，以**乐感文化**来反对虚无主义，主张重建人生信仰，它们所要展示的，都是**中国传统的特殊性经过转换性的创造可以具有普遍性和普世的理想性**。

问：你是否能用你的哲学解说一下中国古代传统的"天—命—性—

情—道—教"（见郭店竹简）？

答：" 天"就是那神圣而又神秘的自然—宇宙总体，也就是我所说的"物自体"。（见拙作《论实用理性与乐感文化》文）"命"是这宇宙－自然落实到个体身上的各种基因总和以及个体的人生遭遇和道路，它们都有极大的偶然性。"性"是在这个"命"的基础上拥有的人性，它依赖各种情欲和能力的人化。"情"已说过很多，不必再赘。从"情"产生出社会的准则、规律，这就是"道"，进而栽培养育之就是"教"。当然，几句话很难完整表述，不过撮其要义而已。

问：总的看来，人性是个复杂问题。

答：所以我说，"人性"一词古今中外用得最多，但最不清楚，最为含混模糊。我这里把它在伦理学方面做出人性能力、人性情感、善恶观念的区分，也只是初步研讨。

问：你在《己卯五说》、《历史本体论》等论著中，将伦理学分为宗教哲学（主要处理传统宗教性道德）和政治哲学（主要处理现代社会性道德）两大类。如今又分为人性能力、人性情感和善恶观念三大方面，请再讲讲？

答：两大类是就伦理学的外在领域和现实情况（当代问题）的划分，两大类仍有紧密交叉和联系。三分是对作为伦理核心主题之一的人性问题做文化心理结构上的区划，当然更有交叉和联系。再简括一下这区划：善恶观念是一定社会、时代、环境和制度的理智产物，它是社会的、理性的。即使观念的具体内容可以非理性，例如认为必须听从神的旨意杀人以祭祀才是善，它也仍然是社会的、理智的，动物便没有。人性能力在伦理学即道德方面就是理性凝聚的自由意志，即理性对感性的主宰、支配，它也是社会的。人性情感则是对动物性自然情欲的理性化的发展和培育，虽有社会和理性各种不同程度、不同层面的渗透和干预，却不纯是社会的，也不纯是理性的。

除道德方面外，人性情感还有认识方面，如认识产生的智力愉快和喜爱知识、追求真理的人性情感。在审美方面，因为是多种心理功能的复杂活动，人性能力与人性情感更为错综交织，使审美不仅是一种情感，也成为一种能力。这种能力可以"以美启真"、"以美储善"、"以美立命"，以及成为审美形上学和世界观。在这里，人性能力与人性情感有某种高级的汇通、融合和同一化，它在整个人性成长即人性在各方面的开拓发展上起着重要作用，这里就不多说了。

问：人们说，哲学不是发生学。为什么你的哲学总与发生学有纠缠，甚至通过发生学来解答哲学问题，例如你这次谈人性。

答：这正是人类学历史本体论的哲学特征。由于不预设上帝、绝对理性、先验意识、精神实体等前提，而以人类和个体的生存延续为主题，认为人作为历史成果而存在，认为包括各种非历史、"超"历史的观念、思想、感受、"境界"等等也仍然是历史的产物，这便自然会与发生学有关联纠葛，但我的哲学并不就是发生学。发生学属于科学。

问：人们说你的哲学是积淀论，它与人类学历史本体论又是什么关系？

答：积淀论主要讲了人类学历史本体论的内在方面，即文化心理结构，亦即人性问题。它分为"理性内构"（前用"理性内化"）、"理性凝聚"和"理性融化"（前用"狭义的积淀"），由之而有人的"自由直观"、"自由意志"和"自由感（享）受"。人类学历史本体论还有其外在方面，如"两种道德"论的伦理学，从而"和谐（harmony）高于公正（justice）"、"儒法互用"的政治哲学（此即"美学是第一哲学"的具体展伸，暂缓作），等等。它们都是历史的而非先验或超验的，都正是人类学历史本体论的重要内容，贯穿着"情本体"这根主线。这主线当然以更为复杂丰富的形态展现在审美和艺术中。总的说来，我以为，未来脑科学将具体发现人性或文化心理结构所具有的各种神经通道和结构的生理根基和形成机制，从而实证地解说人类通由历史和教育，社会文化向个体心理造成了积淀形式。

2007 年 4 月于 Boulder, Colorado

再谈理性与本能（2008）

动物本能与人类理性

问：Donald Munro（孟旦）*A Chinese Ethics for the New Century*（2005，香港中文大学出版社）一书，从社会生物学讲孟子的"性本善"，与你一致否？

答：我最近读到该书。Munro 从社会生物学立论，认为儒家伦理具备大有前途的人类普遍性，这也是我所讲的。差别在于，Munro 将道德根源基本归结为生物族类的自然本性（或动物本能，二词等同使用，下同），在一定程度上轻视或贬低了人类"立意"(to will) 心理的理性特征，与我强调人类作为超生物存在的"自然人化"基本观点相当不同。与此相连，Munro 将孟子"性善"、"四端"解说为动物本能，与宋明理学以及现代新儒学解说孟子"性善"、"四端"乃先验（超越经验）的"天道"、"天命"所赋予，是人之所以"异于禽兽"者，也恰好相反,从而 Munro 抹平了道德所具有令人景仰、敬重的崇高性、神圣性,这是我不赞同的。

问:你在上次答问中,不是嘲笑过牟宗三讲孟子"性善"的先验(普遍必然)性,而赞赏社会生物学讲的普遍必然吗?

答:关键就在:这个"普遍必然"是神的或"纯粹理性"即先验的普遍必然(A)?是生物生理即动物本能、先天生理的普遍必然(B)?还是人类自己建立起来的实用理性(即在生物先天基础上的理性化提升)的"普遍必然"即客观社会性(C)?牟是 A,Munro 是 B,我坚持 C。我认为人类心理(亦即"人之所以为人"的主观方面),是生物族类的自然本性经由历史(集体)和教育(个体)所积淀而形成的理性化成果,其中包括理性凝聚的道德自觉或自由意志。亚当、夏娃不遵上帝旨意,即有了自由意志,选择禁果,被赶出乐园受灾受难,成为人的祖先。

问:A 是哲学,B 是科学,C 是什么?

答:C 是有科学含量和科学前瞻的哲学视角。其实,今天的社会生物学正是当年经验派哲学 Hume、Adam Smith、Hutcheson 等人将道德根源归结为人的"同情心"、"同情共感"的哲学视角的现代科学的具体展开:在生物学(生存竞争)和生理学(遗传基因)中寻找"利己"、"利他"的动物本能来解说人类的道德行为和伦理秩序。

问:你承继了这一视角?但又加上了 Kant,所以我说你是 Kant

加 Hume。

答：但并非简单相加。Kant 是理性主义，在道德哲学中，Kant 强调的是绝对脱离感性经验的先验理性即绝对律令，我却把这个理性放置在感性基础上而分出人性能力、人性情感和善恶观念三个方面。这三者形成了非常复杂的结构。

问：很明显，你的伦理学更重视人的内在的道德心理，而不是外在的伦理秩序，一开始你就区分伦理与道德。这与社会生物学也有契合之处。

答：是这样。伦理学可以从多方面去研究。我重视的是"人之所以为人"的内在文化心理结构各层面。所以我把 Kant 哲学说成是"先验心理学"，即认为 Kant 是从人性角度即"人之所以为人"的内在心理角度来研究"人是什么"这个大问题，这包括他的认识论、伦理学和美学。核心又仍然是理性与感性的关系、结构、形式，即我所谓的"自然人化"问题。

问：你是从美学开始讲 Kant 的，这有什么理由？

答：我一开始便特别重视 Kant 讲美感与快感的区别。Kant 认为美感是"判断"，这与其他哲学家如经验派很不同。"判断"一词本只用于理性活动，Kant 将它用于美感，实际是指明美感并非感官快适（快感），而是人的多种心理功能（如 Kant 所说的想象与理解）协同活动的结果。这活动中含有理性，只是这理性是融化、渗透在诸多感性（感觉、知觉、情感、想象等等）中了。

问：那么到底什么是"理性"？

答：这个词语至今未有公认的明确解说，而且始终是一大难题。一般说来，"理性"总与某种规范、秩序、原则相关，它经常以语言方式在人群中传布、展示和承继，而不同于个体生而具有并只属于自己的感官知觉、神经反射和各种情绪。我以为未来脑科学也许能揭示所谓理性就个体说，乃大脑皮层某区域某部位（如与左脑语言中枢相关）或整个大脑在外在文化环境作用刺激下所形成的某种神经机制。它对人的动物生理反应产生的各种不同作用、关系、通道、结构，便形成了人所特有的文化心理结构而区别于其他动物族类。我认为人的理性首先产生于制造—使用工具的群体实践中，所以从根本上我是将两个著名的关于人的古老定义即"人是理性的动物"和"人是制造工具的动物"沟通联结了起来。在百年来反理性主义甚嚣尘上泛滥成灾的时候，回到 Kant 的理性主义而加以调适，以不是超人类的先验理性而是维持人类生存延续的实用理性，从以脑科学为实证基础的人的文化心理结构角度来承续解说 Kant 所提"人是什么"问题，我以为是很有意义的。

问：这就是你的人类学历史本体论的 "hard core"："自然的人化"。首先是制造—使用工具使外在环境与人的关系产生根本变化，然后产生理性，使人的内在身心也发生了根本变化。

答：其实两者在时间上是平行的，只有逻辑上的先后。这里问题仍在于人的理性究竟是什么？它如何作用、关联于人的动物生理？所谓"结构"、"通道"究竟具体是什么？这都希望未来有科学的实证说明，但现在还不能。所以，我所说的人性能力等等都是"先验"心理学，不是经验的实证科学，而只是一种哲学视角。人性能力包括"理性内构"（认识能力，如只有人有数学和逻辑等等）、"理性凝聚"（意志能力）、"理性融化"（审美能力）。也如以前多次强调，审美能力由于理性与情感的关系不同，不是前者排斥、控制后者，而是参与、交融，使之不同于认识能力和意志能力而更为复杂多样，在审美这里，"能力"与"情感"经常混而为一。而自我克制、自我牺牲等意志能力习而久之，进入某种特定情感状态即美学—宗教的"圣贤"境地，就是美德，这也就是"以美储善"。如朱熹所云："凡人做好事，若只做得一件两件，亦只是勉强，非是有得。所谓'得者'，谓其行之熟，而心安于此也。"（《朱子语类》卷二十三）邢昺曾说，"德者，得也。物得以生谓之德"，把"德"与"生"联结起来讲，甚好，符合美学乃第一哲学义。

能力、情感与观念

问：回到伦理学，你说过"先有伦理，后有认识。认识规则（语法、逻辑）是从伦理律令中分化、演变出来的。这一点至为重要"（《第四提纲》）。

答：如上所说，理性是人类群体为维持生存延续在自己行为活动中所形成累积的一套规范、法则、秩序，经由历史和教育积淀在个体心灵中，并通由物质化的外壳即语言表现之。制造—使用工具的社会实践活动是在人群中进行的，从而这里的"主体性"当然就包括了人际关系即所谓"主体间性"。"主体性"与"主体间性"本不可分割。"主体性"本就是指作为群体的人与客体自然相互作用的生产—生活的实践过程（即所谓"狭义"的实践），其中即包含这过程中的人群（人际）关系。"人是理性的动物"在这里就显现为"人是政治动物"(Aristotle)。而认识论最基本的思维规律同一律、矛盾律，我以为首先来自群体社会实践活动中的二分法命令：做或不做，这样做或不这样做，以及后来是敌人还是朋友等等的实践要求，此即伦理学群体（主体间性）的行为规范、要求，它先于主体认识的思维规则。这就是我所说的"伦理先于认识"。附带再说一次，二分法本只是人类维系生存的一种实用命令、手段和方法，如我再三举例过的街道上的红绿灯，并非属于事物本身，包括主客体之分等等即如此。这手段和方法对人类生存非常必要，但也带来问题和缺点。

问：你是说伦理学上的善恶、好坏、敌我二分甚至是形成逻辑基本规律的祖先？

答：逻辑基本上是操作层面实践活动的产物[1]，但存在层面的人群伦理，要求行为、态度

---

[1] 参阅拙文《论实用理性与乐感文化》。

的是非对错明确二分，无疑也起了重要作用。我举过儿童看戏的现象。他（她）们经常要问：这人是好人还是坏人？现实中和戏剧中好人坏人本难彻底二分，但小孩总希望有个明确回答。为什么？因为他（她）需要确定对这个人的肯定或否定的情感态度。为什么要确定情感态度？是因为这才便于他（她）在行为活动中（包括在想象的行为活动中）如何对待。凶狠的灰狼、狡猾的狐狸（坏蛋），亲切的白兔、可爱的绵羊等千篇一律的童话故事，都是为了培育儿童的这种情感态度和道德心理，也就是培育善恶的理性观念和肯定否定的人性情感。理性的善恶观念在这里与好恶爱憎的人性情感是交融混合在一起的。中国传统讲的"是非之心"就是这种混合物，既有理性判断的是非对错，也有情感态度的好恶爱憎。有"情"也有"理"。

问：所以你的伦理学既强调人性能力（Kant），又重视人性情感（Hume）？

答：但仍然把人性能力（在伦理学，这即是意志能力）置放首位，由于理性对感性的绝对主宰才构成道德行为的特征，而为动物所无有。所以我不赞同把道德自觉的理性行为如牺牲一己等同于动物自然本性的"利他主义"，把恻隐、辞让、爱恶、是非"之心"都说成来自动物或动物也具有。三十年前我说过幼儿园教导小孩不要抢别人东西的例子，即说明所谓"辞让之心"既非天生（动物本能），也非"先验"（上天赐予），而是人为教育的结果。《礼记·内则》:"八年(八岁)……即席饮食,必后长者,始教之让。"这就是培育理性主宰感性的人性能力,亦即意志能力。中国古代说"礼"是"节文"也就是这个意思:有一套繁文缛节来规范人的行为、举止、活动、姿态、欲望、意念,强调作为人,要"立于礼"。可见,心理的"理"(道德自觉,意志能力)本是由社会的"礼"(伦理秩序,制度规范)所铸造成的,并非出于本能。"礼者,理也。"人不同于禽兽,也就在有"礼"(培育人性能力)"乐"(培育人性情感)。所以,我看重荀子。

问:再明确一次,你认为是道德精神的特征就在于此理性凝聚,由理性绝对主宰感性?

答:然也。我之所以要大讲 Kant,就是要强调道德行为的特质并非情感,不是什么"恻隐之心",而是服从理性命令。所以才有违背个人一己之私(包括情感、欲望、利益以至生命本身)即自我牺牲的道德行为,成为人们敬重、赞叹、仰慕、学习的崇高对象。它之所以崇高,正在于常常不是以经验苦乐为生存基础的生物个体的大多数人所能做到。由于"理性凝聚"主宰情感和行为,从而选择违抗生物生存避苦求乐的自然因果律,这才是"自由意志"。这是 Kant 伦理学要点,也是儒学伦理的要点。"富贵不能淫,贫贱不能移,威武不能屈",并非生物本性、自然本能,而是理性选择并决定的自由意志,此之谓"大丈夫",亦即人之所以为人之"本体"所在。将自觉的道德行为和自由意志归结为动物本能或自然本性，认为人做出种种自我牺牲只是顺其自然而无须考虑，无须选择（例如选择生还是死），无须思想斗争，也没有各种非常强烈的情感矛盾、内心冲突，这不符合经验事实。母亲为护卫子女而牺牲自己有自然本能的基础，相反则未必然，更无论其他的"利他主义"的行为了。利他并非只是本能的情感，在理性的伦理行为中，生物本能、遗传基因虽仍起作用，但毕竟不是决定性的因素了。

问：自我牺牲毕竟是少数甚或特殊的情况。

答：但在日常生活中，各种自我克制却仍然是这种理性对感性的主宰。不过，我之所以仍然讲 Hume，就是因为 Hume 提供了人类一般道德行为的助力说明。一般行为也就是社会伦理的一般原理，这的确是以个体生理苦乐经验为基础的群体秩序和规范。社会总由个体组成，两者利益追求一致是常态。在一般情况下，各个社会、时代以及宗教、文化并不要求每个个体时刻牺牲自己，即并不以违抗个体生存避苦求乐的情感自然要求为准则，从而情感如同情心、"恻隐之心"、"爱心"、"共感"（设身处地）便是人们日常生活中遵循伦常秩序的道德行为的重要助力。所谓"己所不欲，勿施于人"、"黄金律"等等也由此树立。所以，一般的伦常秩序便经常以培育这种"爱心"（肯定性的人性情感）为重要内容。但即使如此, 爱心、同情、恻隐等肯定性情感与仇恨、虐待、妒忌等否定性情感一样，如前所说，却仍然并非道德行为或自由意志的必要条件或充分条件，既不是无之必不然（没有同情或仇恨也能执行理性命令而自我牺牲），也不是有之必然（即使同情或仇恨也不一定能产生自我牺牲的道德行为）。它只是一种非常重要的助力因素，这在以前答问中应该已经讲清楚了。

问：如果培育否定性情感如仇恨，也可以执行理性命令，杀人如麻而无动于衷甚至引起兽性的愉悦，这难道还是"人性能力"和"自由意志"吗？

答：复杂性就在这里。所以才做出人性能力、人性情感、善恶观念三分。善恶本是一种观念，这种观念虽与个体苦乐有密切联系，但它们主要是一定时代社会群体所规范、制定、形成的观念体系、意识形态的一个部分。它们不是心理形式，而是具有特定社会意识的认知，并成为人性能力所执行的"理性命令"、"自由意志"的具体内容，同时它也渗透融化在人的情感之中而左右着情感。今天执行理性命令的人肉炸弹，在圣战者看来仍然是可敬重的人性能力的展现，只是他（她）们的善恶观念完全错了。恐怖分子为"圣战"（他们认定的"善"）而甘愿做人肉炸弹滥杀无辜，屡仆屡继，在展现自我牺牲的人性能力上并不亚于各种奋不顾身的英雄烈士，但恐怖分子杀害无辜，违反现代社会性道德的基本原则，激起现代人们普遍、强烈的否定性情感（在某些极端分子那里引起的也可能是赞颂观念和肯定性情感），便把本可尊敬的人性能力这个方面完全掩盖和抹平了。人性能力与肯定性人性情感和正确的善恶观念（如现代社会性道德所提出的是非对错）相结合，才能够得到现实的和历史的广泛认同和赞许。而培育肯定性情感（爱、恻隐之心）并以之作为善的观念的基础，也正是为了使人性能力得到良好的实现。把相互渗透、纠缠本难割开的能力、情感、观念先三分，而后说明其关系和联系，才能明确问题，否则难讲清楚。这里还得说明一点，并非所有否定性情感都是有害或错误的，如羞耻、自咎、惭愧以及仇恨等等，也并非所有肯定性情感都是有益或正确的。这都需具体境况而定，这只是心理形式而非具体社会价值的判定。

问：你是想区分作为社会意识的善恶观念与作为心理结构的能力和情感。

答：人性能力、人性情感都是个体所拥有的心理形式和结构，它们都有特定的生物生理基础（不仅人性情感，包括人性能力的脑结构或通道，如前所说，也以动物拥有忍耐、等候等自我克制的自然本能为基础），而善恶却完全是经由社会意识灌输给个体的理性观念，并随不同社会、不同时代而变迁、差异甚至冲突、对抗。在中国，氏族体系基础的先秦与专制统一大帝国的后世，善恶观念和标准便不完全一样。先秦儒家讲君臣"以义合"、"合则留不合则去"，相对"平等"、"自由"。后世却是"君虽不君，臣不可不臣"、"臣罪当诛兮，天王圣明"，父子、夫妻关系也基本如此。近代谭嗣同则提出"君臣，朋友也"、"父子，朋友也"等新的社会伦常秩序和新的善恶观念，"五四"时代更明确地提出"反对旧道德，提倡新道德"，追求自由恋爱，背叛家庭，猛烈抨击"二十四孝"，颠覆了过去的善恶观念和是非标准。可见，善恶是有变化的理性观念，说人性本善、人性本恶、人性善恶混等等，不仅缺乏意义，而且把许多问题搅在一起，反而弄不清楚了。可见，由于道德观念（善恶标准）的变异带来的人们行为的变迁，更不是生物因素、遗传基因所能解释的。

问：既然善恶观念和道德标准因时代而异，为何又说共同人性？

答：个体离不开群体，每个社会群体为维持其生存、延续都要对个体做出各种行为的规范和准则，有时并要求个体做出各种牺牲包括牺牲生命，这也就是社会的伦理秩序。各种伦理秩序、行为规范虽因时代、社会、文化、宗教而大有差异、矛盾或对抗，但在为群体而约束甚或牺牲一己这一心理形式上却是共同的。它们在组建脑神经不同于动物的通道、结构上是相同的。这是就人性能力说。就人性情感说，也如此。阿Q临刑前因画不好圆圈而羞愧，小孩因考试失败而羞愧，吴梅村、钱谦益因降清而羞愧……尽管其性质、内容、程度、大小、轻重绝不相同，但羞愧这一道德自觉的心理形式结构即人性情感却又是相同的。这如同在认识领域内尽管思维内容不同，语言文字不同，但遵循形式逻辑基本规律的思维形式却又是共同的。此外，各社会时代、文化、宗教的善恶理性观念也有相当一致的地方。在相对性的善恶观念中也可以积累许多共同的、绝对的、普遍必然的理性原则、规范和观念，体现为"共同人性"。所以这共同人性也包括上述三个方面。由此可见，把共同人性说成是生物本能的普遍性，或先验理性的普遍性，都是简单化了。

问：你说"道由情生"、"道始于情"的中国儒家比仅仅服从理性命令的 Kant，也比 Jesus Christ 的情爱更具有人类普遍性？

答：这也是区分之后的联结，理性凝聚的自由意志是人性能力，推动这人性能力是人性情感。将人性情感如爱人建立在理性观念之上（墨子的"兼相爱，交相利"、基督教的上帝的爱耶稣的爱、伊斯兰教的真主旨意……都是以特定观念认识如上帝、耶稣、真主为前提），就不如建立在人生而秉有的生物自然本性（观念之前已拥有，如婴儿、动物的亲子爱）再加以理性化提升。因为它有自然本性即生物因素、遗传基因的强力支持。Munro 对比基督教与孟子，有类似看法，我很高兴"吾道不孤"。

问：何谓"理性化提升"？

答：即将动物的自然本性予以自觉认识、社会解说和系统培育、教导，使之巩固、明确、传承和扩大。这当然是通过各种伦理规范和群体秩序而实现的。动物的亲子爱似乎主要在母与子女之间，子女成年离走后即结束，而且常常是单向。中国儒家却把这种生物的自然本性解说成超越的、先验的、具有神圣性永恒性的"天经地义",不仅要求父(不只是母)慈子孝,并扩展到幼"人之幼"、老"人之老",并将父子、夫妇、兄弟关系,扩大到君臣、朋友("迩之事父,远之事君","四海之内皆兄弟也",以及诗文中以男女喻君臣等等)。将生物的自然本性提升为一整套观念体系和制度秩序,以之定出是非观念、善恶标准,这也就是"缘人情而制礼"(司马迁《史记·礼书》),并将培育三者(情感、能力、善恶观念)合为一体,成为"道由情生","天命之谓性,率性之谓道,修道之谓教","天—命—性—情—道—教"(郭店竹简)。这是中国文化伟大的"转换性创造"即自然人化:人由自然人变为社会人。

问:你大讲"情本体",认为情感是人生的根本实在,但又讲人性能力是人的骨骼,情感只是血肉,似乎前者更重要,这不矛盾吗?

答:这其实仍是理性、感性的问题。我强调人是理性的动物,但人如只是骨骼,也就变成了僵尸死骨而不是活人了。前面讲"三分"是理想型的分类,实际上在人的各种人性能力中,也渗透着各种情感:从学习到发现发明,各种认识真理过程中的苦恼、困惑和快乐,各种道德行为中的肯定否定感情如敬重、景仰、自豪、仁慈和羞耻、悔恨、惭愧、自咎,等等。人性远不只是作为骨骼的"能力",人类独创的灿烂文化和文明所带来的各种观念对作为动物生存的人及其心理各因素有着多方面的正负作用,因之也将所谓"人性"弄得异常复杂。作家、艺术家在各种作品中所描绘的形形色色的人性，包括文明带来的欢欣幸福和压迫痛苦。痛苦中所宣示的崇高和怯懦，幸福中所产生的愧疚和罪孽，各种极端的或说不清道不明的人生境遇和生活体验，包括快慰与创伤同行，高尚与卑劣共体。乖戾中有真情，真情中有虚伪，包括人们欣赏并快意于现实中绝不愿意亲自尝试的种种经验、境界、苦乐……便极其复杂、多样、微妙和丰富。我之所以用 DNA 来讲述审美心理，即以此故。这都属于人性，而非神性、机械性或兽性。这也就是我所概括为"情本体"的实在人生。所以我一方面讲超脱自然因果的自由意志（理性凝聚，虽然在大脑机制上并未超脱），另一方面，又讲自然因果的生物因素的理性化提升。二者相通却又有区别。"自然人化"和"人自然化"是一个极为广阔深邃的课题和领域。

幸福是否伦理学命题？

问：你说只讲内在道德，为何又讲"宗教性道德"和"社会性道德"这两种外在伦理规范？

答：因为现代中国人的许多心理矛盾和情感冲突都与此相关。明确两者的特征本质，明确作为现代社会性道德最高准则，即为 Kant 所概括出的"人（个人）是目的"，乃公共理性，很有必要。前次答问说过，我对 Kant 的解释有两个层面，即人性能力的心理形式层面和现代社会性道德的时代内容层面。虽然两者都被认为具有普遍必然的绝对性，实际上只有前者如此，后者仍然只是特定（即现代社会）时空条件下的产物。所以我说古代的中西社会或今天的战争时期，"人是目的"便没有也不可能有。我用这两个层面解释 Kant 伦理学含义，前人似乎没有说过，自以为可能解决 Kant 研究中的一大难题。

问：你把 Kant 的先验形式解说成心理形式，并认为这心理形式是人类通由历史（群体）和教育（个体）自我建立起来的，倒与你三十年前《批判》一书讲的认识论的先验普遍必然性实际乃人类的"客观社会性"相当一贯。但既说"人是目的"只是现代社会性道德，又说它也有"普遍必然性"，这如何说？

答：这"普遍必然性"也仍然是人类的"客观社会性"。由于我不相信人类历史将全面倒退，因之，出现和成熟于现代生活的社会性道德便成为和将要成为人类的一种普遍性价值和原则。所以我明确反对否弃启蒙理性大开倒车的各种时髦理论和思潮。

问：但你又说要用中国传统来弥补启蒙理性的缺失？

答：我以"道由情生"的中国宗教性道德来"范导"（而非"建构"）中国现代社会性道德，却根本不赞同把传统"民为贵"等等与现代的自由、民主混同起来。中国现代社会性道德只能以中国现代社会的成长发展为基础、为"本体"。虽然"民为贵"的传统可以作为重要资源起特定范导和适当建构作用（如不只凭理性原则而重合情合理,实行法治秩序又重视人治道德等等,以前我多次举过"秋菊打官司"的例子),但任何文化资源、宗教信仰却都不能成为"体","体"只能是人民大众的日常生活。日常生活是"体",文化、宗教只是"用"。

问:你强调外在伦理的历史性质,难道"人生而平等"也是时代的社会性而非某种永恒的先验的或自然的人的本性吗?

答:这问题上面不已经回答过了吗?人生而平等并非自然本性,也非先验原理。猴子王国有等级制,强者为王,没有生而平等。中国、西方的古代也没有"人生而平等"的观念,传统中国家庭中父子能平等?君臣能平等?连夫妇都不平等。古希腊也一样,自由民和奴隶平等吗?"人生而平等"以及自由、人权、独立等等都是现代社会的理性观念,它们只是现代社会性道德和法律。好些学人喜欢完全脱离特定的时空物质环境如各种生产、生活的实践水平和方式,来大讲永恒不变的绝对价值、人性意义等等,我一直持怀疑和反对态度。

问:伦理学一般都讨论幸福问题,为何你没谈?

答:幸福归根结底是个体的某种主观感受。这感受并无一定标准,A感到幸福的,B感到痛苦。只有在物质生活层面上,即在维持生命生存的方面,可以有共同标准,丰衣足食总比挨冻受饿幸福,身体健康总比疾病缠身幸福。但仍然有些人以生活贫困甚至身体痛苦为幸福,因为他们认为这样才能得到或已经得到某种精神上的超越、提升、满足、快乐和幸福。所以我说幸福是一个美学或宗教问题。

但既然在物质生活层面一般仍有共同标准可言，幸福也就可以、也应该成为一般伦理学和政治哲学所研讨的课题，亦即讨论以苦乐经验为基础的人们物质生活即现实社会中的公平、公正、原则、规范等等，也包括研讨现实生活、人际关系的婚姻、家庭、恋爱、友谊、自然环境种种苦乐感受和合理关系等"幸福"问题。但这些确乎不属于我的讨论范围。

问：现代社会性道德如自由、平等、人权、民主等本身不可以也是宗教性道德吗？

答：对某些个体来说，的确可以把它们作为自己毕生追求的生活目标、人生意义、绝对价值和情感信仰，即以"对"为"善"。现代好些仁人志士就是如此。但它不可以成为要求每个人都必须信奉的宗教性道德。因为这恰恰违背了现代社会性道德的基本原则。现代社会性道德正是以只要不严重伤害别人，便必须允许、认可不同个体选择和决定自己的人生目标、生活意义、绝对价值、宗教信仰为基本原则。现代社会性道德强调情感、信仰的极大宽容、多元和差异，否则便无所谓"自由"、"平等"、"独立"、"人权"了。因之如拙作《历史本体论》所再三阐明，理性的"对错"并不等同于有情感、信仰强大因素在内的"善恶"。尽管"对错"经常激发或伴随强烈的情感和信仰，但并不要求人们一致奉行某种情感和宗教。现代社会性道德只是公共的理性规范，即以遵守法律为重要特征的一整套行为准则和它们在个体心理中的自觉呈现。

问：你说现代以前，两德（宗教性道德与社会性道德）合一，那儒家讲的"仁"、宋明理学讲的"德性之知"是道德境界还是宗教境界？

答：两者都是。但"德性之知"与"闻见之知"（认知、知识）究竟是何种关系，却始终是儒学的一个老大难问题。朱熹强调"格物致知"，"下学而上达"，想通过对世间秩序的认知和肯定（"穷理"）来达到或取得内在心理的与"天"（"天"，即"理也"）同一的最高境界。是否可能呢？陆王派反对。于是聚讼纷纭，争论激烈。进入现代，世间秩序大变，所"穷"之理与心性道德修养更截然分途，甚至冲突矛盾。在辛亥革命君臣一伦崩毁后，占据正统的朱子儒学终于垮台。

问：但在教育即培育人性上，朱学似乎有道理？

答：朱子强调读书穷理，格物致知，强调逐一并仔细认知、分辨是非善恶，且不管其是非、善恶的具体内容，在强调文化观念转入、渗透个体心理即积淀这一要点上，不像陆、王强调心灵直觉、不重理知分辨、容易流向随心所欲的自然人性论上，有它的优胜处。但后者（陆、王）却又有解放思想打破陈旧观念的好作用。朱学在强调人用理性观念主宰感情的自制力、意志力等人性能力的培育上，王学在培育同情心、共同感的仁民爱物的人性情感上，各有千秋。

问：你讲中国传统的宗教性道德可以对现代社会性道德有所范导

和适当构建,并提出"美学是第一哲学"的本体论可以在政治哲学展开为"和谐高于公正",这似乎是一个新命题,如何讲?

答:由于文化传统不同,各民族进入现代社会,其现代性、现代社会性道德和政治哲学也会有差异,以自由、平等、独立、人权、公平、互利这些普遍价值为原则的具体实现形式也会有差别。

但第一,政治哲学是专门领域,我乃外行,无法多讲。第二,更重要的是,现实中还缺乏这方面足够丰富的实际经验,仍然需要时间积累,过早仅凭文本来具体讨论设计,常常无益,**而且有害**,有害于公正原则作为普遍价值的实现。因之,下面也就只能抽象地简单地说说。

"公正"作为西方政治哲学的最高范畴,是理性的是非判断。理性、言语(语言)占据西方哲学形而上学和本体论的中心。即使在情感上,基督教和希腊哲学的结合使"最后审判"和"道成肉身"的爱,也具有理性的 logos 特征。上帝、耶稣的爱是原动力,是第一位的,如前已指出,这在心理上仍然是理性(观念)胜出(动物和婴儿便没有上帝、耶稣的观念)。中国则由于以理性化的自然本性为基础,强调"道始于情",不以"理"而以"情理"(合情合理、情理和谐)为基本准则,形成以"天人合一"、"乐与政通"为最高理想的方向和心理。孔夫子说:"听讼,吾犹人也;必也,使无讼乎。"(《论语·颜渊第十二》)这就使"讼"即有关公正的判决居于次要地位。

而"和谐"(人际关系的和谐、人与自然关系的和谐、人的身心和谐)则成为最高准则。我以为,这可以为中国现代社会性道德、为中国的现代性创造出某种既具民族资源也有人类普遍性的新东西。这是我所讲的中国传统的宗教性道德对现代社会性道德的某种范导和适当建构,这也就是"西体中用"和"转换性创造"。

问:中国传统的宗教性道德早已丧失殆尽,何来范导和适当建构?

答:我曾认为,"中国文明有两大征候特别重要,一是以血缘宗法家庭为纽带的氏族体制"[1]。这个体制在后世以"三纲六纪"的伦常秩序构成中国传统的宗教性道德(亦即当时的社会性道德,二德合一)。其基础却是以温情脉脉的亲子家庭关系为主轴而长久流传。现代表层结构的"三纲六纪"崩毁殆尽,但重生(生命、生活、生存)、重情(亲情、人情、乡情、山水花鸟之情)的文化心理深层结构却仍存在[2],并呈现在人们的习俗和意识中。只要家庭不消灭,此情、此在、此理便将长存。在理论思想上,从《周易》到董仲舒到宋明理学甚至到康有为、谭嗣同,他们所讲"天地之大德曰生"、"仁,天心也"、"体仁"、"仁,以太之用"等等,都将人的情感赋予了整个宇宙自然天地万物,构成了乐观情感的宇宙观和本体论[3]。今天历史本体论所提出的"美学是第一哲学"和"乐

---

[1] 《己卯五说》中《说巫史传统》。
[2] 参见拙文《初拟儒学深层结构说》(1996)。
[3] 参见拙作《中国古代思想史论》。

与政通"、"和谐高于公正"仍然是这一传统的理论承续。但承续的却不只是经典文本,它仍然以现实中国人的生存特征为依托为基础。

问:你这样大讲中国传统与近些年来的内地"儒学热"、"国学热"、"孔子热"有何关系否?

答:毫无关系。1985年出版的《中国古代思想史论》就讲中国传统,提出"实用理性"、"乐感文化"等等,当时处在反传统的热潮中,曾遭凶狠批评。《论语今读》始写于1990年,出版于1998年,幸亏出版得早,今天我就不会拿出去了。许多年前我讲过,要继承的主要是中国传统的"神"(文化精神)而非"形"(表层形态)。这表层形态不只是典章制度、仪文礼节,也包括过去的儒学理论、词语观念等等。至于"神"当然可以各有所见。我历年提出的"实用理性"、"乐感文化"、"'度'的本体性"、"情本体"、"一个世界"、"儒道互补"、"儒法互用"、"巫史传统"等等就是朝这个方向的努力。

问:"形"不存,"神"又安在?

答:我上面所说的"形"只是指儒学或传统的表层结构和形态。真正寓"神"的"形",是"体",即中国十几亿人的现实生活,这是二三十年来我一直强调的儒学的现实根基。钱锺书《管锥编》引证大量材料,说明"形用"即"体用"即"质用"[1]。这里的"形"、"体"、"质"均属物质或物质性,倒可

---

[1] 钱锺书:《管锥编》,中华书局,第4册,第1422页,增订本第2页。

以作为我多年所讲现实生活才是"体",文化只是"用"的文献资料的佐证。所以我既讲承续中国传统,又坚持"西体中用",在"中用"过程中发展"西体"而影响世界。大家知道,我一直反对以"气"、"意志"、"需要"、"欲望"、"生命力"、文化、纲纪、传统、伦常道德、意识形态、儒家学说等等为"体"、实质仍在维护官本位专制体制的各种"中体西用"说。这也就是我一直主张的"西体中用",它是一种"转换性创造",而不是"创造性转换",不是"转换"到某种已有的模式(如西方模式)中去,而是凭依中国传统的宗教性道德即儒学精神的范导和适当构建,改良性地(亦即转换性地)创造出一套首先能成长在中国以后逐渐能慢慢地普及和适应到全人类的新的政经体制和伦理道德。

问:你这个补充说明似乎只是重复已经讲过的问题。

答:我说过"重复有一定好处",希望引起读者注意,同时也是这个"同心圆"[1]的自我完善。本来就讲得非常简略,补充一些,也仍然是挂一漏万,远不完备,但只好如此了。

(原载《哲学动态》2009年第11期,原题为《关于"有关伦理学的答问"的补充说明》)

---

[1] 拙作《实用理性与乐感文化·后记》。

新一轮"儒法互用"(2009)

善是什么

问：你这几篇伦理学答问是否太简略了？

答：所以称它为"伦理学纲要",即哲学伦理学。它不涉及伦理学许多具体问题,它不是规范伦理学,不是德性伦理学,也不是元伦理学,它主要是从人类学历史本体论的情本体角度来讲的伦理学。

问：你把道德与伦理作内外二分,在字源上似无根据。

答：对。moral、morality 源自罗马拉丁文,ethic、ethics 源自古希腊文,但经常混同使用,中文也如此。我特意将之二分,是为了突出内在人性(人性能力、人性情感和某些共同的善恶观念)与外在人文(一定社会时代的善恶观念、秩序、礼俗、制度、风习)二者的区分、联系和复杂关系。我以为这一内外区别以及将道德分为宗教性道德和社会性道德,将人性分为能力、情感、观念，有助于厘清德性伦理学与规范伦理学、应该如何做人（to be）与应该如何做事（to do）等等一直纠缠不清、争论不休的问题。

问：很明显，你认为善恶作为一定社会时代下的观念、规范、准则，本与人性无关？

答：我是自然人性论者。人生下来如同动物生下来一样，其本性无所谓善恶；但由于成长在人类的历史环境中，在动物本能基础上，才培育和积淀出人所特有的人性能力、人性情感和某些共同的善恶观念而区别于动物，即中国古人所谓的礼义乃人禽之别。

问：你不赞成先验论，认为外在伦理造就了内在道德。

答：对个体和群体讲，都如此。我多次举过小孩必须受教育的例子。

问：既然不能说人性本善本恶，那么"善"究竟是什么呢？有没有普遍必然的善或"最高的善"，即"至善"呢？"善"不经常是伦理学的主题么？孟子讲性善，Plato追求探索善的本质形式。

答：我刚才已说了，善恶作为特定时空环境下人的观念，是有变迁差异的。Hegel说"世界的历史"（world history）就是"世界的公正"（world justice），也是强调善恶的时代性、相对性。我虽然赞赏历史主义，认为今天的善恶主要是公德的对错，但也认同不同文化、不同宗教所追求的道德"至善"或"最高的善"、"自足的善"、"绝对的善"等等，我称之为"善本身"或"善的本源"。正是这种宗教性道德对"善本身"的追求，显现了伦理在历史相对性、时代性中积淀出的人性能力、人性情感以及某些善恶观念的绝对价值和独立意义。各文化、宗教、哲学对此"善本身"有不同的解读，有的归诸上帝、神灵，有的归诸理式、理性，有的归诸天理、良心，我则归诸人类总体的实践活动。

问：你的《美学三题议》[1]就界定"善"为"人类主体的实践活动"。该文说："人类作用于现实世界的感性物质力量，是一种有意识有目的的实践活动，具有不同于动物的社会普遍性质，名之曰'善'。"这就是你的"善本身"或"善的本源"？

答：时间真快，转瞬快50年。当年这个说法，我仍然坚持。这个"人类主体实践活动"是指人类总体，多年文章中我再三讲的"人类生存延续"，不正是依存、实现和可等同于人类主体（总体）的实践活动吗？人性情感和人性能力中的许多素质、品格和美德以及善恶观念，不也正是产生于这一实践活动过程之中，并为此活动服务的吗？所谓"有意识有目的"，不就是在目的意识支配下的理性凝聚或自由意志吗？

问：你既提出善恶与对错区分，强调善恶观念的相对性和社会时代性，为什么又要讲"善的本源"或"善本身"呢？

答：这是任何伦理学回避不了的，而且我既讲宗教性道德，当然就有这个"善的本源"或"善本身"的问题。

[1]《哲学研究》1962年第2期。

问：你将"善本身"作为

人类总体的实践活动，但又强调具体的善恶是随时代社会而变易不居的，这如何衔接？

答：第一，上次答问中已讲，善恶观念也有共同性的部分，并认为 Kant 讲的四例——不说谎、不自杀、助别人、禁怠惰，是任何群体维持生存延续的强（前二者）弱（后二者）必要条件，对人类培育人性能力（如毅力）、人性情感（如诚实）有共性。但它们又仍然不能作为绝对的善恶律令来主宰每一具体行为。这一点，前答问中已讲得很多了。

第二，并非任何实践活动都是善。纳粹的实践活动、恐怖分子的人肉炸弹、今天大量毁坏自然环境以及许多个体或群体的实践活动，都不是善，而恰恰是恶，是错，是对人类总体实践活动的逆反和犯罪。所以"人类总体"与我提出的"人与宇宙自然的协同共在"[1] 一样，是一个目的性的范导理念，它与其他哲学或宗教提出上帝、神灵、先验理性、天理良心作为"至善"的范导理念之不同只在于：它具有物质性。

问：记得你批评先验理性时说，什么是先验，什么不是先验，很难划定界限。你这个"人类总体"是否有同样的问题？

答：不然。先验（transcendental）常随意扩大，Kant 讲的只是"纯粹理性"，后人就扩大到了神圣性、精神性等等。"人类总体"无法扩大，任何群体或个体的实践都不是人类总体；"总体"还不同于"整体"，因为它不只是当下人

---

[1] 见拙文《论实用理性与乐感文化》（2004 年）、《关于"美育代宗教"答问》（2008 年）。

类全体或整体，而且还包括过去与未来在内的整体和个体。

问：那么你这个"人类总体"和"人类主体实践活动"不就是空概念吗？

答：不空。但它作为目的性的范导理念，与经验性的知识概念不处在一个层面；因之，不能把善本身、善的本源与由社会时代决定的善恶观念混为一谈。

问：Hegel 说，恶是历史的动力，贪婪使资本家发财，当然也可造福社会。那么，贪婪是善还是恶？一些伟人品质甚坏而成就斐然，是善还是恶？

答：这也是把不同层面的问题混为一谈。更重要的是，历史在悲剧中前行，幸福与道德常不相伴，需要具体析辨。一般来说，资本家并不光靠贪婪恶行就能发财，他（她）们还有其他可以称道的素质和品格。而狡诈凶狠的伟人，尽管雄才大略，人们肯定其历史功绩，却并不一定有道德上的认同。相反，一些受人景仰、追慕的人物，却常常是或事功不显或功败垂成。古话说，"不以成败论英雄"正可说是从伦理角度着眼的。

问：你这伦理学是否功利主义（utilitarianism）？

答：不是功利主义的"最大多数人的最大幸福"，而是每一个人都是目的，但这需要漫长的历史时日才能实现。《历史本体论》中"两种道德论"一开篇就引 Einstein 的话："我认为伦理学只是对人的关怀，并无超人类的权威立于其后。"我说过，任何以完全超越个人生存的理性或非理性的名义或事物作为道德本源，容易导致危险。我所强调的"道德价值有绝对性"仍依存于人类总体生存延续这个血肉躯体之上，无人类，便无善（道德价值）、美（审美价值）之可言。而且我的"人类总体"强调"个人生存"，特别是在现当代。

问：30年前的《批判》，你以"人类如何可能"来回答"认识如何可能"，伦理学中你又以"人类总体"来替代"先验理性"？也许因为上帝造人已渗入西方人的无意识层，便提不出"人类如何可能"、"人类总体"之类的问题？

答：我提出这些，正是中国非人格神的"天行健"、"人性善"的"有情宇宙观"的哲学言说。我所说的"善本身"、"善的本源"，是人类（总体）的生存延续，是人类总体的实践活动，不正是中国庆生、厚生、乐生的传统吗？这不正是"天、地、国、亲、师"，"人与宇宙自然协同共在"的宗教性道德吗？

问：你不断说人性本无善恶，怎么突然又跳出来一个"人性善"？

答："人性善"只是指个体由于将参与人类生存延续的总体实践（至善）而"性善"。就中国传统说，"人性善"与"天行健"一样，是儒学的有情宇宙观[1]，它只是关乎信仰、情感的宗教性道德，即相信人性本善。当然，按经验知识和自然人性论，人的天性本无善恶，这（并不是性恶论）才是公共理性的现代社会性道德的理论依据。

问：那宗教性道德又如何"范导和适当构建"现代社会性道德呢？

答：在这关键点上，两德

---

[1] 拙文《哲学探寻录》，1994年。

是不同甚至对立的,所以我才强调两德的区别。但与相信"原罪"或"人性恶"的宗教性道德(如基督教伦理)一样,相信"人性善"的中国传统可以范导和适当构建人性本无善恶的现代伦理,使之更多注重同情、感化、和睦、协调,防止理性强制的泛滥,从而走出一条中国模式的法治之路。这也就是"新一轮的儒法互用"。

问:这就是"外王"的政治哲学的方面吗?

答:是也。

和谐高于公正

问:"上帝死了",理性崩毁,Nietzsche 和 Heidegger 都嘲笑伦理学,后现代以来的道德虚无主义变成了今天的伦理学理论的浩荡潮流,你如何看?

答:正因为此,我才提出"情本体"、"美学是第一哲学",以及由此而出的"和谐高于公正"等命题,认为以传统为基础,争取从理论上摆脱这一潮流,将有助于中国走自己的路,并有人类普遍性。前面将人类总体的实践活动作为"善本身"或"善的本源",就是想化解西方伦理学中自然主义与非自然主义、功利论与义务论,"善的本源"是经验苦乐还是上帝或理性、是生物学路线还是神学路线的种种纷争,以阻挡当代道德虚无主义。

问：虽然你没讲幸福，但你说伦理学一分为二，即美学—宗教哲学和政治哲学，两者实质上都关乎幸福：精神幸福和物质幸福。你的"美育代宗教"讲了精神幸福，你又大讲"吃饭哲学"和现代社会性道德，是否包含了一个政治哲学系统？

答：不敢这么说，因为我没专门研究过政治学。但我提出的"历史与伦理的二律背反"（1980）、"历史在悲剧中前行"（1999）、"两德论"（1994）和"经济发展→个人自由→社会公正→政治民主"四顺序论（1995、1999），"要社会理想，不要理想社会"（1994），以及"欧盟是走向世界大同之道"[1]（1992、2002）等，可以在我的人类学历史本体论基础上展开政治哲学系统。但我没能力做了。

问：上世纪末以来，你提过"新一轮儒法互用"，能否再讲几句？

答：再讲也仍然简单。在"内圣"方面，我以"未知生，焉知死"来渗入Heidegger，在"外王"方面，我以"新一轮儒法互用"来化解自由主义。我以为，从上述庆生、厚生、乐生和天地人共存的珍惜、爱恋的"情本体"出发，以维护血缘家庭并扩而充之为基础，它所产生的己群和谐以及身心和谐、天人和谐，将高于主要以理性裁决为特征的"公正"。这就是上面讲的中国传统宗教性道德（天、地、国、亲、师）对现代社会性道德（自由、平等、人权、民主）的"范导和适当构建"。

问：你说正如中国哲学缺乏 truth（真理），中国伦理学缺乏 justice（公正）。

[1] 拙文《关于民族主义的对话》。

答：这太夸张。但我以为，中国的"义"译为 righteousness、justice 都不很准确，也许可以译为 obligation，它是人对五伦、家国和宇宙自然所应承担的义务。"义"，"宜也"。为何宜？如何宜？与"理"有关，但根源却在"情"。我一再讲"道由情生"，即是之谓。在西方，作为公正问题核心的公私区别和对立，从 Plato 以来便非常突出。脱离了家（私）的关系，"公正"作为平等的城邦自由民的政治关系（公）的准则，高悬法庭，理性至上。中国不同，原典儒学是礼乐论，是以亲子关系为主轴构建合情合理、情理互渗的社会政治关系，从家庭、氏族、部落、国家到天下，虽然有一定的理想化，但和谐却是明确的总目标，强调人不只是社会理性的、秩序制度的，同时也是人际情感的、心灵和同的。"公正"来自"理"，"和谐"出自"情"，但无"理"的规范，"情"也无从实现，此之谓"合情合理"、"通情达理"。

问：你在《说儒法互用》（1999）一文举出"屈法伸情"、"原心论罪"、"重视行权"、"必也无讼"，说"儒"的渗透使"法"产生了很大的灵活性、伸缩性、情境性。这个"礼法交融"延伸维持了秦汉以来两千多年的中国政教文明，是否也是今天政治哲学所应研究的一笔思想遗产？

答：我抄一段陈寅恪的话做回答吧。陈说："汉承秦业，其官制法律亦袭用前朝。遗传至晋以后，法律与礼经并称，儒家《周官》之学说悉采入法典。夫政治社会一切公私行动莫不与法典相关，而法典为儒家学说具体之实现。故两千年来华夏民族所受儒家学说之影响最深最巨者，实在制度法律公私生活之方面。"[1]

问：但你又坚决赞赏反孔、反儒、反礼教的"五四"启蒙运动。

答：两千年特别是明清末世以来，在忠孝仁义的光昌道德律令下，的确大量"杀人"、"吃人"，僻远山区的贞节牌坊和通奸沉塘的礼俗比比皆是，如我多次引戴东原、康有为、谭嗣同、宋恕所说"三纲五伦之惨祸烈毒"，"如地狱矣"，在不把人当人的时代，提出人是目的的自由、平等、人权、民主，即使一时偏激，也非常必要。

问：你不是讲"度"吗？

答：我讲的"度"，是一种**动态性**的结构比例，它随时空环境而变，并非一味地永恒地是中间、平和、不偏不倚，那恰恰不是"度"。一时的偏激，从整体来看，可以是一种"度"。经验告诉我们，矫枉常须过正，不过正难以矫枉。但又不是凡矫枉必过正，需视情况而定，这才是"度"的艺术。

问：你不是"要改良不要革命"吗？

答：我从未一般地否定革命，而是反对一味地歌颂革命，认为革命带来的负面作用值得重视。

问：现今学人反对"五四"，也许是想从中国儒家传统找出与自由、平等、人权、民主等现代观念接头的因素。当然也有学人完全否定这些现代观念，

---

[1] 陈寅恪：《冯友兰〈中国哲学史〉下册审查报告》。

要回到原封不动的"三纲政教"。

答：我抄自己一段话作答："在古典自由主义文本中，我仍然倾向于 Tocqueville。他重视自由与民主（平等）的尖锐矛盾，而以协调为解决之道。如果把它放在我所主张的马克思主义吃饭哲学（科技生产力的发展是这个 Tocqueville 所谓'大势'、'天意'的根源）和儒家'中庸之道'（'度'的艺术）的基础上，结合总结世界特别是中国自己的历史经验，加以吸取同化，希冀或可在制度层面上开拓新一轮的'儒法互用'。"[1]

问：这如何讲？

答：又重复一次："自由主义这种'原子个人'、'自主个体'与注重社会关系的中国儒学距离甚远，而社群主义则更为接近一些。"[2] 所以我一方面提出"两德论"，赞成 Rawls 的"重叠共识"（overlap consensus）实即"脱钩论"（与传统脱钩），认为"权利优先于善"，另方面又以为中国传统哲学的情本体可以渗透、融化在以个人权利和社会契约为核心的现代法律、风俗、制度之中。我是提倡启蒙，超越启蒙。一方面我赞赏谭嗣同说"父子，朋友也"，但我又主张子女对父母亲情应有适当的法律设定，如此等等。

问：这似乎与你强调寻求的中国现代性有关？它与"新左派"所强调的有何区别？

答：现代性本与现代化相

---

[1] 拙文《说儒学四期》，1999 年。
[2] 同上。

关，也与自由、平等、人权、民主等启蒙理性观念相关。我所强调的中国现代性是以上述价值和观念为基础（现代社会性道德），融入中国传统的情本体（宗教性道德），以做出转化性创造。这与新左派搬用后现代、后殖民诸理论，反对启蒙理性，主张文化相对主义等等来寻求中国的现代性根本不同。

问：这就是你所说的传统的宗教、伦理、政治，由"礼教三合一"化为"仁学三合一"。

答：对。如《"说巫史传统"补》（2006）所说："建立在现代生活的'社会性道德'基础之上，又有传统的'宗教性道德'来指引范导而形成新的统一，以创造出新形式新结构的'宗教、伦理、政治三合一'。它就仍然可以是'天地之塞吾其体，天地之帅吾其性；民吾同胞，物吾与也'（张载《西铭》）的精神，这便是对传统的转化性创造。"（此词"转化性创造"与"转换性创造"在拙诸作中同义使用）对物自体—宇宙自然的敬畏崇拜（参见拙作《关于"美育代宗教"答问》）正是"天、地、国、亲、师"中国传统的转化性创造。

问：你这个"儒法互用"并不突出宋明儒学和现代新儒家的道德主义，也未突出主张私人美德的精英主义或人治德治。

答：我坚持法治，辅以人情，而不是相反。但又重视传统德治、人治中的情本体精神如何能注入到现代法治中。我也重视作为"治人者"的各级官员们的道德，但首先仍然是公德，即遵循法律、按章办事、尽忠为国、献身职守，包括救火队员、战场官兵的奋勇牺牲，**这都是公德**。至于这些公德如何与他们的个人信仰和对人生价值、生活意义的追求（私德）相衔接或不衔接，那就属于宗教－美学范围了。

问：你也多次批评了作为现代社会性道德基础的自由主义的各种理论。

答：有意思的反讽是，自由主义的原子个人论，本是对历史的虚构，却成了今天的真实。本书摘引的各篇都做了很多批评，其中没有提及的而应该一提的是，今天大量单亲家庭对少儿心理的负面影响。这些都说明，在理论上探索"新一轮儒法互用"对走出中国自己的路，是有人类意义的。但所谓"和谐高于公正"，是就人类未来远景、是就中国对未来世界的贡献来说的。作为它的哲学基础的"情本体"是我上世纪就提出的。但从当时至今，我一直认为，目前首先要重视的，还是公共理性、公正、现代社会性道德在中国政治和社会生活中的严重缺位，所以仍然要强调"权利优先于善"（指优先于各宗教、文化、哲学所宣讲的善恶观念），尤其要警惕各种"性善论"、"和谐论"来掩盖、贬低和阻挠以"公正"为基本准则的现代社会性道德特别是其制度的真正建立。

问："和谐高于公正"与"权利优先于善"不矛盾吗？

答：前者主要是范导，后者是建构，两者可能发生冲突，也可相辅相成，这就看如何理解和把握了。

问：你赞成一人一票否？

答：我不迷信。我常说，Hitler 凭选票上台，美国议会民主长期未能阻止越战大错。从上世纪八十年代至今，我一直反对中国立即实行全国性的"一人一票"直选总统和反对党制，因为中国人太多，国太大，size matters，现在实行"一人一票"的总统直选和反对党制，与自由派想望的也许恰好相反，很可能是高举国家至上的民族主义、高举均贫富倡平等的民粹主义的人物上台，对内厉行专制，对外引发战争，急剧放慢甚至摧毁经济。但"一人一票"作为基本人权（每人都有权利参与政治，如年满十八周岁的公民有投票权等等）和作为所谓"现代民主的核心价值"不应否定。问题在于以何种方式和如何逐步实现它，这需要经验积累，摸着石头过河。15年前，我也谈过一些具体意见，见《再说"西体中用"》（1995）等文，此处不重复。

问：归结起来，你认为"儒学第四期"主题是"情欲论"，似乎专指"内圣"，引理入欲，使欲成情，这能否包括"外王"方面？

答：当然包括。此之谓新的"内圣外王之道"。以宗教性道德即儒家说的"安身立命"(make one's home, a sense of spiritual belonging) 和西方说的"终极关怀"(ultimate concern) 来"范导和适当构建"现代社会性道德。将身体 (body)、欲望 (desire)、个人利益 (personal interests) 和公共理性 (public reason) 向"情"(emotion and feeling)

复归，使人从空泛的人是目的（Kant）和空泛的人是此在（Heidegger）走向人间世界各种丰富、复杂、细致的情境性、具体性的人。以孔老夫子来消化 Kant、Marx 和 Heidegger，奋力走进世界中心。这就是人类学本体论所想探索的。

2009 年 9 月北京寓所

伦理学答问补（2012、2016）

要点在三个区分

问：你很重视自己的伦理学，但有些地方好像没说清楚。

答：我以为都说清楚了。有何问题，请提出，但我的回答大概仍是重复一遍而已。

问：例如，你既明确区分伦理与道德，道德只讲心理形式，为什么又提出宗教性道德和（现代）社会性道德，应该是宗教性伦理和社会性伦理嘛。

答：这不是就外在群体的伦理规范（制度、秩序、风俗、习惯等）做分类，而是指个体内在的道德心理中所包含的不同的伦理内容（即规范）。同一道德心理（即形式）有不同的伦理规范或内容。我举过恐怖分子与救火队员的例子：个体的道德心理形式是相同的，但同一形式所包含的伦理内容不同。

我的伦理学的要点是做出了三个重要区分。第一是对中外一直都混同使用的伦理（ethic）、道德（morality）两词做了前所未有的严格的词义区分，即将伦理作为外在社会内容、规范和道德作为内在心理形式、结构的区分。第二是在内在心理形式、结构上，又做出人性能力（理性动力）与人性情感（情感助力）的区分，并强调情感助力的重要性。第三就是内在心理形式、结构（包括能力和情感）含有传统宗教性与现代社会性的不同内容的区分。

问：这第三个区分也就是你所谓"善恶"（宗教性）与对错（社会性）之分。但"对错"毕竟与"善恶"有联系。

答：对。三种区分都是为了突出矛盾与问题。"对错"与"善恶"之分也如此。

在前现代，无论中西，这两德基本是同一的，不需要也不可能区分，西方是基督教，中国是儒家，既是宗教、情感、信仰，也是制度、秩序、风习，但到了近现代，日常生活发生重要变化，政教开始分离，这就使以公共理性（public reason）为基础的现代社会性道德与以传统为基础的宗教性道德产生歧义、矛盾甚至冲突。当然即使在今日现实生活中，两种道德也常有重叠、一致、难以区分的情况，但毕竟可以、也需要做出区分。而且由于现在世界上还有各种不同的宗教、文化和传统，有着并不相同的情感信仰。它们所持有的善恶标准还并不一致，甚至矛盾冲突。例如至今在某些文化、宗教传统中，通奸是罪大恶极，但男方可以无事，女方就必须用石头砸死，这被视为"理所当然"，也就是应当绝对执行的伦理命令。我也一再举过中国百多年前"节妇烈女"的善恶标准和戴震慨叹"以理杀人"。这种善恶标准和观念应用到现代社会中，便明显是错误的，它们不是"善"而是"恶"。但由于考虑到各种文化、宗教和传统难以一时改变，就特地把"对错"与"善恶"即现代社会性道德与传统宗教性道德区分开来，并且指出，这两种道德可以有冲突。今天的塔利班所履行的传统宗教性道德与今天社会性道德不就如此么？而且也远不只是塔利班而已。所以在社会转型期（由前现代转入现代）的世界历史中，做出理论上的这一区分就特别重要。在当前中国也如此。

问：现代社会性道德的"对错"本来应该就是现代社会性道德的"善恶"，这区分似乎是一种目前采取的策略。那么，未来呢？

答：随着时代的进步，特别是全球经济的一体化，使人们生活的物质内容和方式逐渐同质化，从而要求人际关系和个体权益（如自由、平等、独立、自主等等）的同质化，这会使现代社会性道德的"对错"越来越冲破许多宗教、文化、传统的种种阻碍，被越来越多的各地区、民族、人民所接受，而逐渐被认作共同的善恶标准或观念。这也就是道德的进步。要注意的是，这"进步"指的还是道德的伦理内容，而并非心理形式，它是伦理规范的改变而非道德形式的改变。牺牲自己的心理形式亦即道德行为不变，但是为何种伦理规范、内容而做牺牲（例如是为了"圣战"或"饿死事小、失节事大"而牺牲，还是为了对付恐怖分子而牺牲）却变了。由于伦理与道德一直混为一谈，才把个体行为中伦理规范的进步说成是道德的进步，因为伦理规范、内容总是通过个体行为即道德形式、道德心理来实现的。今天"路见不平，拔刀相助"不再只是个别人的英雄行为，而可以成为普通人的道德意识和道德心理。今天中国的互联网、手机信息就都在起这种"打抱不平"的作用。这就是社会伦理进步所体现出来的个体道德行为的进步。又如，以前战争中杀俘虐俘以及滥杀平民几乎是常规，如今则是巨大的恶事丑闻，会受到舆论的揭批和公众的谴责。这也就是说，现代人们已开始将社会性道德的"对错"作为个体自身的准宗教的情感信仰的"善恶"来对待了。我以前讲过，各不同文化、宗教、传统中一些相近或相同的善恶观念构成人类共同人性中的一个重要部分，我以为今天的现代社会性道德在不远的将来也会如此。

问：但你不又提出历史与伦理的二律背反，即社会前进而道德倒退么？

答：那毕竟是指较为短暂、局部的情态，也特别是针对社会转型时期某些状态而言的。这里说的"进步"是就更为全面、久远特别是就整体人类历史而言。

问：这样，"对错"和"善恶"就可以统一了？

答：仍不会"统一"。因为人们对"善"（如"幸福"）的追求永远不会同一。特别如以前多次所说，现代社会性道德的"对错"基本上是一种公共理性，常常不能满足人们对人生意义、生活价值的追求。在饥饿、战争、疾疫等物质方面的"恶"大体消除之后，什么是"善"，什么是"幸福"，什么是人生意义、生活价值，会有更多的困惑和更多不同的解说。各种宗教性道德在可见的未来永远不可能为现代社会性道德所吞并或"统一"。基督教有原罪说，中国人讲"性善"，伊斯兰有"圣战"，印度教无有，有人信佛，有人信耶稣，等等，从而，所奉行的善恶观念和标准，便不会"统一"。

问：你讲的社会性道德的对错，似乎是为了突出个体存在？

答：对。但这正是以人类发展到现代也即是以"人类总体的生存延续"到现阶段的特点为依据的。这个"现阶段的特征"便是以个体生存、个人利益为基础。这也就是 Kant 讲的"人是目的"。我以为，Kant 这条道德律令与其他两条有所不同，它讲的实际是现代社会的伦理规范，即现代社会性道德。

问：所以你强调不能以任何集体名义包括作为"至善"的"人类生存延续"（见你的《伦理学纲要》答问文）的名义来主宰、规范人们的行为？

答：对。纳粹可以以"人类总体"名义即"优生学"来屠杀犹太人。"人类总体的生存延续"在现当代便首先要强调个体的生存延续才能构成总体的生存延续。我说过："任何以完全超越个人生存的理性或非理性的名义或事物作为道德来源，容易导致危险。……我的'人类总体'强调'个人生存',特别是在现当代。"(《伦理学纲要·新一轮"儒法互用"》)我反对以"国家"、"民族"、"文化"、"宗教",也包括以"人类"的名义来扼杀个体的人权。当然,这仍是一般原则,许多具体的问题又还需要根据各具体情况来做出决定或选择。

问:这也是你要区分"伦理"与"道德"的重要理由?道德心理、形式可以继承、承续,伦理内容要具体对待?

答:伦理学上似乎还没人做过这种严格区分。或是用直觉、情感或是用功利、义务来解说伦理与道德。但正由于把心理形式(道德)与社会内容(伦理)混在一起,便剪不断理还乱,讲不清楚。伦理的社会规范内容以及它的特定性、条件性、相对性、变易性非常明显,我以前多次说过,Hegel、Marx、文化人类学等等将这个方面讲得已很清楚。而道德心理形式的直觉性和情感性(包括 Shaftesbury、Hume 以及 Moore 等等)却又容易把伦理内容的这些特征掩盖住,其结果就是用内在的某种心理特征来直接解说外在的社会规范。

问:但道德行为的确像是一种"就该这么做"的直觉行动或情感。道德行为与你讲的道德心理又是什么关系?

答:道德行为也就是道德心理的外在表现。它是个体"自由意志"即自觉选择的行为、活动。道德心理必须表现为行为,否则又怎么能判断区分呢?它远不只是恶念善念,而主要是表现在行为上的对错善恶。这也正是道德不同于认识、审美,而实践（行为）优位之所在。好些时候似乎是一种未经思索的"直觉"活动或情感反应；其实，仍然是从小培养的结果，Aristotle早说过，德性非天生，乃培训而成（《马各尼科伦理学》）。我常讲这就社会说是历史，就个体说是教育（广义）。不说谎、不谋杀、不自杀好像是自明公理支配着人的行为（个体道德），但实际上仍然是在一定群体（社会伦理）中生活而培育出的心理定势即形式。所有的伦理规范（社会内容）道德行为（个体心理）都离不开一定的集体的社会生活。它们都不是神赐、超验或上天给予的。所以我说"人之所以为人"是"学"的结果。"学"首先是"学"做人的行为活动，它具有形上的本体性格，也正是"度"的具体呈现。Kant伦理学第一条原理讲绝对律令的普遍立法即先验的普遍必然性，如我三十年前所认为，其实只是一定社群（社会群体）在特定时空条件下的经验性的普遍必然（必须遵守、普遍履行），即客观社会性。Kant所谓"不论做什么，应该做到使你的意志所遵循总同时能成为普遍的立法原理"，其实只是一定时空内社会群体的普遍立法原理，亦即外在的伦理规范。而各种伦理规范、法则、秩序、风习等等都具有条件性、变易性、相对性。但重要的是，由它们所塑造、积淀的个体道德心理结构形式，正是对心灵的"总同时能成为普遍的立法原理"，具有人类普遍必然的绝对性。这绝对（道德）又并不能脱离而必须依附或通过相对（伦理）才得以建立或实现。因此所谓普遍立法的绝对律令（categorical imperative）实际是为了建立"人之所以为人"（亦即"有理性的存在者"）的普遍必然的道德心理形式结构。落实到个体，它就是"自由意志"（或意志自律，the autonomy of will），即 Kant 伦理学的第三条。这意志也就是实践理性，所谓道德心理和人性能力主要也就是这种意志结构、意志功能。所以，是理性而非经验（包括情感）才是道德行为的动力。我以为 Kant 紧紧抓住了这个伦理学的要害，十分重要。正是这一点，Kant 优越于所有其他的伦理道德学说。

自由意志乃人性能力

问：这便涉及你所讲的人性培育的两个方面：能力与情感。

答：我以为 Kant 强调道德作为人性能力即人以理性来战胜、压倒自己的感性欲求，包括牺牲生命，这才是道德行为最为突显的特征。许多伦理学说都没有突出这一特征，多以日常一般行为做例证，所以更讲不明白。因为日常一般行为只是符不符合一般的伦理规范，并未凸显这个"善良意志"（good will）选择决定的自由特征。

问：但你在《伦理学纲要》答问文中又讲，作为道德行为的助力的人性情感并不是指 Kant 讲的那种敬重感情，而是一般同情心。

答：我以前说"动力",不妥。同情心或"恻隐之心"是"助力"而非"动力","动力"仍是理性命令。不道德行为可以是理性的,也可以是非理性或反理性的。道德行为只应该是理性的,所以说是动力,这也是 Kant 绝对律令的本义。作为道德行为的"助力"的情感不是敬重而是同情、恻隐甚至愤怒(如"路见不平")等等,两者不要混淆。上述的"敬重"是讲人在道德行为中或人对道德行为的感情,道德行为在先,敬重感情在后,它培育人的道德行为,但并不是帮助道德行为实现的感情。

情感问题需要仔细研究。以前英国经验派哲学家如 Hume 等人描述和区分了好多种情感,后人也做了许多区分,但始终没有注意严格区划其中动物性与人性的差异。这是一个尚待深入探索的重大问题。至少有三个层次或三个方面:第一,同情、恻隐等等情感,动物也有,它们具有生物本能性质,但人经过社会历史和教育的培养,与动物本能有了很大差异,因为这些情感中已渗入了理性。第二,重要的是人类培育了动物所没有的许多相当复杂的情感,如罪感、耻感、敬重感等等,它们与动物本能无关或是何种关系并不清楚。第三,需要强调的是,动物本能是在种族生存竞争中产生和遗传的,对今天人类生存来说,其中有好有坏,需培育好的,抑制坏的,例如要教育小孩爱抚小动物而不是虐杀它们,即从小培育爱、同情等等肯定性的心理情感,它是道德行为的一个重要条件。道德动力是服从理性,但要有这种爱的情怀作为助力,否则便是机器了。机器也能灭火救人,但机器不是人,它是在人类支配下行动的,它的所作所为并无道德可言。道德是人性的重要方面。人性是什么?是由积淀而成的某种情理结构。所以,情感虽然是助力,却是这结构的重要组成部分。我们说,恐怖分子没有人性,就是指他们服从或执行那错误的理性命令,如同机器一样。但这里要注意日常语言的含混性问题,不要陷入"道德是人性的一部分,恐怖分子是道德的,恐怖分子没有人性"这样的矛盾中。中国古话说,不要以辞害意,因为,说恐怖分子没有人性,只限定在其服从理性这一点上有如机器,而非就是机器。恐怖分子还是人,有情感和观念,但这些观念、情感完全错误。所以,培育爱的情感和正确的善恶观念,与培育理性行动能力同样重要。

所有上述这些,又都只是理论概说,现实情况远为复杂。例如有许多情况便是由于同情、恻隐、爱而去牺牲自己,就其意识到而言,仍然是一种理性选择和决定,仍然是人性能力(自由意志)。但就其并未明确意识到而言,就或者非常像(但仍然并不是)一种动物本能性的行为,或者是一种以前所说的合道德而超道德的审美直觉的态度和行为,即所谓"以美储善"。

问:这也就是所说的由内容到形式的"积淀"?

答:与认识、审美一样,意志(道德形式)的心理塑建只能经由群体社会的外在伦理规范而确立。由于维持一个群体(社会)

的生存延续，尽管大有差异，但各群体各民族从而全人类的文化、宗教、传统又有一些非常接近和相当一致的伦理规范即善恶观念，如多次讲过的不说谎、不谋杀、不自杀等等，也就是我说的"共同人性"的第三因素或第三个方面。这种社会伦理规范的共同性与个体道德心理的同质性便更易混淆，从而更得在理论思辨上区分清楚。

问：牺牲自己被你看作道德特征，但也有人视生命如儿戏的。

答：当然，总有例外，但毕竟是极少数。蝼蚁尚且贪生，何况乎人。而且随着历史前行，越到现代，个体对自己的生存便越重视，牺牲自己的生命也越不容易。只有死作为独特地不可替代地在意识上证实着个体的存在，牺牲也就愈可贵。野蛮人比现代人远不怕死，这并不证明野蛮人比现代人在伦理道德上高明，恰恰相反。

问：道德是种理性能力，又说需要情感做助力，到底哪个主要？老问题，再重复问一次。

答：也再重复答一次：当然理性能力为主要，它是核心、特征之所在。道德行为是一种非做不可的自律心理，是对绝对律令的坚决服从，是自己的非功利（即不管是否对自己有利）的理性选择和决定。这才是"自由意志"的真义。没有同情、恻隐之心或爱也必须去做。也就是说，"应该"去做而不做，就不道德，就感到羞愧、耻辱等道德感情上的自我谴责。但同情心、恻隐之心、爱虽非道德行为的充分条件，也非必要条件，却是一种非常重要的助力。有同情心、爱等等就更会推动自己去做，但因此而把道德的根源说成是同情心或爱却是肤浅的。它不能抓住道德行为的理性特征。我说过要注意"道德"一词在日常用语中的泛化，使理性主宰这一特征常被掩盖，如开车不闯红灯、帮助别人、不说谎骗人，以及有钱人做慈善等等，均被称作道德。因之，只要是遵守外在伦理规范、准则的行为便是，有时甚至是看不见任何自觉意识或反思的直觉行动。我解说过，如同审美一样，这是时日长久经环境教育而习以为常的结果，这也就是所谓"习惯性道德"(M.Oakeshot)。但富人解囊与志士就义，不闯红灯与舍身救人，作为道德，并不可同日而语，即其中理性主宰的展现差别甚大。道德行为特征之一是具选择性，包括有意识地自觉选择非道德或反道德特别是反"习惯性道德"的可能性，即个体可以自觉选择作出习惯性道德认为"恶""错"的"反道德"行为，其中很大一部分也的确是"恶"（依据宗教性道德准则）和"错"（依据现代社会性道德准则），如恐怖分子滥杀无辜；但也有冲破旧道德建立新道德，即被传统宗教性道德视为"恶"而被现代社会性道德视为"对"的行为，如五四时期女子上学校、提出婚姻自主、今日世界性的反压迫反束缚的女权运动等等。这种可选择性，突出地显示了道德行为中理性主宰的特征。

问：那么"助人为乐"呢？

答："助人为乐"是讲要去培养人的爱心、同情心，它有助于道德自觉，但仍然不是道德行为的特征、目的。即使道德行为中的自豪而带来的愉快感、满足感，如肉体极度痛苦而精神极度昂扬，也仍然与感性苦乐相关联，仍然不是那种纯理性的道德敬重。帮助别人可以感到快乐，但并不是为了自己快乐而去帮助别人，对吧？如为了自己快乐而帮助别人，在 Kant 看来，便不构成道德。

问：再回头问你将道德、伦理分开，是为了强调道德的自觉心理，这心理中你又将能力与情感分开，情感难道不也是一种能力么？

答：这问题上次问过，我也早回答过了。分开正是为了突出道德自觉是理性的凝聚即理性对自己的主宰和支配。正是在这里，人区别于动物。上面已提过中国古典讲人禽之分，Kant 讲可与宇宙同崇高的道德律令，都是指这种理性凝聚。它不是来源于情感，因为一般说来情感总寄托在生物体上，与生物本能有直接的联系。这种凭"直觉"、"情感"或"本能"或一般理性认知的"道德"行为，在日常生活多有，但它们只是符合社会伦理的行为而已。例如不闯红灯、孝亲敬老等等，它们符合社会伦理规范，便可以说是道德的。但这些只是在最基本的水平面上显出自律意识和道德性能而已。有些当然与情感相关，如孝亲，但孝亲作为道德应该是一种责任，是一种理性意识而不只是情感。

问：以前你谈过电车杀一人或五人那个著名的伦理学问题，这也涉及情感或理性谁是道德本源。

答：具体问题是复杂的，不能笼统对待。如我所再三说明，像"什么是善"这样的问题便很难有统一的答案。各文化、宗教、传统甚至不同时空的阶级阶层有不同的回答。抄几句 Macintyre《伦理学简史》："道德概念本身是有历史的。""对 Aristotle 主义，倾己所有以助穷人乃荒谬和弱志；对原始基督教，有心机的人不能穿过那登上天堂的针眼。保守的天主教认为服从既定权威为美德，民主社会主义像 Marx 却视之为奴性极恶。对清教主义，节俭乃德性，懒惰为大恶；对传统贵族，节俭是丑恶，如此等等。"（第 69、266 页）这一点上面实际已反复强调过了。就具体问题更如此。例如，这个杀一个人或杀五个人便由你作为过路者还是管理员而大有不同，因为它涉及伦理规范。身份不同，伦理职责（责任、义务）便不一样，自由意志的抉择也会不一样。正如我说过，救助儿童乃今日公德，应该普遍奉行，但并不能因此而指责你以同样的财力维持九十岁高龄父亲的生命却不选择去救助十个挨饿的非洲儿童。因为在伦理层面，你没有这种理性义务：为什么拯救非洲儿童比维持我父亲生命更为道德，其原因便很不清楚、很没"道理"。为什么不首先应该由当地政府或联合国去负责呢？难道"老吾老"比"以及人之幼"就次要吗？这里正好说明不能把"人类生存延续"的"至善"做功利主义的理性解说和框架硬套，培育亲情正是"人类生存延续"的重要内容和方面。特别是把上述个案或事例抽象出来作为个人道德或义务，便更是错误的。而由这些事例推论不是理性而是情感决定人的道德行为，这推论也是不能成立的。维持九十岁高龄父亲的生命不仅因为是情感，而且更是理性的绝对律令：你"应该如此"做！尽管情感起了很大的推动作用（助力）。所以我在上次答问中说，这是"人之常情"，不要"矫情"，强调了中国传统中道德行为的理性主宰与作为道德行为的情感助力合二而一。这也就是中国传统"情本体"的具体展开和体现。

这与火车的例子都说明具体问题需要具体分析，不能以一个例子来界定和说明某种理论。一般说来，在日常生活中，理性和情感在社会伦理和个体道德上大体是一致或统一的。"大义灭亲"、"毁家纾难"作为令人赞叹敬仰的突出的道德行为，都是特殊事件，是为了突出理性凝聚压倒一切私利包括情感和亲情，以此来教育人们，而并非不分时、地、情况都绝对地要求人们这样行为。恰好相反，在日常生活中，任何群体的伦理规范、秩序都会照顾其成员的利益、关系和感情，对个体道德行为的要求上也如此。中国传统伦理学很讲究情理和谐、合情合理。包括"由近及远"、"老吾老以及人之老"等等，都既是理性的又是情感的。

问：你的伦理学把理性提得这么高，是Kantian，但你又强调中国传统的"道始于情"、"礼生于情"，这不矛盾吗？

答：完全不矛盾。我一直维护"人是理性的动物"这个陈旧的古典定义。人以理性突破了动物族类基因突变引起进化的自然过程,开创了不同于其他动物的人的历史。所以人兽之分在理性而不在情感。人的情感也渗入了理性,是谓人性情感。所以我一直反对各种反理性的思想和潮流,不管它们如何时髦和畅销。真正的问题在于,这"理性"从何而来?我反对来自上帝、天赐、先验、超验,认为它来自人所特有的现实生活,即以制造—使用工具为根本基础的实践活动。这活动中当然充满了情感,涉及人际关系的理性规范(亦即伦理),当然更与情感、信仰密切相关,而且常常由其中而产生,如基督教的爱、儒家的仁等等。孔子回答问孝的"色难","不敬,何以别乎",强调了"孝"不只是行动义务,而且要求真情,所谓"情深意真"是也。本来,人面对世界的现实生活所形成的心理形式是一种情理结构,而不是理性的机器。人是有血肉的动物,有情感的生物本能根源。我以前说过,理性是使人站起来的骨架,情感是使人想活动能活动的血肉,没有血肉的骨头只是骷髅而已。

问:著名的宰我"三年之丧"的质疑,孔子归之于情,你的《论语今读》也说,"孔子将礼建立在心理情感原则上,儒学第一原则乃人性情感"(17.21记)。

答:对,这没错。但"三年之丧"的"礼"本身却是理性命令,"应该"履行。人要"立于礼",正说明理性是道德行为的动力,要在"学礼"中成立为人。所以是"立于礼"而不是"立于情"。"礼"就是当时的伦理规范（外在）和道德律令（内在）。而塑建人性能力（理性）的外在伦理规范，又总是不但与情感紧相联系而且常常以之为根源。孔子上述论说和"礼生于情"、"道始于情"说的就是这一点。这也就是说，人的内在道德的理性能力是外在伦理规范所塑建的，而外在伦理规范却根源或有关于情。但不能因之而认为个体的道德行为、理性能力直接由个体的情所产生或来自情感。这是两个不同问题，在理论和逻辑层面上要分清楚。就来源说，"理"来自"礼"，"礼"来自"情"；就实现说，"理"是动力，"情"是助力，"理"不直接来自"情"却主宰"情"。它恰好展示出外在（伦理）与内在（道德）之间的复杂关系。是否"三年"随时代可有变易，它源于"情"却无变化，但"礼"把"情"意识化、明确化、规范化也就是理性化了，在伦理道德上就成了当时社会的绝对律令，而不再只是自然情感了。这样，作为理性化的道德义务的自觉意识也就巩固了、提升了"情"的稳定性和神圣性（自然情感随情境变化而有一定的甚至很大的不稳定性），反过来又加强和展扬了自然情感。但如果失去"度"的艺术，则过犹不及，如为鲁迅所痛斥的二十四孝图。所以强调"情理和谐"、"合情合理"、"是非好恶合一"等等，其中仍涵蕴着这个"度"的本体性的建构问题。我讲今天宗教性道德（如儒学）对现代社会性道德有范导和适当建构，这里所说的"适当"，也属于这个"度"的问题。它可以有时代性、情境性的变迁和灵活。

接着 Wittgenstein 走

问：你不断重申自由、平等、人权、民主等启蒙理性，但目前是多元论盛行，相对主义盛行。另方面，反多元反相对如 Strauss 等在学院墙内也很流行。

答：我还是 20 年前的老说法：物质一元，精神多元。即物质生活的不断改善有人类共同的普遍性，不管是何种文化、宗教、传统，食衣住行、性健寿娱随着科技的发展不断改善并不断全球同质化。冰箱、电视、手机、互联网是任何多元论也阻挡不住的（虽然这并不排斥人们拒绝现代文明，不坐飞机、汽车，宁愿骑马走路，不用电灯、手机宁愿用油灯、写信等等，但那毕竟只是极少数人），但什么是幸福、快乐、人生意义、生活价值，如前已说，却仍然随宗教、文化和传统的影响而只能由个体选择和决定，永远可以大有不同，即多元。另一方面，即使在精神领域，也会有很大一部分逐渐会变得接近。如前所说，物质生活的巨大力量不容轻视，其中以科技为前锋和代表的工具理性将使人类生活规范、制度、秩序、风习、观念和感情日愈接近，以后会更加如此。我并不赞同那种完全不可通约不可比较的多元论。所以启蒙尽管有重大缺失，它仍将在全世界凯歌行进，任何时髦的反启蒙、反理性、反现代、反改革恐怕很难阻挡得住。我宁要"过时"、"浅薄"的 Locke 和 Kant，也不要"时髦"和"高深"的两施（Carl Schmitt、Leo Strauss），宁要由神到人，自己做主，不要再由人回到神，服从上帝。中国有些学人六神无主，唯洋是从。一会儿 I.Berlin，一会儿基督，一会儿 Strauss，一会儿 Schmitt，并把它们硬嫁接到中国传统上。反复无常，千变万化，在一定时期内也都能吸引、惑动一批年轻子弟。原教旨主义（包括革命原教旨和传统原教旨）与后现代主义联手共舞，反对启蒙理性等，是当今中国学界奇观，但我以为终究经不起推敲，在理论上是要失败的。

问：你的伦理学是你的哲学的重要部分。你说你的哲学是以中国传统为基础承续 Kant、Marx、Heidegger，但好几次又说，你是在接着 Wittgenstein 的问题在做。如何讲？

答：恰好不久前看到一本有关 Wittgenstein 的著名传记，其中最后一章一段话，似可回答这个问题："Wittgenstein 的论述的着力之处，是使哲学家的注意力从语词、句子上移开，放到我们使用它们的场合中去，放到赋予它们意义的语境中去；'我是不是越来越接近于说，最终不能描述逻辑？你必须察看语言的实践，然后你就会看到逻辑'。Goethe《浮士德》里的一句诗概括了他的态度：'太初有为'，Wittgenstein 赞赏地引用了这话，而且也有理由把这话视为《论确实性》的题铭——实际上也可把它视为全部 Wittgenstein 后期哲学的题铭。"[1] 我的《论

---

[1] Ray Monk：《维特根斯坦：天才之为责任》，王宇光译，浙江大学出版社，2011年，第582—583页。

语今读》说:"在《论语》中,孔子多次反对'佞'、'巧言',欣赏'木讷'等等,似与今日西方哲学以语言为家园、为人的根本,大异其趣。也许这就是'太初有言'与'太初有为(道)'的区别?'道'是道路。在儒学首先是行为、活动,并且是由人道而天道,前者出而后者明。Goethe《浮士德》说,不是太初有言,亦非太初有力,也非太初有心,而是'太初有为'(act),似颇合中国哲理,即有高于和超出语言的'东西'。这东西并非'言'、'心'、'力',而是人的(在《浮士德》也许仍是天–上帝的)'行':实践、行为、活动。《论语》全书贯穿着的正是行为优于语言的观点。"(4.24 记)这也正好解说 Kant 实践理性高于思辨理性的观点,也是我讲"走出语言"之所在,不是"言"(word)或"思"("心", thought)、"力"(power)而是"行",才是"太初"的起点,它们与伦理学便直接关联,Wittgenstein 未说明这个"有为"或"生活形式"是什么,我则以制造—使用工具作为这个"有为"、"生活形式"的起点,逻辑也由此而来(见我的《认识论纲要》)。这不正是接着 Wittgenstein 么?但不是语词分析了。

问:所以 30 年前你以"人类如何可能"来回答 Kant 的"认识如何可能"。

答:当时哲学就是认识论,我才如此说,其实远不只认识,人性如何可能,心灵如何可能,都应以此为起点来做回答。到底什么是人性,或人性是什么,是古今中外谈论了几千年而至今并无定论的大问题。

问：如果用简单一句话概括你的哲学，如何说？

答：我的哲学主题是以"人类如何可能"来回答"人性"（包括心灵）是什么，这也就是"双本体"（工具本体和心理本体）的塑建问题。几十年讲来讲去无非是这一主题的展开，这倒似乎是前人在哲学上没有做过的。而且还有现实意义，因为随"告别革命"之后的便是"建设中国"。如此巨大的时空实体，如何建设？对世界对人类将有何影响？兹事体大，谈何容易。前景茫茫，命运难卜；路途漫长，任重道远。事在人为，偶然性却很大，稍一曲折，便数十年。怵惕戒惧，可不慎欤？勉乎哉。

（原载《读书》2012 年 11 期，有增补）

情本体与女性主义伦理学

问：你提出"情本体"、"情理结构"等概念，强调反对理性至上主义，与当前国际上流行的情感主义潮流如女性主义的关爱伦理学似乎合拍。你在 2014 年华东师大课堂上也多次提到 Carol Glligan 的《不同的声音》(*In a Different Voice*)。你是否受这一潮流影响？

答：不是。1980 年的《孔子再评价》已提出，"仁的结构"主要是情感心理,1989年《美学四讲》的结束语是"情感本体万岁,新感性万岁,人类万岁"。当前这股女性主义潮流,与后现代主义相关。后现代主义的特色之一是反理性、反启蒙。而我一直强调的是"提倡启蒙、超越启蒙"(见八十年代有关鲁迅文)。我以情理结构(emotio-rational structure)讲情本体(emotion as substance),就包含这一点,而并不赞成以同情(sympathy)、移情(empathy)为基础的新老情感主义伦理学。

问:那你对女性主义如何看?

答:这当然是女性觉醒的时代走向。但女性主义也经历了不同阶段,有许多不同著作。当前极为推崇 Glligan 的 Michael Slote(男哲学家),也并不否认理性的重要。这股女性主义潮流虽已取得了学术地位,但整体来说仍然居于弱势。男性中心的自由主义、个人主义、理性主义,仍然在欧美社会、经济、政治以及学术领域占据统领。

问:中国传统哲学在这方面有所不同。"易以道阴阳"(《庄子·天下》),《周易》以夫妇开端而终结于天地。

答:我的情本体与国外潮流无关,但与本土有关联。我也强调过1949年以后中国的伟大贡献,就是妇女能顶半边天,地位空前提高,古今中外罕有。

问:现在世界上也有了一批著名的女总统、总理、企业家、科学家等等。

答:是这样。这证明女性在许多能力方面并不比男性逊色。但我又仍然认为男女因身体有差异，便会产生在能力、心理上的各种差异，绝不可能完全同质。这主要是生物演化、族类发展的先天原因。虽然也有后天环境的社会、时代因素，如在数千年男权中心和父权制的统治下对女性的压迫和"规范"。女性主义突破的应该是后者。前后两者有许多复杂的混合、渗透，而理性主义、自由主义、个体主义就可说基本属于后者。女性主义以理性、独立、平等、自由、主动、精神、事业、竞争、冲突、权力、规则、个体、公正等为男性主义伦理学的特征，而以情感、关联、依存、约束、受动、肉体、家庭、合作、和解、责任、非规则、同伴、关爱等为女性主义伦理学的特征。

问：中国传统强调的倒是这两方的矛盾统一，所以讲阴阳互补、天地交泰。你的情理结构强调情与理的各种不同比例的配置、通导、组建、渗透，是否也如此？

答：对。但我的伦理学仍以理性（自由意志）为主轴，可包容而不等同于女性主义的关爱伦理学。

问：你的伦理学不赞成以同情，特别不赞成以移情来作为伦理学基石。你认为情感只是助力而非动力，这仍然是 Kant 的理性主义。

答：同情是 Hume、Adam Smith 的主张。近来 Slote、Glligan 强调移情（empathy）而非同情（sympathy）才可作为伦理学基础。因为移情才是真正的情感，同情还只是认识。

问：Slote 提出 I feel your pain 不同于，而且高于 I know

your pain and feel sorry。

答：我以为，这只是在日常语言中的夸张用法，并不真实。因为从生理上说，我的身体并不能感受到你的痛，你的痛也不可能变为我身体的痛。从心理上说更加如此，因为人的心理是有生理神经基础的。所以这说法不能成立。移情在欣赏艺术或信仰仪式时或能出现在迷狂或默会中，即我的情感与对象同一或合一，但这经常只是非常短暂的时刻。它的确是美学或宗教的重要概念，却不是伦理学的基础。

问：你的情本体、情理结构，着重讲的是内在道德心理，而非外在的伦理规范和政治哲学。

答：的确如此。我的哲学以人类生存延续的外在实践为基础，从而外在伦理、政治方面当然重要。但有许多缘由，我不及多谈，而将重点放在内在人性方面，以 Kant 来驳难 Hegel 的批判。

问：但你还是将 Kant 和 Hegel 兼容并包。在外在伦理，你采用了 Hegel 的相对主义；在内在道德，你采用了 Kant 的绝对主义。

答：是这样。我的 Kant 书之所以说是"新解"(a new key to Kant)，因为 Kant 的确是形式主义，但这形式主义并非 Hegel 所说的空无，而是经过历史构建起来的具有绝对性的心理结构。这结构是实在的。它使人的情感包括同情，不同于动物。这就是因为已有理性渗透其中。

问：这样也就从哲学上区分了你的情本体与女性主义的关爱伦理。有学者曾说西方是男性阳刚文化，中国是女性阴柔文化，你大概不会同意？

答：当然不同意。中国哲学一向强调"天行健"、"大哉乾元，乃统天"，但又的确强调"坤德"，强调"厚德载物"，这既不是男性中心，也不是女性中心，而是阴阳互补，天地偶配，彼此渗透，相互依存。它遇上女性主义反抗男性主宰、理性至上的今天登场世界，不正好么？这其实也是我提出哲学领域需要一个先验心理学的转折，来承续（并非取消和替代）上世纪语言学的转折的原由之一。它也是由外向内，并取得男女平衡。

问：到现在为止，中外学者并不严格区分内与外、道德与伦理，经常把伦理、道德混在一起谈。有学者也区分伦理、道德为前习俗、习俗、后习俗，或非理性的习俗与理性的规约、秩序。

答：我认为以内外区分道德、伦理，比这些区分更重要。

问：你以内外区分，主要是由于你认为人的内在人性心理是由外在文化教育所塑建而成。其中，虽有动物生理为基础，如母爱，但你所着重的仍然是后天理性所参与的结果。所以你的情本体并不是从本能的情或先验的情（情本是一种经验，而非先验），而是从"情理结构"来谈人性。

答：还是那句老话，"学而第一"（《论语》）。人性心理（包括道德、认识和审美）都是历史（就人类说）或教育（就个体说）的产物。这也就是此二分亦即由伦理而道德的重要具体含义。

2016年初，波城

为什么说孔夫子加 Kant（2014）

"学而第一"与"不知的共同根源"

问：在《回应桑德尔及其他》（下简称《回应》）的结尾，你提出孔夫子加 Kant。但 Kant 与 W.Leibniz 和 C.Wolff 大不相同，他与以后的 Hegel 倒相似，对孔夫子和中国文化并不欣赏和友好，而毋宁是相当轻视的，怎么能拉在一起？

答：那不重要。任何哲人都是历史人物，都有知识不足、意见错误的缺点和失误，不足为奇。中国传统与 Kant 有可接通处，重要的是两者相加在今天的意义。

问：你把它作为该书的结尾似乎有点突然。

答：并不突然。我的伦理学三要点：伦理与道德区分，宗教性道德与现代社会性道德的区分，道德中的意志、观念与情感的三分，无不与此有关。

问：还是需要再讲一讲。

答：可能仍要从方法论讲起。如《回应》开头所说，我是历史主义者，不从一般自由主义所设定的抽象情境和抽象原理如无知之幕、天赋人权等出发，认为无论伦理（外在的风俗、习惯、制度、法律）和道德（个体行为和心理）都是特定历史环境下的产物，有相对性。但也有在相对中所积淀下来的绝对，这两方面就是我所讲的历史的时代性和积累性。

问：你反对先验理性，不承认有超经验的绝对，认为绝对是相对的经验经由长期历史所积淀而成，即经验变先验？

答："先验"总有个来源和出处。如果不信上帝，没有创造主，就只有从实践经验中"下学而上达"。这不就是孔夫子吗？所以我说《论语》一书的主旨是"学"。正是此"学"使人类集体的实践经验对个体成为先验。"学而第一"非常重要。

问：以"学"来概括人类整个实践未免太宽泛了吧？

答：**这只是一种哲学视角和提法。**人类的所有活动对个体来说，都可以说是一种学习活动。从儿童牙牙学语开始，个体便进入语言所呈现和规范的人的生活关系即社会实践中。学语言，其实就是在学规则、学秩序、学技艺，也就是"学做人"。(learn to be human, learn to be a human being.) 包括学习生产活动和人际活动，从而才能在社会群体中生存。生老病死都在"学"中度过，即所谓"活到老，学到老"。这就是人生。可见，这"学"首先不是学书本，而是学行为活动。"知之非艰，行之惟艰"（《尚书》），"行有余力，则以学文"（《论语》），"纸上得来终觉浅，绝知此事要躬行"（陆游），这就是中国传统。在这里，伦理学跟认识论并未截然两分。二十世纪八十年代我就说过，伦理在先，认识在后，学习、实践组成人间的规范准则（"礼"）的伦理学居于首位。人在行为活动中建立秩序，建立起"客观社会性"即 Kant 所讲的"普遍必然"（"先验"）。

问：这与 Kant 何关？

答：孔子说，"学而不思则罔，思而不学则殆"，Kant 说，"感性无知性则盲，知性无感性则空"，两者何其相似！Kant 认识论的要点，就是认为不是由感知直接上升为概念，而是人类先有一套认识系统（时空直观和知性范畴），施加于感觉经验才构成知识。感觉经验与知性系统，Kant 认为有一个"共同根源"，但这个共同根源是什么，Kant 说他不知道。Heidegger 认为是先验想象力，我认为是实践，即"学"："**感性源自个体实践的感觉经验，知性源自人类实践的心理形式**"，"**对个体来说的先验认识形式，是由人类经验所历史地积淀而形成**"（《该中国哲学登场了？》第 26 页）；"**感觉经验的可能性和知性规范的可能性都来自实践。个体实践活动获得感性，人类实践活动形成知性。其间的想象力便正是人各不同的个体创造力的展现**"（《中国哲学如何登场？》第 4 页）。这就是依据中国传统，以人类和个体的"学"来解决 Kant 提出的知性和感性的不可知的共同根源，**把认识论和伦理学放在历史本体论即人类实践的历史基础上来解说**，也就是把 Kant 的"认识（先天综合判断）如何可能"放在"人类如何可能"的基础之上。这是一个带有根本意义的哲学问题。应该首先提一下。

以上是就认识论来说。就伦理学来说，道德中作为知性的"理"更非动物族类所本有，它是后天习得，与情感的生物生理的先天性不同。**"理"是社会性的，与群体活动攸关；"情"是生物性的，与个体生存相连。**从而所谓情理结构便是社会性与生物性的交会渗透和融合。这个交融也需要经由实践活动即"学"才能获有或实现。

"尔安乎"与绝对律令

问：你在上世纪八十年代说，伦理在认识之先（见《主体性提纲》），在你的《哲学纲要》中，伦理学是第一部分。《回应》也大讲"立于礼"。与 Kant 把伦理道德作为高于现象世界的本体，确有相似处。但八十年代你又提出，孔子"安不安"，作为道德心理的归依，九十年代你提出"情本体"和"情理结构"，这与 Kant 伦理学的理性主义绝对律令如何相容？

答：这在《回应》中已经讨论过了。我提出伦理道德中的情理结构的特征是理性主宰，即自由意志，便与 Kant 相关，是在中国传统基础上吸收 Kant 而又替代 Kant。

问：Kant 的绝对律令是纯粹理性，孔子的"尔安乎"是经验心理，主要是情感，这如何相容得了？

答："安不安"，确乎是一种经验的心理状态，但这状态远不止是情感，而是一种情理结构。这结构专属于人，其中既有理性，也有情感，甚至欲望，等等，而且会有不同的种类、不同的水平和等级，非常复杂和多样。

问：认识和审美不也是情理结构吗？

答：对。但这三种结构中，情与理如何交会、渗透、组织便很不一样。道德心理的情理结构，我已反复讲了，就是以理性主宰为特征。"克己复礼为仁"，"克己复礼"就是理性的绝对命令。因此作为道德的心理特征，孔老夫子与 Kant 在这一要点上完全一致。

问：那不同处呢？

答：孔子还有"仁者爱人"的著名回答，这个回答所突出的，确是情感，有如"克己复礼"的回答侧重理性，但**总括孔子对"仁"的众多回答，其最终归结仍在塑建既有情又有理的人性的情理结构，而不同于 Kant 只讲理性至上**。Kant 的理性是超于和高于人类的，孔夫子的"情理结构"是专属于人类的。**这就是根本的不同。**

问：Kant 的那三条律令，本都属于外在人文，但你把其中的两条（普遍立法和自由意志）划为人的内在心理，这才发生与"尔安乎"的心理对比问题。

答：早已说过，Kant 普遍立法和自由意志这两条无法作为外在伦理规范，如不自杀、不说谎都无法成为放之四海而皆准、历时古今而不变的伦理原则和行为准则，**但它们倒恰恰可以作为在道德行为中的人的心理特征：认为自己如此行为可以普遍立法，即人人均应如此作为**。这也就是自由意志：是人自觉自愿（自律）所作出的决断。

问：自由意志似乎也可说是孔子讲的"为仁由己，而由人乎哉"、"我欲仁，斯仁至矣"、"无求生以害仁，有杀身以成仁"。

答：对，这就是人的自由意志，自己决定如此行为，不顾及个体的利害、快乐、情欲、生活甚至生命，**人能以理性主宰自己的肉体、生命，才是"仁"。所以不是动物也有的自发同情心，而是人的这种理性意志才能作为道德心理的主要特征。**

问：孔子说"尔安则为之"，这不是主张情感而并非理性来决定道德行为吗？

答：这个"安不安"的情感，恰恰是建立在理性认识（父母抚养之恩）之上。动物长大即离开父母，没有供养父母的现象，也不会有安不安的心理问题。可见孔子讲的"安不安"并不是动物本能的情感状态，而是"仁者安仁"的安，亦即"克己复礼"的仁。这种"不安"之心与"安仁"之仁，都是饱含理性的情理结构。正因为违背了理性的主宰，不守礼，才会感到"不安"。而宰我感到"安"，得到的评语就是"不仁"，这个"不仁"不只是说宰我没有对父母的情感，而更是说宰我缺乏理性义务的人性情理结构。孔子讲的"不安"之心与"安仁"之仁，就不能简单说成是情感,更不能说成是简单的同情,它是"我欲仁"的仁,它需要在理性意志(决定守礼)主宰下作出的行为才能得到。对于应尽的理性义务缺乏自觉、不去履行,应当感到不安,感到歉愧、自责,但宰我却"安"于这种本不应安的状况,这就是麻木不仁。仁者对本不应安的状况应有自觉而加以纠正,这才是仁者的"安"。

问:你是要把孔夫子的"仁"与生物本能的情感严格区分开。但社会生物学派不是认为动物也有道德吗?

答:包括当今显学如关爱伦理学(Care ethics)都非常强调情感这类生物自然本能。的确,动物也有个体为群体牺牲自己的现象,人们以此类相似的现象来推断、实际乃猜测动物也有道德,但这里的关键在于,人有自由选择的可能,即人可以选择不道德,动物恐无此种选择,它只凭本能行事。在动物那里无所谓道德不道德,动物有选择道德或不道德的行为的自由吗?我怀疑。正因为人类行为中有大量不道德,才显出选择道德的崇高和可贵,才把道德当作人之所以为人的"本体"。人在牺牲自己的利益中,有各种思想的、情感的矛盾、纠葛、纷扰,有情理结构中各因素的严重冲突,动物有吗?我怀疑。

意志、观念、情感和"最高境界"

问:你认为关键就在人有自由选择的可能?

答：所以才说是"自由意志"。这里需要理性参与和主宰，而不是动物本能或生物本性所决定。

问：不是有直觉主义吗？瞬间作出道德判断和反应，根本不需要时间考虑。

答：这在几十年前的美学讨论中已反复论辩过了，审美的直觉性比道德更明显更突出，但仍然不是生理反应和动物本能，仍然有理性甚至功利性渗入其中。人们在道德行为中的直接性比审美更显出是长期教育即"学"（广义）的成果，即直觉性仍然有善恶观念和意志力量在内，尽管它们被压缩在某种潜意识或无意识的状态当中。

问：你是说，直觉只是一种呈现状态，它有所由来？

答：直觉的由来只有三种可能：要么是天赋神赐，要么是动物本能，要么由"学"而来，只是这"学"不大被注意罢了。婴儿幼孩便难说有何"道德"可言，人的羞愧、自豪、鄙视、见义勇为等"直觉"行为和心理都是后天培育出来的，尽管自己并未意识到。

问：你强调意志自由是道德心理的主轴，但是非善恶观念并非意志而是认识。

答：对。**我的伦理学讲的理性包括认识（即善恶观念）和意志两者。意志是理性的形式，认识—善恶观念是内容**。意志是种理性能力，必须经由长期锻炼，以使肉体服从精神，它与善恶观念的认识并不是一回事。

问：那善恶观念在道德行为和心理中便不重要了？

答：恰好相反。意志只是一种使肉体行为服从精神指令的行动力量，是人的一种人性能力，但它服从于何种精神指令，这种精神指令是什么，便属于善恶观念了。也就是说，**意志是人的自觉的、有意识的理性对感性的支配、主宰的能力，这是心理的理性形式力量，但这理性的具体内容是什么，便是善恶、是非观念**。例如，你为做某件事，可以千辛万苦、坚韧不拔，至于你要做的事是什么，是对是错，是善是恶，是做救火队员，还是做恐怖分子，是做为妇女人权奋斗的女权主义者，还是做宁死不嫁的守贞女，这就是观念、是非、认识（善恶）了。以"克己复礼"来说，"克己"是意志力量，"复礼"的"礼"是善恶观念，"礼"——善恶观念有变迁，"克己"却是不变的。Kant 把理性意志力量和理性善恶观念混在一起讲，把不说谎、不自杀的善恶观念作为普遍立法的自由意志，便造成了种种困难，讲不通透了。

问：总括一下，你讲的道德心理三分，一是理性的形式力量，即意志；二是理性的社会内容，即善恶观念，这是 Kant；三是作为助力的情感，这是孔夫子，对吗？

答：又对又不对。依据 Kant，情感在道德行为中既非充分条件也非必要条件，但在现实生活中，有如 Augustinus 所说"我应该做，却不能做"。Kant 设定的人，像是机器，我应该做，就能做，可以毫无情感地做事。但人毕竟是动物，有贪生怕死、吃饱穿暖的自然本能，有明知应做，却胆小怕事、不能去做。怯懦畏难、意志薄弱、缺乏行动力量，这是常见的大量的现象。Augustinus 祈求上帝帮助，认为只有上帝的命令能使你坚强，从 Abraham 杀子开始，恐怕就是如此。中国传统没有上帝，中国传统的人是在动物生存基础上的"生之谓性"、"食色性也"的人，那就只能依靠培育情感来帮助意志，使之实现善恶观念。即使之认识"应做"就"愿做"，因为有爱憎情感支持你做，这种情感助力非常重要。孔子说"唯仁者能好人，能恶人"，《论语今读》记曰："谁不能喜恶？这里依然是说，虽喜恶也不能一任情感的自然，其中仍应有理知判断在内……其中有理又有情，即仍是某种情理结构的展现。"（4.3记）中国传统讲求是非之心与好恶之心、理性与情感同时培育，才能塑建人性，而不是西方哲学 Hume、Kant 各执一端，截然两分。

问：但你仍有主次之分。在道德心理和道德行为中，理性是动力，情感是助力。与 Hume 恰好相反。

答：对。在 Hume 与 Kant 之间，我明确选择 Kant。这也是我说孔夫子加 Kant 的原因之一。因为孔夫子虽然含有但并未突出理性在道德心理和行为中的决定性意义，而 Kant 突出了。当然更重要的还有外在人文和社会伦理方面的意义，即区分宗教性道德与现代社会性道德，因为确认"人是目的"，是现代社会性道德的核心，它实际来源于现代生活，而非传统社会和孔夫子所能有。但由于孔夫子重视个体人格的独立性，便可以作为资源与它接头。《论语今读》说,"虽然儒学始终未能发展出如 Kant'人是目的'的哲学理论,却一开始就是含有这种思想的因素,它应可成为今日建构社会性道德的重要资源"。(4.26记)假如完全不相干,也是没法加在一起的。

问:为什么说孔子在道德行为和心理中已含有与 Kant 相似或相同的理性观念和意志呢?

答:我很惋惜,孔子对颜渊问仁的回答没有从这个角度去充分重视和研究。在孔子关于仁的重要言说中,他对最得意弟子的回答最为重要。"克己复礼为仁","克己复礼"恰恰是说只有理性意志和观念主宰才能"为仁"。这与他对樊迟"仁者爱人"的回答大不相同,后者可以是普通的同情心,前者才是"立于礼"的人性情理结构。要注意实际上一个是回答"什么是仁",一个是回答"仁是什么",两者不能混同或等同,一个追求定义,一个是宽泛描述。一个已登堂入室,一个刚入门。回答当然不同。在回答登堂入室的"什么是仁"时,注重"理"在道德行为中的关键地位和作用,孔夫子与 Kant 是完全近似的。

问:你以 Kant 的理性主义作建构,孔子的"情理结构"作范导。

答:孔夫子作范导,当然没有问题。孔子所说的"礼"(善恶观念)显然不适宜于现在,但孔子提出的情理结构,高于 Kant 的理性至上,这一点却并无变化。所以就总体说,仍然是孔夫子为主,吸收 Kant。Kant 的理性是超人类的,可以与情感无干，孔子的情理结构是专属于人的，因之离不开情感。

问：你说以 Kant 的理性为动力，孔子的情感为助力，但现在又说以孔子为主吸收 Kant。到底应该怎么理解？

答：我并没有说过"孔子的情感为助力"。我说在 Hume 的情感与 Kant 的理性之间，我明确选择 Kant，以理性为动力，以情感为助力。但孔子与 Hume 不同，孔子不是只讲情感，孔子的情理结构是仁礼并举，既以心理情感为最终根源，又重视它的理性塑建。所以我这里说的以孔夫子为主，主要就是指以孔子提出情理结构为主。这个综合性的情理结构包括认识、审美、道德三大部分。具体到道德部分，如上面所说，孔子并没有忽视而且是强调理性，所以才有我所再三强调的"克己复礼"这个主要方面，孔子还有"三军可夺帅也，匹夫不可夺志也"，"岁寒，然后知松柏之后凋也"等强调理性意志的论述。但孔子仍不够十分突出，特别是后世将孔子的"仁"着重解说为"爱"，把描述当成定义，使理性意志和理性观念在"仁"中的比重和位置变得更加模糊。而在 Kant 那里却得到了空前的突出。Hume 讲情感是道德的动力，理性只是情感的奴隶。但孔子恰恰不是这样，如我所反复强调，孔子讲的情理结构不能等同于情感，它虽以生物性的情感为始基（因为人毕竟而且首先是一种动物），但侧重的却是理性在其中的塑建。它是情感与理性共同构成的综合性的人性结构，这个结构远大于情感，当然也大于理性。所以我说以孔夫子为主。

专就道德行为和心理的理性与情感而言，理性是动力、情感是助力，可以说 Kant 为主、Hume 为辅，因为理性至上是道德行为的特征。但不能说是 Kant 为主、孔子为辅，因为人的情理结构并不止于理性。

问：还是回到"安不安"、"仁者安仁"这个老问题，它们表明，道德心理的最终归宿不是理性而是情感。

答：对。但"归宿"不等于"进行时"。"仁"如上述乃情理结构，既非情又非理，而是它们交织组合。这落实在个体上，由于先天生理和后天教育（广义，包括整个环境）的诸多差异，使行为和心理极为多样而复杂，好人可干坏事，坏人也做好事，形形种种，不一而足，显示出人性之繁复奇诡，美丑善恶，纷然杂陈。孔子对仁有那么多不同偏重的回答，也清晰地表达了这一点。而仁的最高状态便是"仁者安仁"的审美—天地境界。上面已讲过，"安"不是简单的一般情感，"安"可以是对人生意义、生活价值的最终追求。人们一般讲"心安理得"，因为"理得"才有"心安"。此"安"可以是一般的情理状态，但更可以是人的最高境界和最高标准。文天祥《正气歌》曰："天地有正气，杂然赋流形。下则为河岳，上则为日星。于人曰浩然，沛乎塞苍冥。……"这就是文天祥的"无求生以害仁，有杀身以成仁"的"为仁"。人们说，"慷慨成仁易，从容就义难"，文天祥死囚三年，其志不改，这是理性意志、绝对律令的呈现，它也正是"唯其义尽，所以仁至"。因为它既是理性律令,却又是超过了理性意志,成为饱含情感而无适无莫、可与天地万物平宁愉悦地合为一体的人生最高境界,并使理性意志力量在这里得到了情感的最终归宿,这个情理结构的最高层次或"归宿"便是终极关怀、安身立命之所在。这就是"仁者安仁"、"安于仁"的"安"。它已不同于"引刀成一快,不负少年头"慷慨任气式的道德承担。Kant 是理性的道德形而上学,孔夫子是情感的审美形而上学,从"逝者如斯夫"到"无求生以害仁,有杀身以成仁",到"仁者必有勇,勇者不必有仁",到"智者乐水,仁者乐山","智者乐,仁者寿"和"仁者安仁,知者利仁"。**它实际已越过伦常道德,成为天地境界的审美－宗教感。**

问:但文天祥《正气歌》不更可作道德形上学的解说,它不正是牟宗三所说"道德秩序即是宇宙秩序","取义成仁"也就是"天地正气"吗?

答:问得好。但是,第一,牟宗三的"宇宙秩序"和"道德秩序"都缺乏具体内容,伦理道德已多有变迁,宇宙秩序却依然如故,何来"即是"?其"即是"者,只是哲学家之抽象思辨而已。第二,道德秩序乃理性律令,河岳日星乃感性事物,如何能有一共同的"秩序"来支配它们?此"秩序"何所由来?我以为,"天地正气"如同"天行健"一样,是一种超道德的情感移入即"有情宇宙观"的审美理念,而非客观的自然秩序。第三,把"宇宙秩序"归结为"道德秩序"极易迈入意志主义,以"天道"自任而胡作非为。八十年代我多次提示,牟宗三与毛泽东殊途同归,归于认道德即天命。在毛是不停的斗争,在牟是归宿于即存有即活动的神秘经验。

人是目的与关系主义

问:为什么孔子如此重视情理结合和交融?

答:孔子、儒学与非常久长的中国新石器时代的血缘氏族体制相关。

问:《回应》以关系主义来区别西方的个人主义,也讲过这个具有温情脉脉的血缘氏族体制。

答:以前我说过,孔子反对以人偶殉葬,"始作俑者,其无后乎";孟子反对"率兽而食人","兽相食,人且恶之"。中国即使古代也很难出现罗马斗兽场纵兽食人的娱乐表演。西方雅典城邦是独立平等的自由民政治,近代从 Hobbes、Locke、Rousseau 到 Kant,以个人为本位,以契约为原则,理性成为衡量一切的准则,很少从情感立论。由于资本主义的迅速兴起和席卷全球,有这个现代经济作根本基础的支持,使这些原则便作为普遍运用的公共理性几乎无往而不适,成了普遍价值。我不赞成轻易否定它们。我一直支持 Kant 等人的启蒙理性。

问:但你还是要加上孔夫子,这不是今天的主题吗?

答:这是因为启蒙理性带来了严重的恶果和问题,反启蒙、反理性是西方当今的巨大潮流，反的主要对象之一便是 Kant。这又恰恰是我所不赞成的。我肯定 Kant 的理性启蒙，反对反理性、反启蒙。但并不赞同启蒙理性所宣扬的绝对价值，不赞同 Kant 的"先验"，"先验"的含义就是普遍必然、不可更易、永恒不变。**1979 年《批判哲学的批判》便提出以"客观社会性"来替代 Kant 的"普遍必然性"，强调一切人文和人性都是历史的产物。**

问：一方面你以实用理性替代先验理性，以情理结构替代理性至上（近代）和语言至上（现代），另方面你又加上 Kant 的"人是目的"作为现代社会性道德的原理，于是孔夫子加 Kant 便展现出更为复杂的面貌。

答：时移势变，伦理学的善恶是非也大变迁。"克己复礼"的"礼"大有变迁。三年之丧不再，妇女守贞不再，个体人权凸显，人是目的至要。但人是目的，又仍是历史产物，并非先验命题。它在千百年前并不可能，却是今天和今后整个人类奋斗的总目标：尊重每个人的生活、生命、生存和人格，每个人都不应该是奴隶、工具、仆从。Kant 提出人是目的，为现代社会作了预见性的伦理立法。随着社会的发展，它将日益在全球各地区虽缓慢却难以阻挡地实现。当然，如以前所说，我给它加上 Marx 的经济基础，认为现代大工业经济生产所构成的社会，才是使人从各种违反人是目的的传统束缚中解放出来的真实基础，也才能使个体的存在及其各种权益成为社会继续前行的根本要求。也就是说，只有"吃饭哲学"才能正确地解说"人是目的"。

问：你加上这个经济基础，许多学者都不会同意的。

答：那没有关系。他们害怕 Marx，所以我特地在《回应》一书里强调讲了这其实是"Kant 的历史唯物论"，即去除了阶级斗争和先验幻象乌托邦的历史唯物论。在《回应》一书开头，我就说自己是历史主义者，"人是目的"也有其根基和来源。正因为有现实基础，也才有真正的力量和前途，它才不止于哲人的书斋思辨，更不是诗人的煽情语言。而且，历史唯物论也只讲了基础，人今天即使穿暖吃饱，"人是目的"却远未达到，人作为工具、奴仆的异化现象仍到处可见，仍普遍存在，"人是目的"还是一个理想的奋斗目标。

问：这就是你讲的，Kant 有理想性，与 Hegel 重现实不同。这种理想性就好像是某种先验的绝对律令，必须实现，也必将实现。所以是"绝对律令"。

答：但这个"绝对律令"虽然并非心理而是社会伦理的必然走势。这仍需经由漫长的历史过程，不是随着经济发展就自自然然地产生，仍然需要人们自觉地长期艰苦奋斗，仍然需要人们内在的自由意志。

问：人是目的，其实也就是 Kant 所说的，"要有勇气，敢于运用你的理性"的启蒙呼喊？

答："人是目的"，的确启发人们从各种被奴役、被异化的状态中挣脱出来，成为人们追求自由平等和解放的伦理宣言。这个与情感无干的先验理性原则，却充满了社会时代的启蒙激情。人们说，Kant 伦理学是法国革命的德国版，也应从这个角度去理解。

问：那你为什么要提出关系主义来冲淡它？

答：并非冲淡，而是增强。这就是西体中用。

问：你前面讲以孔子为主吸收 Kant，那是中体西用，不是西体中用。

答：我讲的"体"，是日常生活。孔子高于 Kant，但生活高于孔子。孔子的情理结构优于 Kant 的纯粹理性。生活的进步、变迁，又优于孔子的情理结构。因为情理结构的具体内容，随生活进步而历史地变迁，孔子坚持的"三年之丧"和各种礼制，不早已荡然无存了吗？情理结构的人性和人文两方面都与上古不一样了。但情理结构这个原则没有变。"人是目的"，是为了建构现代生活的"体"。今天强调孔子的情理结构，是加入"情"来做这个建构，使这个建构优越于仅以"公共理性"为准绳的"体"，这恰好是西体中用。

问：你强调"体"是生活，是社会—工具本体，但又说"心理成本体"，强调"情理结构"，到底哪个是"体"？

答：《哲学纲要》"双本体说"中明确说过："双本体（两个所谓最终实在）又仍有先后，即吃饭在先、精神在后，自然在先、人类在后也。之所以说'双'，为突出后者之相对独立性也。"（第

234—235页）心理当然依存于人的肉体生存，但它又有相对独立性质。具有相对独立性的内在心理的情理结构，可以帮助而不是决定外在社会的人文—工具结构，这也可作"内圣开外王"的新解。我以前一直提问的是，儒家一直讲"内圣开外王"，为何总开不出？没人回答。我的回答是"巫君不再"。我也提出过"新内圣外王之道"，但未展开论述，因那是远景（需要脑科学发达、教育学成为社会的中心学科，等等），现在所能做的也就是"范导"开"建构"的两德论这个"新解"而已。

问：就"西体"说，上面所说的启蒙激情，在公共理性中就看不见了，变成了冷冰冰的理性原则？

答：现代个人主义，立足在个人物质生活的利害基础之上，要求以严格的理性来论证、判断、思考和制定维护个人生存权、财产权和以之为基础的各种现代社会的伦理和法律。这也就是我所说的现代社会性道德。它也就是"公共理性"（Public Reason）。公共理性的原理、原则基本无关情感（尽管个体实践仍有情感），而且似乎是一种超经验而普遍必然的先验系统，如天赋人权、人生而平等这些先验原则、原理，它们是 Transcendental rationality，Kant 最鲜明地表达了这一点。

问：承继了 Kant 的 Rawls，在其政治自由主义中区别了 rationality 和 reasonable。

答：我用 reasonableness 也许与 Rawls 恰好相反。我以为，作为普遍适用的公共理性和现代社会性道德，是 rationality， reasonableness 则是与情感有关的，从而是灵活性更大的合理性或实用理性。

问：你是说现代社会性道德或公共理性像一种无关情感、难以变易的先验理性原则，而灵活性较大、可由具体情况而变易的合理性或实用理性更多涉及情感。所以你要用富有情感—信仰的宗教性道德来范导和适当建构社会性道德，以合理性来弥补和纠正公共理性。总体来说，还是以情理结构来代替理性主义？

答：前面是讲情理结构多从人性内在心理方面着眼，现在是就人文外在体制方面讲。前者是道德，后者是伦理；前者是教育，后者是风俗、习惯、制度、法律。

问：现在是讲外在人文的情理结构？

答：现代社会个人物质生活中的权益利害、观念意识，包括自由、平等、人权、民主等政治原则，并不能替代或等同人际之间的情感联系，也不能代替或等同个人的情感体验和价值追求。但任何个体都生活在社会，即生活在与他人的各种不同的关系之中。这在中国传统被规定为"礼"。在这里，他人既非地狱，也非上帝，不是仇敌，也不是奉献对象，而是各种实实在在的关系和情感。因之，中国传统礼（儒）法互用中的情理结构关系，在今天似仍可以作为一种借鉴。

问：请具体说说。

答：《左传》里有"君令臣共，父慈子孝，兄爱弟敬，夫和妻柔，姑慈妇听，礼也。君令而不违，臣共而不贰，父慈而教，子孝而箴，兄爱而友，弟敬而顺，夫和而义，妻柔而正，姑慈而从，妇听而婉，礼之善物也"（昭公二十六年）。荀子说"礼"："贵贱有等，长幼有差，贫富轻重皆有称者也"。"礼"不仅仅是明确政治上和家庭中的等差关系、伦理秩序、行为规范（中国由于血缘氏族体制从来便家国相连），而且是这种种关系所带来和要求的不同情感，即上述的父慈子孝、兄友弟恭、夫和妻柔、姑慈妇听，它既是秩序，也是情感。这两者都需要经过明确的教导和培育，也就是"立于礼"。

问：这些等差秩序和"礼"的关系在今日个体主义的自由、平等、人权、民主的现代生活准则和潮流中，不都消失和应该消失吗？

答：似乎消失了，但又不尽然。父子、兄弟、夫妇、长幼、上下、贫富、亲疏、远近等等，各种并不完全"自由"、"平等"的关系和情感仍然或将永远存在。人们在经济、政治、文化上，可以完全自由平等独立，但在现实生活中的关系以及这种关系带来的情感能一律拉平吗？由于不同关系和关系中的不同地位，便形成和要求各种细致丰富、尽管接近但并不等同的情感。就是说，即使都是爱，却仍然是各种不同的爱，John Rawls 在《公正论》中有专章谈论"公正感"（the sense of Justice），归结为"爱"（love），但"爱"千差万别，又怎一个"爱"字了得？

问：礼崩乐坏时代，孔子"释礼归仁"，外在秩序规范不管用了，于是追求以内心的情理结构来作为外在秩序规范(礼)的根源，仁便是这个情理结构的总称概括？

答："始可与言诗已矣"。孔子将外在人文礼制归结为内在情理结构，**实际是提出塑建人性，使"心理成本体"，这是中外哲学史上的大事**，可惜至今未有充分论述。父慈子孝，兄友弟恭，不仅是外在的行为秩序，而是内在的心理结构，这心理结构不只是理性也不只是情感，而是两者的渗透、交融和统一。**将各种伦理规范的人文秩序与道德情理结构的人性心理塑建连接起来，以区别于动物**，这个"天命之谓性，率（帅也）性之谓道，修道之谓教"与希腊的 Logos——语言——理性相比，不很有特色吗。

问：所以孔夫子加 Kant，也成为你的外在伦理两德论的重要内容。

答：这个相加，以情理结构替代理性主义，不仅是内在人性道德，而且也是外在人文伦理。"孝"不仅是内在人性的情理结构，也应该是供养父母的法律规定和伦常秩序。"和为贵"、"里仁为美"，不仅是内在情感追求，而且也该是对居民委员会作为调解纠纷、劝和平争、关怀互助的机构的设建和重视。包括法庭审判、裁决对居委会所提供的材料、证据和意见的重视，如此等等。这些在外在法律、伦理体制建构上，都可以不同于西方。

问：孔子儒学在这里似乎由理性的道德面孔变脸为情感的审美面

孔了。这与你以审美形而上学替代牟宗三的道德形而上学有何关联？

答：有关联。牟的道德形而上学，是宋明理学的现代哲学语言的表述，但失去了宋明理学的现实作用，成了书斋空论。宋明理学之所以要将心、性或天理说成是本体或起源，要将"生之为性"、"食色性也"的自然之性，硬加上"义理之性"、"天地之性"等等，要以"道心"来管辖人心，以义理来管辖气质，以心性来管辖情欲，主要是传统社会需要一套意识形态来维护礼教秩序，到宋明理学达到了哲学理论上的彻底完成。先验的性、理、道心，成为管制、压抑人们情欲的"天"或"天理"，"天人交战"成了伦理道德中心理冲突的典型概括。而"存天理、灭人欲"，成了理学最鲜明的标准旗号。这样，就把人的自然欲望压到了最底层。有如戴震、宋恕、谭嗣同、康有为等人所揭示。

问："以至"五四"时期出现了"孝为万恶之首，淫为百善之先"这种极端反传统、反礼教的自然人性论呼喊。尽管荒谬，却是重要的启蒙，要求个体情欲从两千年的传统礼教束缚中解放出来，重新用自己的理性去思考和行动。这一点你与当下好些学者否定"五四"很不相同。

答：对，我以为"五四"开启了个人主义的新时代，也就是上述以自由平等独立为基本原则的现代社会生活新时代，它维护和宣扬了人的自然本性和情欲需求，这一点是十分重要的。

关系主义只是弥补它的缺失，而不是替代它。所以我说是增强而非冲淡。但现代生活发展到今天，食色扬舞、人欲横流，真情难得、无家可归，个体已化为后现代的所谓碎片，从而既反对性善情恶的禁欲论，也反对情欲至上的纵欲论，提出来自人欲却又理性渗透的情理结构和情感价值，重提关系主义，应该是很有意义的。说重一点，甚至有关人类前途和命运。

问：后现代反宏大叙事，嘲笑所谓人类前途之类。

答：后现代把一切宏大叙事虚无化，人成了当下情欲的"实在"，这"实在"即是"过把瘾就死"，确乎可以不管命运、前途之类。但我以前说过，过把瘾不死又怎么办，反对启蒙、告别理性之后又怎么办？

问：后现代不问以后怎么办。牟宗三也不赞成后现代，他也讲Kant，他以儒学三期说的道德形而上学来回应这个问题。

答：牟避开了情欲问题和现实生活，大讲抽象的心性和思辨的超越，将宋明理学在哲理上进一步宗教化，认为人也有Kant认为只有上帝才有的"智的直觉"，认为Kant需要"上达"到神秘经验。30年前我说过此路难通。与牟的三期说相反，儒学四期以康有为为起点（"人生之道,去苦求乐而已,无他道矣"），以现实生活为依据，以情欲论为中心，非常重视如何对待情欲等问题。当然，情欲论还只是哲学视角的提出，需要进一步展开。

事实、价值不二分

问：伦理学在这里涉及一个根本问题。形而上学要探求善恶的本原。西方一般指向上帝或 Plato 的善的理式,并以之为宇宙根源,牟宗三的道德形而上学也认为心体性体的道德法则即宇宙法则。"恶"却众说纷纭,有的认为"恶"乃人的自由意志,如违反上帝旨意偷食禁果,有的认为恶来自上帝本身,但又分为上帝是有意还是无意造恶,牟似乎没有这样深入地讲。你如何看?

答：这是个大问题,涉及形而上学和神学,深奥而复杂,非这里所能详谈。但 Heidegger 那么赞赏 Schelling 的自由论文,就因为这篇文章点明了"恶"来自上帝本身,是一种永恒存在的动力。印度教的湿婆之舞,既善又恶,既生存又毁灭,也如此。我以为中国传统与此很不相同。

问：老子不也讲,"世人皆知美之为美,斯恶已,皆知善之为善,斯不善已"?

答：我以为,从儒家来看,本原的善即所谓"人性善"的这个"善",并不是与恶相区别而对立的那个善,不是某种伦理道德规范的善,而是与"天行健"一样,是由人的"有情宇宙观"在根本上把本无所谓善恶的"生之谓性"、"食色性也"的性,在人类总体意义上赋予善的品德。**也就是说,中国传统把人**

类的生存延续亦即人的生活实践活动当作最高的善（至善）。因之，它只是对人的一种情感兼理性的设定。

问：牟宗三不是说，熊十力拍桌子驳斥冯友兰说，良知不是假设是呈现吗？

答：他们讲的"呈现"，具体说来，也就是某种神秘经验或体验。但冯的确只是一种理性设定，如同西方哲学。我说的设定注重其情感内容。

问：如何讲？

答：正如"天行"无所谓"健"与否，"健"是人们赋予天的品德，因为（也因此）君子乃是（也应是）自强不息的生存者。**人性善亦然，人性本善也就包含了人性应善。中国传统在本原上没有恶的位置，恶是派生的、次要的。人生而无罪，相反，人和万物的生，本身就是善。**所以，这个善也就不是一般行为中的善恶对比的那个善，这是大善、至善。说中国是乐感文化，即以此故。**中国传统赋予宇宙、人生、生命、生活、生存以肯定的、正面的、积极的价值和情感，亦即"有情宇宙观"**（见《中国古代思想史论》1985）是也。

问：这与崇尚毁灭的 Schelling、Nietzsche、Heidegger，与回到黑暗的德国浪漫派，与认苦难即光明即得救的东正教某些派别，都迥然不同，也是"未知生，焉知死"与"未知死，焉知生"的不同？

答：这也正是因为把"情生于性"、"性本善"的性都首先确定为自然生物的性,并以此为基础来谈理性和道德。

问:"生之谓性"无所谓善恶,与刚才讲的性本善、人性善不矛盾吗?这些与你的情本体又有何关系?

答:一个是就整体说,一个是就个体说。一个是就抽象说,一个是就具体说。人类的生存延续即至善,这是情感兼理性的设定,这是就总体和抽象来说。**但落实到个体上,人的生存、生命、生活的维持和延续便需要性善的培育**,这是就个体和具体来说。**在个体这里,性是自然的潜在可能性,无所谓善恶,是"未发";情是社会性、理性渗入的现实性,是人们生存、生命的实在,这里才有善恶可言,是"已发"。"已发"才是真实的人生**,所以不是性本体,而是情本体。**不要把人类性本善的总体设定与性本无善恶的个体实在混为一谈**。人类总体生存延续作为至善,如前所说,乃一种设定,因为宇宙无所谓善恶,**儒家通过至善的设定来肯定自身的现实生存与延续**,这也就是"无情辩证法"(老子)与"有情宇宙观"(孔子)的关系。"无情"是宇宙的本相,但"有情"才是真实的、现实的人生。**孔子所代表的原典儒家,就是要在本无所谓情感、无所谓意义的世界中,积极地、坚韧地培育、塑建富有情感与意义的人生**,而无求于上帝神明或另个世界。它在"无"中树立和高扬着"有",非宗教而具有宗教性,也就是我在《论语今读》中强调的这比有上帝支撑更悲怆更壮丽,正所谓"知其不可而为之"。从而,"人性善"是 Kant 所谓的目的性的范导原则

(regulational principle），"性本无善恶"是现实性的建构原则（constitutive principle），前者引领并鼓舞后者，后者努力实现前者。孟子把前者后者合为一体，荀子把后者说成性本恶以突出建构，均有偏离，所以我在回应桑德尔书中说孟、荀应统一于孔子。当然，关于孔、孟、荀，关于性、情、未发、已发以及理、气、命、道等等，有许多复杂细致的问题需要深入探讨，这里暂不多说了。

问：宋明理学的性，是一种抽象的总体，你也讲抽象、讲整体，与宋明理学的区别何在？

答：**宋明理学和牟宗三讲的性体，是先验的道德律令，与人自然生存、生理存在没有关系而且相互对立甚至冲突。而我讲的抽象的性，仍然是人类生存延续的自然生理的存在，它与个体的生理存在是一致而不可分割的，它是一种经验性的存在，而不是先验的准则。人性善就总体说是肯定人类的生物族类的生存延续；就个体说，是追求将本无善恶可言的性培育为善。** 人类总体的自然生存、生命是善，但对个体却必须有人为的统率、教导、培育，才能具体实现，斯之谓"率（帅）性之谓道"，不断完满修为，这就是"教"。

问：后现代抹杀抽象和总体，突出具体和个体，这与你讲的具体和个体有何区别？

答：我强调具体落实到个体的人性善，恰恰是需要经过培育的，其中主要就是建立情理结构而不以自然情欲为善，这大不同于自然人性论。宋明理学已如前面所说是以一个抽象的"未发"（性）为善，实际是以传统伦常秩序来管辖、主控现实人生的喜怒哀乐（情）为善，其极端则走进各种禁欲主义；彻底反叛之则沦为自然人性论的纵欲主义，如 Foucault 公共浴室的同性恋随意交合，以取得"极端体验"。讲情本体和情理结构正是为了反对这两者。

问：在你这里，人性善有两重意思，一是对人类存在的形上设定，即肯定人的自然生存延续；一是具体来说，人的性善又是后天培养的，对否？

答：对，这也可说是大善（形而上）和小善（形而下）的关系，前者是有情宇宙观的设定，后者是现实具体的人为。荀子说"人之性，恶；其善者，伪也"，人性善在这个意义上是教育的结果，是"学"的产物。后者的进步使前者更圆满，这也就是具体、个体与抽象、总体的关系。

问：有人说，你把性说成是动物性，是生理自然，就太低级了。

答：一点也不低级。人没有这自然生理，没有这动物性，哪来其他？它们恰恰是人的现实存在的基础。首先必须有肉体，有生命、生活和生存，才可能有精神、意识、灵魂。我从来就反对灵欲分离，不相信灵魂上天或神仙世界。

问：你以人类总体的生存延续为"至善"，是否想从根本上解决事实、价值两分这个西方哲学的老大难问题？

答：**对，这一点非常重要。**两分，我以为在根源上是由于认为价值来自上帝、来自先验理性、来自意识、精神，所以事实引导不出价值，is 也与 ought to 分开，只有认为价值就来自这个世界，就在这个经验世界之中，**人类的生存延续是事实，是本体，也就是价值的来源、根底和基础**。价值不是先天给予的，而是人类自身创造出来的，这个世界的生活本身便具有其神圣价值。**"至善"既是历史事实，也是价值根源，只有这样才可能有事实与价值的统一**。当然，这个大问题尚待进一步的学理论说。

问：在这里恰恰要遇到你所说的历史与伦理的二律背反，这也正是事实与价值的二律背反。

答：的确，这里会出现"恶是历史前行的动力"（事实）与人性心理塑造的绝对律令（价值）的严重矛盾和冲突。因为历史在悲剧中前行，"上帝的事业从善开始，人的事业从恶开始"（Kant），我以为用在这里，可将历史引入形而上学。这形上恰恰就在形下中，在现实中。**这才是真实的 Being 问题**，这 Being 首先是人类的，扩而涉及宇宙。

问：这里涉及"有无相生"等问题。

答：孔子和儒学的要点是有生无，而非无生有。**"有"是根本的，首要的**，"无"是派生的，次要的，不是上帝无中造有，也不是宋明理学的"无极而太极"。"太极"据马王堆帛书乃"大恒"之误，"大恒"即"有"的永恒存在。"无极"是接受佛教思想的产物。**承认这个"有"的世界就这么存在着，虽属理性**

的神秘（如 Wittgenstein 所说，神秘的是这个世界就这么存在着），**但又仍然展现为人类的历史具体路途**，并在这路途中产生着种种有关是非、善恶的大量价值争论。理性与情感的复杂交错，事实、价值沟通相连，使人类历史舞台上演着各种悲喜剧目，**形而上学在这里不再是纯抽象的书斋思辨，而有着丰富的活泼内容。**

历史进入形上

问：这是否是你首次提出历史进入形上。

答：八九十年代已提过，但未详说。历史进入形上，人类学本体论才算完成，也才是《说巫史传统》的完成，也才真正继承了"一个世界"的中国传统所说的体用一源、显微无间，理不离气、道在器中。

问：一般形而上学正是要追求超时空的绝对存在，历史引入形上似乎荒谬之极。

答：人是历史的存在，包括人的精神、意识、观念无不是历史的产物，超历史只是许多哲学的狂想而已。但一般讲历史，关注的是它的时代性、相对性，比较忽略它的积累性，其实正是历史的积累才造成人文（Civilization）和人性（Human psychology），正是它们在历史悲剧中的形成和展开，才显示出人类远超万物的强劲生命力量。

问：历史形上是否就是所谓历史必然性？

答：唯唯否否。历史必然性是人类从偶然性中创造出来的，没有什么既定的必然。从群体到个体，人的生存延续的必然都是人自觉地去奋斗、创造、开拓而实现的。其中经历了各种非常具体的艰难险阻、毁灭死亡（包括群体、族类的死亡、毁灭）的偶然。从伦理学说，在这个过程中，人类一方面建立起道德的绝对即人性能力的心理形式，形而上的人性论具体落实为个体的内在情理结构，另一方面，现实生活却又在物质欲望的不断开拓，通过强凌弱、众欺寡，包括杀戮、战争各种方式残酷地向前进行，即"恶是历史的动力"，从而造成历史与伦理、事实与价值的二律背反。

问：但你说过，道德心理结构中的善恶观念，在不断变迁更易的历史过程中，仍然积累出了许多共同的普遍规范和价值？你的历史观是承认进步的？

答：对。历史不仅创造了人性的进步，由于观念的更新，建立了日益进步的道德心理结构，而且由此历史也创造了人文的进步，体现为时代社会的进步。今日不杀俘、不溺婴，个体得独立，妇女获人权，贪婪、凶狠、无耻、残暴、阴险、两面派、变色龙等等不再成为富贵和成功的充分或必要条件。Hitler的事业已难再有，Stalin的暴政日近消亡，"无耻者富，多信者显"毕竟在缓慢却逐渐地褪色。战争、掠夺、剥削、殖民毕竟不再是推动历史前进不可或缺的因素或力量。人类的事业虽从恶开始，但在日益趋善。虽然过程非常缓慢，且远未完成，但毕竟恶并非永远是历史的动力，不像 Schelling 和 Carl Schmitt 那样视恶为上帝的赐物而永恒存在。人类作为本体，包括工具本体和心理本体，是在不断塑造过程中完善，"至善"是在永恒运转中不断完善自身。特别是在将来的某一时刻，人性逐渐取得对人文的优势地位，而使开启新的内圣外王之道更为显著。"一阴一阳之谓道"，乃宇宙的存在行走，"继之者善也"，乃人类生活的历史实践，"成之者性也"，乃人性情理结构的塑造成果。

问：如是，你的历史主义成了哲学，便区别于一切甩开历史、轻视历史的哲学包括分析哲学、存在主义，等等？

答：这正是人类学历史本体论的题中应有之义。这一哲学形而上学，不可能是脱离人类的宇宙观和本体论，从而不可能是脱离人类物质生活和社会实践的概念游戏，也不会是个体的某种神秘的精神追求。

问：但历史有太多的偶然，你也强调这一点。这种偶然却常常决定了人类和个人命运甚至生存。

答：是这样。这正好显示了人包括族类和个体都应从各种偶然中摸索出自己生存延续的必然道路，建立起自己的命运。**这正是今天再次面临"如何可能"**，科技发展使不可预测的偶然性包括人类毁灭自身的偶然性日益增大，**提出"人类如何可能"当然与人类今日走向何方即人类命运紧密相连**，人类到了认真了解"人类如何可能"从而抓紧把握自己的命运的时刻了。

问：这就是"立命"？

答：对。对个体、群体、民族、国家以及人类，都有这个"立命"问题。

问：但你又坚持"命"是偶然性？

答：对。不能认识、难以捉摸，缺乏规律可循，从而颇值敬畏，这是"命"也是偶然性的特点。但并不能因之而听命、认命、"宿命"，而必须立命。君子自强不息，就是要以是非清楚、爱憎分明、意志坚强即仁智勇来面对偶然，在各种偶然中百折不挠地建立起属于自己的必然。

问：形而上学本是研究 Being 的思辨。你把历史引入形上，就是以人类的生存延续及其命运作为 Being 的思辨对象，是否可以如此理解？

答：荀子批评过庄子"蔽于天而不知人"。离人而谈天，离人类的生存延续而谈宇宙本体，离非本真而谈本真，我以为乃中外古今许多哲学的失误。离开人类的 Being 是科学的对象，科学却离不开人类生存的历史。Hawking 甚至说宇宙离不开人类的宇宙模式而存在。连宇宙的存在都依从于人（这当然不对，宇宙的存在是不可知的物自体）。那离人而谈天、讲本体，包括抽象地大谈心体性体道体，又有何意义，这恰恰违背了原典儒学。郭店竹简说得极为鲜明："所为道者四，惟人道为可道也"，"道四术，惟人道而可道也。其三术者，导之而已"。

虽然对作为人类历史的 Being 的追寻，不止于人生意义、生活价值的探究，还会关系到宇宙和"天道"。但存在之为存在，首先是人的存在之为存在（Being）。**历史进入存在，才能真正具体地使这个存在是"即存有即活动"。这样也才能更深刻更准确地去体认和理解"工夫即本体"。人赋有使命感、责任感的实践活动，是工夫，也就是本体，这也就是道德，而又不止于道德。** 它不止于静态的个体修身养性，而更是动态的社会活动、行为。前者是为了后者，而非为了上天通神，或神秘"超越"，它正是为了在社会实践中创造历史。这也才是"工夫即本体"的历史新解。

问：你这样说，就意味着人类的历史比 Being 更根本，更应是形而上学的思辨对象？

答：重复一句，人类的生存延续即历史就是 Being，对此 Being 的追寻也不止理性的思辨，还会有情感的渗透。

问：这也就是你讲的眷念、感伤、了悟和珍惜，并指向审美代宗教的方向？

答：其中有对历史的敬畏。"前事不忘，后事之师"，"天地国亲师"的"师"，就是历史。巫史传统的特征之一，正是高度重视历史，从商人甲骨到易经易传，到司马迁和司马光，历史书写作为外在人文伦理的"资治"和内在人性道德的"殷鉴"，都在起着引导人们的思考和行动的重大作用，历史涉及的正是今天的命运和明天的前景。个体和人生如此渺小、短促和偶然，任何丰功伟业也不过历史长河中的一瞬,但历史长河却又是这万万千千的短暂一瞬所创造所形成所决定的。这一瞬既渺小又重要,而且只有一次,不能重复。从而,"前不见古人,后不见来者,念天地之悠悠,独怆然而涕下"(唐·陈子昂),"千秋一瞬,山岳一丘"(康有为),神游九天,倘佯寥廓,这不是对天地和历史的敬畏、感伤和超脱吗?此刻的去在(Dasein)不就是眷念、了悟和珍惜吗?"天地"是那可感受而不可知的"九天"物自体,"国、亲"是可感可知的家园、亲友,"师"是既过往(时代性)又长存(积累性)、既偶然又必在的理性兼情感的可敬畏的历史。**它不由分说地构成了你的生命、生活、生存的不可或缺的部分。**

问:似乎这是第一次如此明确说"师"是历史,归属形上,这就远不是历史的经验值得注意那么轻松,不是注意不注意的问题了,历史已成为你的生存血肉而无从摆脱。

答:这就贯彻和发展了郭店竹简"天生百物,人为贵"的观念,也贯彻了由"人道而天道"的传统。这正是人类学历史本体论从根本上与"巫史传统"和中国儒学的承接处。"天地国亲师",是理性力图认识、情感力求归依的终极关怀。历史的客观空间化是钟表日历的时间。它的主观情感化便是眷念、感伤、了悟和珍惜的你所独有的时间性,是对自己生命的深刻领会和把握。它们才是具有各个丰富具体内容的"去在"(Dasein),本真和非本真在这里是合一的,不是悬置非本真,而恰恰是在非本真中去把握本真，这样"去在"才是真实的生存，也才是知命和立命，其中就具有历史的积累性。它是真实的生命之歌，也是人的情理结构的高层会合。

所以，历史本体论，就是历史进入形上。也就是形上形下不割裂不隔绝，道不离器，理不离气，天道不离人道，先验出自经验，理性建自历史。但它并不与对那不可知晓的宇宙物自体存在的敬畏相矛盾，反而正是它的延伸。历史是亿万人众千百万种悲欢离合的活生生的生命、生存、生活，它不是某种固定僵死的心、性、理、气、道，所以才说情本体乃无本体，它以活生生而变易深沉的个体情感为本体实在，所以才眷恋、感伤、了悟、珍惜自己这脆弱渺小的生命，而赋予它以伟大的命运归宿。历史是悲欢离合的人的具体生活，这才是具体的历史，这不就是情本体么？以"悦神"的审美情感作天地境界，不就是"与物质性的宇宙协同共在"的心理感受么？

"上帝死了"之后

问：你想以人类的生存延续以及历史来代替上帝主宰人们？

答：人文和人性都是人类通由历史行程而自我建立起来的。人类当然应该是自己命运的主宰者。尼采喊出"上帝死了"之后，却出现三派反历史的潮流。

问：哪三派？

答：第一派当然就是后现代，即虚无主义，从"告别理性"到"过把瘾就死"，关于这方面的论著汗牛充栋，毋庸我说。其特点之一，重个别轻普遍，反理性反启蒙，主张"什么都行"，历史更是虚构，不值一谈，当然历史更没有上面所说的这种崇高地位。

问：新历史主义认为历史记叙大都为虚构为想象为小说。

答：许许多多写下来的历史，特别是政治史，确实为大量的想象、谎言所虚构所笼罩，这我早已说过。但就总体来说，人类的生存延续经历过各种变迁的时空历史，这一基本事实及其价值却并非谎言和虚构。它们先于也高于语言、文本，它们作为实践、活动、行为，无可否认。

问：你说的第二派潮流呢？

答：寻神。即上帝死了之后，要恢复上帝，寻找上帝，再造上帝。这包括再造超越的上帝（如 Leo Strauss、Carl Schmitt 等），或世间的上帝（如古圣人或新国父），认为人类和个体必须要有一个最根本的强力支持者或主宰者，才能生活或生存，历史主义因为脱离神的引导，必会导致相对或虚无。

问：为什么说历史主义会导致相对或虚无？

答：因为历史是人类的，不是绝对的存在物，如没有神的指引，不仅没有事实的前景，而且是价值的虚无。历史充满偶然和变异，缺乏神的绝对规范，群体和个体的盛衰兴亡便毫无准绳、毫无意义。寻神派当然拒绝历史可以在相对中形成绝对，否认人类历史既是实体（事实）又是价值。

问：那第三派呢？

答：生物派，即科学派。认为人的一切都可由生物基因来解释，无需历史。既不相信上帝造人，那么人之所以为人，就是基因突变的结果。

问：但人类近两千年特别是近一两百年来如此迅速的发展，能用基因突变来解释吗？

答：我认为不能。只能由历史来解释。有人批评我说，"为什么你的哲学总要与发生学（历史）连在一起，发生学属科学范围，哲学不是科学"。我回答说，我的哲学认为人类本体，不管是工具本体还是心理本体，都是历史产物，当然就与发生学相关，并常常依据发生学来论证，而且一般说来，我反对将哲学与科学一刀两断，反对认为两者互不相涉，不应相连，否则就坠入"第二义"的观点。当然，关于历史与科学的关系，还待进一步讨论。

问：科学家常以人脑基因突变产生语言，用语言来划人兽之分。

答：从七十年代至今，我反复申说的就是，并非语言而是实践（特别是人使用—制造工具的活动），不是"太初有言"而是"太初有为"，才是人类的源起和根本，是实践中的理性产生实践理性。这一直是我的同心圆的圆心。

问：但许多动物包括人类血缘最亲近的黑猩猩也制造与使用工具。

答：这问题也回答许多次了。我以维持人类生存的无之必不然的必要条件，即使用—制造工具的普遍性，和有之必然的使用—制造工具的多样性，来区分人与黑猩猩制造与使用工具的不同。黑猩猩没有不使用—制造工具就不能生存的普遍性，也没有使用—创造如此之多的品种、式样、用途的工具多样性。至于与制造和使用工具的其他动物的区别，更有其他的前提条件的不同，如生物进化层次、大脑体积、直立行走、群体关系，等等。

问：何谓"实践中的理性"？

答：其中非常重要的是秩序感，如由动作中所产生的操作。操作是动作的抽象提炼，即建立感性的抽象形式，其中就有秩序感。有如Wittgenstein所说，重复操作乃数学的起源，数学不是描述事实，而是描述事实的一套行为规范。其中就有如我多次提起的，序数先于基数，就有秩序感问题。秩序感从最基础的方面说，不是冷热、软硬、干湿、锐钝、重轻之类动物也有的感官知觉，而是在使用—制造工具的这种**超生物肢体的动作活动中的所感知、领悟并进而掌握、提炼和反复练习成为操作的次序、先后、均衡、对称、节奏、韵律等等**。这就是"实践中的理性"。它作为某种形式因，掌握和推动质料因，**成为"度"的具体实现，而不断前行，丰富自身，并保存在语言中，成为人所特有的语义**，保存在情感中，成为人所特有的秩序和结构，这就是超生物的人类语言和人类心理。在儿童教育中，儿歌中音响节奏的重复、故事内容的重复，等等，便都在建立人性中的理性秩序，这也就是文化心理结构（cultural-psychology formation）或情理结构

(emotio-national Structure)。Formation 突出具体的动态形成，structure 突出抽象的共有形式。奠基于操作，节奏甚至可成为人的视觉空间的秩序（可参阅 E.H.Gombrich），在这秩序中，情理交会、渗透、融合，**成为超生物的感知**，进而产生**超生物的情感、想象和理解**。所有这些，都待以后深入展开。

问：语言仍然很重要？

答：那当然。动物也有传递信息、相互交流的言语。我所重视的是人类语言的语义，我支持和重视人类在发声语言之前或同时存在手势语的理论。因为其原始人类语义正是使用—制造工具的动作操作的保存和传达。手势语是原始语言最重要和发生最先的一种语言。使用—制造工具不正是手的活动吗？手势语正是以手势保存、传达使用—制造工具的各种姿态、技巧和操作，而区别于其他动物。

问：如果从基因说，黑猩猩应与人划归一类，而不应与大猩猩划归一类，对吧？人的使用—制造工具，使人类拥有了如你所说的**超生物的肢体（工具），产生了超生物的语言（主要是语义），由之产生超生物的心理意识和生活生存**，人类愈来愈无衣食之忧、寒暑之困，生命延长、生活丰富，外在和内在的情理结构也不断发展丰富，这些都是历史。所以你说"历史建理性"，对吧？

答：对。我还说过，具体说来，它们都通过"度"（proper measure）而实现：人通过不断创造崭新的"度"来使自己生存不同于动物，最根本的"度"是工具本体的度。人首先要吃饭，人吃饭与动物的吃饭不同就在于，人有大量不同的多种工具，这需要不断开拓和掌握"度"，直到今天创造出上天下地入海游空各种科技的"度"，它们不断一步一步地扩大，不仅在工具中，而且也在人的整个生活中。所以人类历史本体论又可称为"度的哲学"，不是有、无，不是精神、意识，不是物质、原子，不是上帝、神明，而是人类活动中的"度"，成为历史本体论的第一范畴。（见拙著《历史本体论》）

问："度"与"以美启真"有关系否？

答："度"既是不长不短不多不少，恰如其分地把握创造，当然与"以美启真"相关。"以美启真"是逻辑思维之前，或与逻辑思维相伴随的某种感受或领悟。它是感性的，但在感性特殊中求普遍。这种作为反思判断力的审美，可以帮助从普遍定特殊的决定判断力，由启真而得真。得真，便需要逻辑和数学。有如 Wittgenstein 所说，数学是人类的发明而非发现，是人所发明的一种思维规范的技术体系，有如物质活动中的工具一样。也有如 Gombrich 所说，"人类的技巧比我们自然环境表现出更多的规则"（《秩序感》）。它使人不断去发明真理。

问：那"以美储善"呢？美学作为第一哲学应与伦理学更有关系。

答："度"存在于人类生存的物质基层直到人类生存的精神高层。最初与人的生存紧密相连（"对了！"），最后又与人生境界（"成于乐"）相连，**所以美学才成为第一哲学**。我这里所使用的"美学"，不是一般的学科意义上的美学，也不局限于审美性质的创作与欣赏活动。这"美"是"天地有大美",是人与天地万物协同行走的"美",这"美学"体现的是人类生存延续以物质性的生活、生产为基础,通由使用—制造工具而改塑生存环境、塑建人性结构的规律性活动过程。这活动贯串情感与认知、感性与理性,贯串内在人性与外在人文、物质前提与精神升华,在最终的意义上,贯串个体生命的天地境界与人类整体的世界和谐。中国传统讲"中庸","中庸之为德也,其至也乎"。"中庸"也就是"度"。"中庸"并非 mean,并非"中间",雄飞雌伏、妥协坚持均可以是"度"。它们恰恰是在各种偶然和不确定中适时损益、因时制宜,恰到好处而不断变易地掌握行为活动,从而使族类和个体得到生存延续,这也就是"生生之谓易"。我以为这才是中国精神和中国传统。这个传统使我再次想到,蔡元培以美育代宗教,实际上是紧紧抓住了人类生存这个要点,不是个体灵魂的拯救升天,而是物质生活延续丰富和精神生活的情感高蹈。这才是中国的形而上学。其最终最高的情理结构,便是形而上的"仁"、"安",这就是"以美储善"。

"以美启真"、"以美储善"使人作为族类和个体的生存延续区别于其他动物族类,也就是说,不再是生物进化的竞争规则,而是情理结构的文化积淀规则,引领着人类不断加速度地迅速前行。孔夫子和 Kant(如《判断力批判》)都有它的重要蕴涵,这也正是巫史传统的今日延续。提出美学作为第一哲学,良有以也。

问:中国的形而上学,是否就可以概括为孔夫子加 Kant?

答：有关形而上学，我提出和回答的是三大问题。一、人类如何可能？答曰：使用—制造工具的历史经验产生了理性。二、什么是人性？答曰：情理结构，自然情欲与理性的各种矛盾融汇。三、人为何在中国传统中位置较高？答曰：巫史传统、一个世界之故。所以，人类学历史本体论以孔夫子为主，吸收和消化 Kant 与 Marx。这也就是认为，以中国五千年文明、近千万平方公里国土和十几亿人口的巨大时空实体的实践、探索为基础，今天中国应奋力走出一条自己的现代性道路。从伦理学来说，就是以"天地之大德曰生"、"生生之谓易"、"生之谓性"为根源，以孔子讲的情理结构来承载 Kant 的理性动力、Hume 的情感助力，而与 Marx 的物质基础、生产劳动接通，从而虽然艰辛悲苦却仍然坚韧不移地走出一条无需依傍上帝的道路，也就是人类自己塑建自己，自己创造历史、创造未来的道路。它将始终在各种不确定性、不可预测性和偶然性中奋力前行。鲁迅说"世上本没有路，走的人多了，也便成了路"。

问：从而，"上帝死了"之后，结论如何？

答：结论是，上帝死了之后，中国哲学登场。"上帝死了，人还活着，主体性将为开辟自己的道路，不断前行。"（"主体性论纲"之三，1985）《为什么说孔夫子加 Kant》此文于焉结束，又仍待进一步再次展开。

2014 年 8 月于青岛海景花园酒店

关于"伦理学总览表"的说明（2018）

我的"情本体"说法源起于1980年《孔子再评价》一文，（请参阅该文"仁的结构"部分），九十年代我将它展开为"两德论"、"情理结构（参阅《历史本体论》、《论语今读》等）的伦理学论说，近年似颇有回响，但误解更多。值此垂毙之年，或仍有责任不回避"还是那一套"的重复或讥讽，再作一点简略的通俗说明，主要是解说那张"伦理学总览表"（如下图，始见于三联版《回应桑德尔及其他》，略修订后收入青岛版《人类学历史本体论》及三联版《伦理学纲要续篇》）。因为该表概括了我有关伦理学的基本想法。

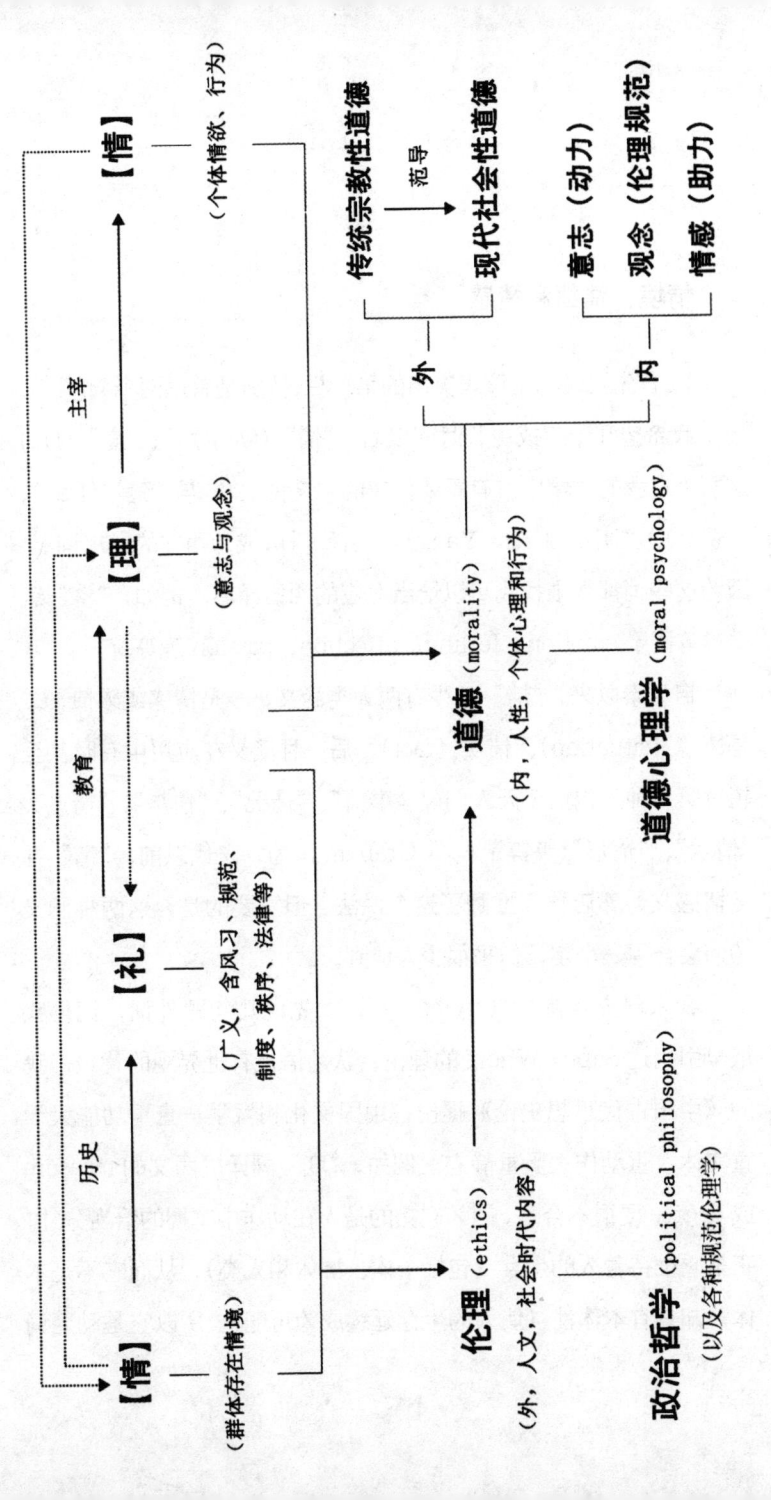

伦 理 学 总 览 表

[情] (群体存在情境) →(历史)→ **[礼]** (广义,含风习、规范、制度、秩序、法律等) ←(教育)→ **[理]** (意志与观念) →(主宰)→ **[情]** (个体情欲、行为)

伦理 (ethics)
(外、人文、社会时代内容)

道德 (morality)
(内、人性、个体心理和行为)

传统宗教性道德 →范导→ 现代社会性道德 —— 外

意志（动力）
观念（伦理规范） —— 内
情感（助力）

政治哲学 (political philosophy)
(以及各种规范伦理学)

道德心理学 (moral psychology)

情境、情绪和情感

1. 首先要说的是该表突出的第一栏,特别是首尾两个"情"字。

我希望几十年或更长时间以后,"情"(Qing)与"度"(Du)这两个在我的哲学中占有重要位置的中文词汇,能与"道"(Dao)、"气"(Qi)、"阴阳"(Yin-Yang)等英译一样,成为西文的通用词汇。因为这些词都很难找到可以恰当对应的西语译名。例如,"情"就很难等同于 emotion、feeling、affection、passion 等等。

自先秦以来,"情"至少有两大类涵义,一是情感或感情,二是情境(situation)、情实(fact),后一种涵义在应用中有时甚至超过第一种。包括今天人们说"事情"、"情况"、"情势"、"情态"、"情状"、"情形"等等。A.C.Graham 认为,汉代以前,"情"并无情感义。郭店竹简推翻了这个说法。但重要的是,这两种涵义为何会合用一个字,似乎很少人谈到。

我未研究字源学(etymology)。先说几句题外话,记得我很早引用过 Sapir-Whorf 的理论,认为语言有世界观的背景。我的《中国古代思想史论》提出,中国文化和哲学一直重功能大于重实体,重动作大于重静态。例如,"度"翻译成西文的 measure 或 degree 便很不合适,因为它指的是人在动作中掌握的恰当分寸,正是它维持着人的生存(包括个体、群体和人类),从而它不是本体,却具有本体性(使人的生存延续成为可能)。所以它是动名词而非名词，是动作（包括姿态、样式，也包括对自然和人际，等等）当中恰到好处的分寸，而不是静态的刻度、标准等等，是主体活动性的、能动的、变化着的"合宜"，而非客观、静态、确定的存在。

"情"也如此。"情境"是指一种非常具体的动态过程。中国没有 Plato–Aristotle 的"两个世界"的观念背景，Plato 有"理式世界"，Aristotle 有"不动的动者"，而中国则是"道不远人"、"天道即人道"。离人而谈天，乃今日之科学或某种变相形式的神学。在中国哲学传统，任何事物与人和人际关系很难分开，事实、情实、情况、情状、情态、情势、情境，都是在人的具体活动中展现，而人的具体活动中总有情感，因此"情境"与人们的"情感"总有着或远或近、或多或少的关联，所以才用同一个字"情"来表示。那张"总览表"的第一个"情"，便是指"情境"，第二个"情"，指的是"情感"。"总览表"中的那条实线，表示产生；虚线，表示反作用。两者有所区分，但又有联系。当然，"情境"包括了物，这已扩展到非人际关系的范围，例如《周易》讲的"以类万物之情"即万物的情况、情势、情景、情境。但毕竟首要的涵义仍然在人的情境。这是首先要说明的。

2. 第二点要说明的是，"情"又有"情绪"与"情感"的区别。

汉语的"情"无此区别，西语的 emotion 与 feeling 等也如此，相当一致。我认为"情"其实包含有这两种不同的涵义：一是动物性的生理本能自然生成的情绪，一是"人化"了的情绪即情感。这一区分在日常生活和日常语言中，看不到也用不着，但在学术研究领域内，我以为区分它们十分重要。我的伦理学认为，情绪乃人兽所共有，而情感则专属于人。这个区分，可以说是承续了儒学强调的人兽之分、人禽之别，而现代心理学和社会生物学（social biology）以及所谓"生理学进路的伦理学研究"等，则忽视甚至抹杀这一区分。我最近之所以推重刘绪源的修订版《美与幼童——从婴幼儿看审美发生》（凤凰少年儿童出版社 2017 年 10 月），就是因为他如同 Piaget 研究儿童智力发展那样，仔细观察、描述和论说了儿童从 2 岁到 4 岁的这个阶段，通过审美的想象手段，以理入情，让动物性的情绪得以发展变化为人化的情感，开始形成专属于人类的情理结构，并使其得到独立的活动和发展，从而使人在情感上逐渐脱离动物界而区别于动物。我以为这有重要的理论意义。

虽然我并不赞成钱穆认为"仁在人心中与生俱来"的观点，但在拙作《论语今读》谈到情理关系时，非常赞同地引过他的这段话：

> 宋儒说"心统性情"，毋宁可以说，在全部人生中，中国儒学思想，则更着重此心之情感部分，尤胜于其看重理智部分。我们只能说，自理智来完成性情，不能说由性情来完成理智。情失于正，则流而为欲。中国儒家，极看重情欲之分异。人生应以情为主，但不能以欲为主。儒家论人生，主张节欲寡欲以至于无欲。但绝不许人寡情、绝情

乃至于无情。[1]

因为即使情感是"人化"的情绪，却与情绪一样，仍然与欲望紧密相连，所以在《回应桑德尔及其他》等文中，我强调应该区分不同层次和种类的欲望，以及跟欲望相关的所谓"幸福"。有纯粹满足人作为动物需要的基础欲望（如性），有超出但仍包括这些欲望的欲望（如爱），还有完全超出这些欲望的欲望（如牺牲自己生命的欲望）。幸福也是如此，有各种层次和类别迥然不同的"幸福"，不能一概而论。所以，孟子那句时常被人引用的"理义之悦我心，犹刍豢之悦我口"，这两种"悦"便不应该等同。后者主要是满足自然生理需要，前者不是，而且甚至是对抗这种本能需要。但至今好些学者经常把这两种"悦"混同起来，看作都是直觉性的，看作都是自然或上帝给予人的"先天"或"先验"。我的"情理结构"正是对此而发，强调区分情绪与情感。

我三年前给刘绪源的信中说：

> 通过对不同年龄、特别是幼儿以及儿童读物的观察和分析，研究审美的发生史和其中"四集团"（按：指感知、想象、理解、情欲[2]）的具体不同组合和结构，以其与审美相关和无关的愉快的不同种类

---

[1] 《孔子与论语》，联经版1974年，第198页。
[2] 以前拙作记述美感时，虽曾不断提及"欲望在想象中的满足"等等，但不够充分明朗，今决定将"美感四要素集团"中的"情感"更为确定地改为"情欲"，不能就拙作逐一更正了，特此注明。

和层次,在这些不同层次和种类中各要素的关系,等等等等,有许多有趣味的题目可做。

这正是我所主张的实践美学的建树道路,因为我所提出的只是实践美学的哲学基础,它需要有许许多多具体的、实证的、科学的研究,这才是实践美学本身的建树。例如,Kant 所说的那尚未能知道的感性和知性的共同根源,我认为是"实践",而不是 Heidegger 所认为的"先验的想象力";这是一种根本性的哲学论断。它仍需经验的心理科学、特别是未来的脑科学来加以实证的研讨,其中"想象"便是最重要的关键中介。刘绪源正是向这个目标行进,他突出"想象"来探索儿童审美的情理结构的萌生和发展。这正好是上述哲学的实证性的具体展开,即实证地观察探求关于人性的产生、发展的哲学课题。

我以为,作为另种"情理结构"的道德,也可以通过培育幼儿从情绪到情感的发展变化中来寻觅,即儿童善恶观念(所谓"良知"、"良心")是如何出现和形成的。我以前多次说,幼儿读物中的那些亲切可爱的小白兔、凶狠残暴的大灰狼、狡猾的狐狸、正义的大公鸡……以及看戏剧人物时,时常要回答儿童"这是好人还是坏人"的提问,等等,所有这些不正是教育培养儿童心理中道德的情理结构么?可见,情本体并不在于单讲情感如何如何重要,而在于提出,人的情感是因为有了理性的参与,形成情理结构,而后才有可能成为区别于动物的属人的"本体"。

3. 于是，这里便涉及伦理与道德及其关系这个大问题。

为什么说"大"？因为伦理与道德有没有区分，是否应予区分，以及如何区分，自古至今并不清楚。一般是混而统之，不予区分。也有一些学者论说区分，但并没有解决问题。包括 Santayana、Habermas 等名家在内，提出前理性或理性、纵或横两种不同考察方式，等等。

我采取的区分，是哲学史上 Kant 与 Hegel 的区分。我以为，Hegel 是从宏观历史学（历史哲学）的角度讲伦理道德，讲了家庭、市民社会、国家等等；Kant 则是从道德行为的心理特征（心理哲学）的角度讲伦理道德，讲的主要是实践理性的绝对律令。我认为这倒恰好可以作为伦理与道德的区分。伦理指的是外在群体规范，从风俗习惯到政经体制，包括各种制度、秩序、规则、法律等等，范围极为广阔，也就是"总览表"上的"政治哲学"的范围（当然，这只是极概括的提法，其中仍可分为较狭义的政治、伦理、法律、道德、风习等等）；道德则是个体行为及内在心理，主要由意志、观念和情感三要素组成，也就是"总览表"上的"道德心理学"。于是出现这样的疑问：两者的关系是道德由内向外产生伦理呢，还是伦理由外向内形成了道德？进而引出诸如此类的追问：人是生下来就有普遍的、先验的"善端"呢，还是这所谓"善端"也主要靠后天培育而成呢？先秦孟荀性善性恶之争，就与此相关。我采取的是后一立场。

在伦理学史上，中国历来是由内而外的观点占主导，孟子的影响、地位远在荀子之上。今天学界中"先验人性论"也一直占上风。但这个先验的"人性善"从何而来？何以可能？讲来讲去仍然无外乎其根源和开头乃上天所赐，人生来就有，这个上天或归之于上帝神明，或说是生物基因，后天的教育培养等等只起到保存、巩固和扩展它的作用而已。但在我看来，如前所再三说过，人作为动物，有动物的各种需要和本能，所谓性善性恶不过是：一个强调动物本性中的同情、爱抚、协助的方面，另一个强调动物本性中的争夺、打斗、杀戮的方面。所以我说孟、荀统一于孔，即"学"。荀子有《劝学》作为首篇，孟子也讲"人之所以异于禽兽者几希，庶民去之，君子存之"，所以要"求放心"，"求则得之，舍则失之"。孟荀双方都重视后天的培养和学习。孔学的特点就是认为人的本性并不是固定的 nature，而是一个不断学习、成长的变化过程和文化产物。从而"学做人"才能始终是孔学要义。

人是什么？人是制造—使用工具的动物。正因为制造—使用工具是在动作中不断积累而更新换代、发展变化、愈益丰富复杂，其推进速度和涉及方面远远超过生物演化，不仅在人的外在力量、技能、机巧等方面，而且也在人的内在心理、智力、审美、意志等情理结构方面。所以，人是什么或什么是人？便不是某种静态的存在（being、是），而应看作是培育成长的过程（becoming、生生）。所以也才有"学做人"、"活到老，学到老"的话语和教义，包括骂人时说"你不是人"，等等。

这也就是"总览表"中的由"情"（情境）到"礼"（外在伦理规范）再到理（个体道德观念）再到情（个体的道德情理结构）

这条实线。拙著《论语今读》前言中说的"第一"便是：

> 孔学特别重视人性情感的培育，重视动物性（欲）与社会性（理）的交融统一。我以为这实际是以"情"作为人性和人生的基础、实体和本源。它即是我所谓的"文化心理结构"的核心："情理结构"。人以这种"情理结构"区别于动物和机器。

4. 由情到礼，也就是《孔子再评价》所说的，"礼由俗出"，这个"俗"也就是"情境"。它上升到"礼"后，就具有了"天经地义"的神圣性，再到观念的"理"，就变成了神圣的天道、神谕，对个体来说变成了先验的"天理"、"良知"。

我的《两种道德论》中曾经指出：

> "宗教性道德"本是一种"社会性道德"。它本是一定时代、地域、民族、集团，即一定时、空、条件环境下的或大或小的人类群体为维持、保护、延续其生存、生活所要求的共同行为方式、准则或标准。由于当时的环境和主客观条件，这种"社会性道德"必须也必然以一种超社会超人世的现象出现。从图腾时代的动物崇拜到宗法社会的祖先崇拜，从多神到一神，从巫术到宗教，甚至抽象到哲学理论上，都如此，都强调世上人间的各种道德准则、人的行为规范、心性修养，本源于超越此有限人际、生活世俗的"天理"、"良心"、"上帝"、

"理性",正因为这样,人群才慑服,万众才信从。

可见,宗教性道德与社会性道德,个人修养的私德与社会规范的公德,虽然颇有差异,但在近代以前却经常是在传统宗教性道德的笼罩下,混同一气,未予分割的。西方中世纪以来,是基督教伦理学笼罩着,至今仍有巨大影响,如强大、激烈的反堕胎运动;在中国是伦理－政治－宗教三合一的礼教笼罩着,这也就是中国式的政教合一,"礼"既是伦理也是政治,同时还具有神圣的宗教性质。先秦儒家早就把三者捆在一起,如修身齐家治国平天下。汉代《白虎通》的"三纲六纪",更以明确的政治形态宣布了这一点。现在有些学人极力否认,其实余音未绝,容后再叙。

5. 这里倒先想讲讲作为这个"礼教"核心的儒家伦理学,今天还有何值得注意和吸取的特征否。我答曰有,一是仁爱为怀,二是修身为本。

关于前者,论说已经盈篇累牍,不必多谈。很显然,它与希腊的著名"四德"(节制、公正、勇敢、智慧)中缺"仁爱"大不相同。所以我曾说,罗马斗兽场上让人兽相斗,以兽食人,包括大讲"博爱"的基督徒也欢呼观赏,在中国便很难发生。孟子说"兽相食,且人恶之",何况让兽食人呢。问题是为什么会有这种不同?是天生人性不同吗?非也。我以为这与孔子开创的"情本体"哲理相关。《圣经》十诫以理性命令的爱上帝为压倒一切的首条,《论语》却以"孝悌为仁之本"的理性化的自然情感为基础。孔子并非"天纵之圣"，孔子也不是神，他之所以能如此，是由于中国长达数千甚至上万年的以血缘、家族为轴心的氏族部落体制发展得非常充分，血缘纽带中的孝悌即父子兄弟的自然情感关系，被孔子作了伟大的转换性创造即理性化的提升，这才是孔子所说"述而不作"的实质性的深刻所在。孔门后学儒学各派再加以强化、加深、巩固和延续，成了一种超越特定时空制限而长久传承下来的文化心理结构，就个体心理说就是"情理结构"。诚然，某些思想意识有超越特定时空的相对独立性，但好些学人将之完全脱离历史或现实作纯粹的概念演绎，我却不大赞同。

上古氏族体系一方面有周详细密的等级、层次、阶梯以及相应的严酷规则、刑罚，远非人人平等、自由，另方面又以情感来调节、协和、稳定这种等级、层次的人际关系和社会结构，尽量使其相互照应，和谐相处。正因为这样，孔子才能在思想上有此超越时空的伟大创造，即以"仁"（由近及远、以己推人）释"礼"，一方面是"迩之事父，远之事君"、"君君臣臣，父父子子"，另方面是"博施于民，而能济众"。这就是我在《孔子再评价》中所讲"仁的结构"的第一、第二、第三方面，也就是该文中指出的，以血缘氏族的社会结构为基础的原始的人道主义和民主性。这也就是说，以民为本即"民为贵"的氏族社会体制，乃儒家"仁爱为怀"的文化心理的现实根基而形成传统。因此，这种"仁爱为怀"，要求统治者（君主）应如同家族首领爱护自己的儿女、子孙及族人那样去"爱民如子"、"如保赤子"。这就是中国古代的"人道"和"民主"。它与古希腊民主和现代民主毫不相干,也并不类似。尽管孟子有"闻诛一夫纣矣,未闻弑君也"、"时日曷丧……民欲与之偕亡"的激烈话语,荀子、董仲舒有"天之生民,非为君也,天之立君,以为民也"、"仁,天心也"等论说,但都不是某种民主制度,而是上述"情本体"的爱民思想。即使到秦汉后世的专制帝国,也仍然有儒法互用、以情入理、礼法交融,有经有权,等等,即强调各个具体情境不同而对于视同一律的礼法规范作出适应的人情调整,所谓"理无可恕,情有可原"。陶渊明对奴仆的态度便是"此亦人子也,可善遇之",杨万里夫人也争辩说"奴婢亦人之子",强调服役的奴婢也是人,应该爱护。杜甫有"大庇天下寒士俱欢颜……吾庐独破受冻死亦足"的诗句,如此等等。悠长未断的中国传统一直重视和关怀属于"同类"的"人"的物质身体的生存,颇不同于古希腊视奴隶为会说话的工具和罗马斗兽场上的以兽食人,尽管实际上中国仍有很多人并未能遵循,而且经常严重违背自己传统的这个美德。

总之,正是以重视情感和谐的家庭—家族—氏族体制的社会结构为基础,才能创造和长久延续"仁爱为怀"为特征的孔子的"仁"的伟大哲学,孟子也才把"不忍人之政"归结为"不忍人之心",这完全不同于古希腊以平等的个体自由民所形成邦(政治)家(伦理)分离的纯理性的社会结构和人际关系。所以我说作为第一期的儒学主题是"乐合同、礼别异"的礼乐论。这种政治上的情理结构又仍然是历史的产物。

现在讲"仁"、"仁体"、"仁本体"的文章和书很不少,但到底什么是"仁",这个概念却极不清楚,也没有一个公认的确定的说法,好像是仁爱("仁者爱之理",朱熹的老说法,但好些人并不同意),或再加上一些什么并不清楚的东西,有的讲得甚至不知所云,"仁"不清楚,"仁体"、"仁本体"就更如此了。我在《孔子再评价》中是将"仁"确定为由紧相联接、交叉错综的四个方面组成的"文化心理结构"。就个体说也就是"情理结构"。这"情理结构"也远不止于个体心理,它的内圣开外王便表现在政治上,这是我多次提及的新内圣外王之道,因尚待现实实践成果,时日尚早,所以我说只能以后再讲。

6. 再说修身为本。

世界各种宗教和文化都讲修身。孔孟不必说了,荀子被问及为国时,也回答说"闻修身,未尝闻为国也"(《荀子·君道》)。《中庸》说"自天子以至于庶人,壹是皆以修身为本"。问题在于:修身何来?修身是为了什么?

与许多宗教的修身是为了个体的灵魂拯救或解脱涅槃("普渡"也以心灵为主)不同,我以为原典儒学的"修身"乃由巫史传统的内圣外王而来,是由于作为大巫或"首巫"的氏族部落的首领能上天通神,知天道、天意、天命,因而具备智仁勇的超凡品德,而能率领百姓,统御四方,开出外王,令大众信服。所以修身的目的是为了齐"家"(大家族、氏族)、治国、平天下。以首领为标准,所谓庶人也应以此为模范和榜样而努力效法之。"内圣"是为了"外王",后代的士大夫知识人的修身,也是为了承担经世济民的道德义务,指出、阻止、规范君王和官吏们的错误政策和行为,即荀子所说的"谏、争、辅、拂……社稷之臣也"(《荀子·臣道》)。在汉代大一统专制帝国时,居然还有儒生提出"禅让",请皇帝让位;盐铁会议上著名的贤良文学与御史大夫的激烈辩论,以及后代与"武死战"相比美的史不绝书的"文死谏",尽管有无数人死于棍棒与酷刑之下,却历经各个朝代,直到清末也未改变。在"道不行"无可进取的严重环境下,则"乘桴浮于海":或山林隐逸,或授徒立言,或浪迹江湖,或经商下海,"人不知而不愠",体现出"狷者"的"有所不为",而不是衣食无忧便做稳奴隶。

还是鲁迅病殁前写得好:

> 街灯的光穿窗而入,屋子里显出微明,我大略一看,熟悉的墙壁,壁端的棱线,熟识的书堆,堆边的未订的画集,外面的进行着的夜,无穷的远方,无数的人们,都和我有关。我存在着,我在生活,我将生活下去,我开始觉得自己更切实了……(《且介亭杂文末编·这也是生活》)

鲁迅一直在提倡启蒙中超越启蒙,质询生存的意义,又仍然在超越启蒙中提倡启蒙,奋力与黑暗抗争,亦狂亦狷,此即中道,这才是现代中国人的修身。

宋明理学有大量的关于修身的工夫论。但我以为,由于受了佛教的严重影响，他们强调追求的经常变成了个体成"圣"的"践仁尽性"、"尽性知天"，实际是以某种神秘经验为旨归。原典儒学并没有这些，从先秦到汉唐，儒家就并无"半日读书，半日静坐"说。当代牟宗三对并无人格神的儒学，运用了现代西方的思辨方法，作了深刻的宗教性的挖掘，做出了成绩。但他由此而大讲所谓工夫论，把它说成是"道德性之当然渗透至充其极而达至具体清澈精诚恻怛之圆而神之境"，这就是"圣人""通体是仁心德慧之所涵"（《心体与性体》"绪论"第三章第一节），从而整个儒学的精义、命脉便是此心性之学，对于这一基本论断，我从不敢认同。早有学人指出，牟宗三以"圆满的良知"来"坎陷"自己以开出现代的科学与民主，就很难说通。我以为这倒恰好是将"外王"拱手让给了西方。所以，儒学三期四期之分，就不是如杜维明所说的（按朝代）"分十期也可以的"问题，而是有关儒学定性的问题。我之所以提出"两德论"，提出"四期情欲论"，亦针对此发。引一段章学诚的话如下：

> 朱陆异同，干戈门户，千古桎梏之府，亦千古荆棘之林也。究其所以纷纶，则惟腾空言，而不切于人事耳。知史学之本于春秋，知春秋之将以经世，则知性命无可空言"。"言性命者，必究于史"。"儒者欲尊德性，而空言义理以为功，此宋学之所以见讥于大雅也"。（《文史通义》卷五"内篇五"）

那些完全脱离现实（亦即历史）的繁复细密的抽象思辨，实乃"千古桎梏"和"千古荆棘"，并无何重大价值和意义，愿以此赠港台新儒学及其大陆门徒们。

关于"两德论"

7. 这里大概必须要说说"两德论"了。

有些人认为，我这"两德论"是受 John Rawls《政治自由主义》(1993年)一书的影响而提出的。实际情况是，我最初提出"两德论"是《哲学探寻录》，该文作于1991年春，1994年春改毕，刊出于同年香港《明报月刊》（第7—10期）。我一直认为，中国传统自古迄今，始终有一个中国式的"政教合一"即宗教、伦理、政治三合一的问题，经常表现为一种泛道德主义，影响甚大，严重阻碍现代民主和真正道德的建立，应予以解构，解构之后再重建。而解构途径似应是区分"宗教性道德"与"社会性道德"。Rawls该书出版，当时我并不知道，也未看过。之后，我读到该书中提出可与传统脱钩的"重叠共识"(overlapping consensus)，觉得与我讲的"两德论"的现代社会性道德颇有相似之处。在我记忆中，Rawls论说的是当今的社会政治原则与自由、平等、人权、独立等等制度、观念不必强调其来自某种特定的传统或文化，不必去追溯、探寻、论证或归结于某种文化传统，如一般追溯或归结为古希腊平等的自由民、或基督教的上帝面前人人平等；Rawls认为只要证明这些规范是当今人们达成的"重叠共识"就可以了，便可避免很多无谓的争论和剧烈的冲突。这种看法似乎以前没人提出过，受到了学界的重视，被称之为"脱钩论"。"重叠共识"成了常见的术语，我也非常赞同。

但尽管赞同，我的"两德论"与之却仍有两大差异。

第一个差异是，我认为Rawls没有交待这种"重叠共识"有何基础、如何可能和有何来由，"两德论"对此却有所阐释。华东师大童世骏教授曾送我在国外刊物上发表的一篇英文文章，题目好像是《关于"重叠共识"的"重叠共识"》，其中提及关于"重叠共识"有C.Taylor、Habermas以及我的不同说法，指出我认为"重叠共识"的基础和来由是因为现代大工业生产、商品经济发展至今日全球一体化，日益要求劳动力自由买卖，从而以个体为单位、以契约为原则便成了各个地区各种社会结构和制度体系的共同的走势和"重叠"的"共识"，此文现不在手头，不知有误否，但童称我为一种"马克思主义的解说"是记得清楚的。我也一直未予否认，但这又仍然不过是"伦理学总览表"中的那条第一个"情"（生产－生活情境，如英国中世纪晚期的羊毛贸易、开始机器生产等等）到"礼"（英国大宪章以来的政治走势和制度）和"理"（自由平等独立人权等伦理意识和政治观念和理论，如Locke的《政府论》等等）的实线所表示的。"总览表"中的实线表示某种必然性的建构，虚线则是或然性的解构。例如在传统的宋明理学中，朱熹是实线，朱学以"理一分殊"作出乡规、族约、里规、祠议等等伦理道德的建构性的制度安排和观念体系,统治中国数百年之久,阳明则只能是由理到礼的虚线,王学以强有力的自由意志对旧有秩序作了解构性的挑战、破坏和颠覆,大讲"端茶童子即是圣人"、"满街都是圣人"等等,对旧有的礼法制度和观念、情感产生了重要的冲击,但并未能作出建构性的秩序安排和制度设计,从而始终未能成为统治社会的正统学说,明代中晚盛极一时后在清代便消歇。但阳明学在鼓励人们独立自主的意志方面却对后世起了巨大影响。

但中国终于在清朝遇到了所谓"三千年未有之大变局",这也就是西方以大工业商品生产对以家庭小农制生产—生活方式为基础的传统社会的入侵,特别加上中国在"船坚炮利"的外国侵略下不断失败,西方以空前的巨大物质力量在严重地解构传统的伦理—政治—宗教体系,给人们特别是士大夫知识人的思想、观念和情感上带来了空前的震撼和剧变。传统宗教性道德本身和统摄其下的社会性道德,完全不能适应和应对这个变局,"三纲六纪"、"三从四德"等等均开始动摇。二十世纪初,敏感的梁启超便提出要分辨私德(宗教性道德)和公德(现代社会性道德)。尽管很快梁就退了回去,但终于不久在陈独秀发出"伦理的觉悟是最后的觉悟"、"提倡新道德、反对旧道德"的高昂呐喊中,揭起了现代启蒙的狂潮。这也不由得使人想起清末立法论争中新旧两派关于"无夫奸"的激烈争辩,其极端的例子,是父亲杀死有男朋友(未婚)的女儿,因为女儿未守旧道德的贞操,结果是父无罪而男友处死。这在今天看来荒唐的"道德"观念,近百年前仍是真正的现实,在三合一的礼教族权统治下,男女通奸双方沉塘溺死的处置所在多有,人们从今天电视连续剧中也许还能看到一点点。伦理道德与政治、族规本密不可分,与今日某些学人的说法完全相反。

所以启蒙的伟大功绩在于,在思想、观念和情感上突破了这些旧道德传统对人的束缚,婚姻自主、女孩剪发、男女同校成了五四时期道德激烈斗争的启蒙主题之一(参见拙文《启蒙与救亡的双重变奏》)。理性启蒙使西方从圣经—神学、中国从四书五经的礼教中解放出来。于是,什么是我?我不再只是父之子、子之父,妻之夫、夫之妻……启蒙使个体有了"自我"的觉醒,从现实根源看,其社会基础仍然是劳动力的自由买卖冲破了传统的角色定位,"家和万事兴"不再能是决定性的了,只留下了具有重要价值的情感意义和内涵。总之齐家与治国已无甚干系,角色伦理已失去社会基石,以至长久以来被自由主义误认为家国分离的古希腊传统优于中国,如此等等。这个似已相当古老的启蒙故事,实在不必再说。之所以再说,正是因为这个故事并未在实践中讲完,无论是中国还是全世界。传统宗教性道德至今仍以各种变化了的方式在顽强地反对、抗拒、阻挠现代社会性道德的实现。包括近年塔利班政权、基地组织、伊斯兰国以歪曲《可兰经》的方式在作殊死斗争,由于社会公正远未解决,政教分离不能一蹴而就,"阿拉伯之春"的必然失败,便迅速蔓延起一股反动浪潮,造成了世界历史的可悲倒退。某些伊斯兰地区不许儿童接受现代学校教育,只读《可兰经》,

与十多年前一些中国学人倡导不上学校只读经书,我当时称之为"蒙启"活动何其相似乃尔!历史具有各种偶然性,有曲折,有倒退,倒退可以几年、十几年、几十年甚至更长,但对人类总体来说却不过一瞬,或迟或早,人们会回到"经济发展—个人自由—社会公正—政治民主"的正轨上来。这里我不怕嘲讽,仍愿重复多年前的话语,来说明区分两德的重要性,并以之回答反对两德区别、批评我将伦理道德与政治法律联同一气从而概念混乱或混淆的论者:

> 问:公民课比《三字经》重要?
>
> 答:对,正如比念《可兰经》、《圣经》重要一样。公民课是灌输现代社会所必须遵循的行为规范、伦理秩序及其理由,培养孩子从小便讲理性、守秩序、护公物、明权界、别公私,以及自由、平等、独立、人权等等观念。然后再加上《三字经》等传统典籍宣讲的孝亲敬师、长幼有序、勤奋好学、尊老扶幼、阅读历史、重视经验等等,使二者交融汇合,情理和谐。二者不免有差异或冲突,其中一部分可以作出新解释,例如传统大讲君臣,在现代可以转换地改变为上级发号施令,下级服从执行,但双方的人格和人身却是独立、平等和自由的,上级可以"炒鱿鱼",下级也可以"拂袖而去"。这是以现代社会性道德为基础,却也符合原典儒学"君臣以义合"、"君使臣以礼,臣事君以忠"的"教义",而不是后世专制政体下"君不君,臣不可以不臣"的绝对服从和无条件侍奉和依附。

其中有些事不可调和的，那就应该明辨是非，以符合现代生活为准。总之，不以此为准，即不以现代生活为基础和依据，不通过现代法治和现代社会性道德，而想以某种宗教性道德来整顿人心、安邦定国、惩治腐败，认为这是中国模式，那就无论学雷锋还是学孔子，无论提倡共产主义道德还是提倡儒家道德，我看都不能解决问题。[1]

公民课并非法律或政治，却是与它们相关的对儿童、少年应有的道德教育，如引文中所提出的那些，它们已不属于传统道德，而是今天日常生活中由公共理性所规范的现代社会性道德。

8. 认为现代社会性道德有其经济基础的根源，是"两德论"与 Rawls 不同的第一点。第二点不同在于，Rawls 在脱钩后，避而未谈传统宗教性道德与现代社会性道德的关系，似乎要将政治与道德完全割开，以至有人讥之为无道德的政治。其实，我以为他讲的那些公共理性等规范在一定意义上就正是今日的现代社会性道德，如上段所说，它们之所以能够被"重叠共识"，正由于各不同地区、文化、宗教的人们随着生产－生活方式的改变，要求和需要有不同于传统道德的行为方式，即这种现代社会性道德。问题在于这种新道德与传统道德二者之间有何或应有何种关系。Rawls 没谈，而我的"两德论"则恰恰非常重视，认为二者可以"脱钩"即区分，但不能完全脱离，并提出传统道德对

---

[1] 《人类学历史本体论》，青岛出版社，2016年，第189页。

现代社会性道德可以起某种"范导"(regulative principle)和适当构建(properly constitutive principle)的原则作用。其中如象征性的,美国总统就职宣誓时以手按圣经的仪式,英国、瑞典等国人民对保留至今的皇室仍有仰慕爱戴的情感;其负面的、实质性的,如前述美国激烈的反堕胎运动,等等,情感在这里的作用都非常之重要。

所以,最重要的是"适当构建"中的"适当",这很难掌握,而必须根据各种具体"情境",作出"度"的把握,其中特别是不能全面或过分构建,让情感替代了公共理性。上述十年读经运动的彻底失败,便是如此,它说明想以传统宗教性的礼教教育来替代或全面构建现代社会性道德之路,如某些学人所设想,是行不通的。这种"适当构建"需要长期的经验积累,因此现在只能做一种比较抽象的、原则性的提示。有如《论语今读·前言》所说:

> 宗教性道德("内圣")可以经由转化性的创造,而成为个体对生活意义和人生境界的追求,它可以是宗教、哲学、诗、艺术。社会性道德("外王")可以经由转化性创造,而成为现代政法体系的中国形式:将重视人际和谐、群体关系、社会理想以及情理统一、教育感化、协商解决等特色,融入现代政法的民主体制建构中,而开辟某种独创性的未来途路。

这也就是说,中国儒学传统的内圣外王两个方面,除掉其不适用的因素，例如，今日必须是"以法治国"(rule of law)，不能再是以首领或世人的道德与否来治国，不能再是"其身正，不令而行；其身不正，虽令不从"的"以人治国"，但是己身的正不正，又可以起到某种范导作用，具有教育下级、感染同僚，使百姓敬佩、人们亲近的重要效果。又如，尽管外在传统的"角色"伦理关系已难保存，"天下无不是的父母"、"父母在不远游"等角色具体规范已不可能，但"常回家去看看"、亿万人次的春节返乡甚至三代同堂却依然可存。谭嗣同的"君臣朋友也"、"父子朋友也"在外在制度上可能如此，但在情感关系上却并不然。本来，人生下来就成长在一定的人际关系中，从来没有什么"原子个人"的自我，我也从来不认同所谓"天赋人权"、"人生而平等"以及"无知之幕"等等理论，因为它们都是非历史的，我曾因此而遭到海内外自由派的猛烈抨击。但我又一直认为这些并不正确的理论在历史上起了构建现代社会性道德和现代政经体制的伟大进步作用。今天它们虽然产生了许多重大失误而应加以修正或纠偏，但修正或纠偏的方向不应是仍以个人为本位的社群主义，而可能应是重情感的角色关系的传统儒学之路。所以，我先后提出了"和谐高于公正"、"新一轮儒法互用"、"历史与伦理二律背反中的度"以及将汉代以来的"原心论罪"、"屈法伸情"、"重视行权"、"必也无讼"等作历史经验的参考。这也就是我所主张的以"情本体（情理结构）"对"公共理性"的"外王"（其中包含现代社会性道德）作"范导和适当构建"之路。从而，儒学道德远不止于个体的"践仁尽性"、

"知天成圣"的"内圣",明矣。

有人问,你这里讲道德,大多是讲伦理规范以及政经体制,为什么不称之为宗教性伦理、社会性伦理,而称之为道德?答曰:伦理是指一整套社会规范、制度、风俗、秩序,这里只是指个体行为的观念内容,只涉及个体的心理,所以只能用道德而非用伦理。于是,下面就要讲讲个体心理的道德要素了。

自由意志和孟子的伟大贡献

9. 在个体道德行为及心理中,我提出意志、观念和情感三要素。不变的意志是理性形式,变动的观念是理性内容,情感则是助力。情感并非道德行为的充分条件,也非必要条件。如我说过9·11事件中的恐怖分子和救火队员,道德行为的动力是意志和观念(均理性),而非好恶爱憎的情感。救火是因为爱这两栋楼的人吗?不,是作为救火队员应该去做的义务和责任,这是理性的观念和意志。恐怖分子炸楼,是因为恨这两栋楼中的人吗?不,是为了以圣战护教,也是观念和意志。但恐怖分子这种观念是完全谬误的,应受谴责。救火队员的观念,是现代社会性的职业道德,是可普遍立法的道德行为,他们是应受普遍敬重的职业英雄。但双方尽管观念截然不同,意志却是双方共有的根本动力。这在"伦理学总览表"上,就是"理主宰情"的实线。意志是理性的某种形式,它需要经过理性的艰苦锤炼,并非天然有之。因为在这种情境下,必须有强大的理性才能压制和克服动物恋生的强大本能。举引这个例子是想说明，这三种因素在道德行为和心理中的不同位置和作用。

"情本体"不是将"情"到处贴用，到处讲情主宰，恰恰不是这样。在伦理学中，是理性凝聚，从而这就不是"理智去完成性情"（本文开始所引钱穆语），而是"情感去完成理智"。正是个体的"情感去完成理智"的"理主宰情"，才能在总体上维护群体及其他人的"性情"的存在，才是在总体上的"理智去完成性情"。正如在认识论中的"理性内构"一样，在某个阶段中，例如在逻辑推理、实验中必须排除情感的干预才能完成认识一样，荀子所谓"虚壹而静"，此之谓也。但正是这个由"理"主宰的"情"才能反应到第一个"情"（情境）中，激发个体道德的高昂，使社会生活和人的性情日益提高、深刻、丰富、错综复杂和不断进步。缺乏理性的一时情绪冲动和行为，便不是来自道德心理，也不成其为道德。

10. 刚才讲意志，碰到了自由意志这个巨大问题。

何以巨大？因为自由是什么，何谓自由，这问题就不清楚。"自由"一词，在日常语言和生活中，在经济、政治、哲学各领域的涵义并不相同。凡此种种已有很多讨论。特别是当今，人工智能迅猛发展，一些科学家惊呼人工智能也有或将有自由意志，正如当年量子力学提出时，大物理学家 Sohrödinger 认为量子也有自由意志一样。到底什么是自由意志？人工智能有否自由意志，成为当今激烈争辩的场所。大多数科学家反对，他们认为人的一切行为包括道德行为在内,都是脑神经元和突触事先决定了的,人的一抬手一举足,也并非自觉的自由意志。八十年代早期,Benjamin Libet 便证明人想挥手腕前半秒钟便有神经活动,看来是自由意志(自己决定),其实自己却已是被决定了的(已先有神经活动)。因此,否定自由意志的决定论似乎占了上风。

我不是科学家,没资格参与这种讨论。但我以为,自由意志作为个体事实属于社会价值,与脑神经的科学研究无直接关系。自由意志不是一个自然科学问题,而主要是一个哲学伦理学问题。两百年前 Kant 已讲得相当准确。Kant 认为,如同上帝存在、灵魂不朽一样,自由意志是一个有关"本体"的先验幻相,而并不与人和世界的经验存在即现象界相关。现象界是因果律支配一切,即一切现象均有因果,包括人的任何意志也脱离不了因果律的支配。只有在迥然不同于现象界的本体中,人才有自由。"本体"在 Kant 那里,就是超人类的实践理性。这里再一次摘抄《批判哲学的批判》:

> 要注意的是,Kant 所谓自由,并非说在现实世界中有超出自然因果关系的自由。任何行为作为理论理性的对象,即作为思维、认识的对象,是探求其因果性的问题,即探求这件事发生的原因和规律,是对事实的表达或预测,受着严格的因果律的规定和支配,这里丝毫没有自由可言。这一方面也正好是法国唯物主义强调的方面。法国唯物主义认为,人

的一切行为都是机械必然地受因果规律所制约,根本没有什么自由。Holbach 认为,一个人被人从窗口抛下与自己跳下去完全一样,都是必然的。所谓意志,受同样必然的因果规律所制约。Kant 认为,如根据这种观点,便可以得出一切道德、法律等等都无意义的结论。因为责备一件不道德的行为就等于责备一块石头为何落地伤人一样。Kant 曾举例说,如果这样,那任何犯罪的人都可以用他的行为是受因果律支配,即他的行为有客观原因来为自己辩护。一切不道德或犯罪都是由环境、条件、个性、习惯……所必然决定,自己并无责任,那么一切刑罚责难便没有必要存在了。Kant 的自由论就是为了与这种机械唯物主义相斗争。在 Kant 看来,作为认识的客观对象,一切行为的确均有原因,是在时间中运行从而受因果律支配。但作为有理性的主体,Kant 强调,这同一件行为就有很大不同,存在着是否服从道德律令的问题。人在作任何一件行为时,只要不是精神失常,都是在具有自觉意识的意志支配下去做的,这里便面临着"意志自律",具有决定和选择的自由。可以做也可以不做,可以这样做也可以那样做。尽管最终怎样做了是可以从因果律中找到原因,但在当时决定和选择,却是自由的,是可以决定和选择遵循或不遵循道德律令的。因此他对自己的这个行为便负有道德上的责任。因为他可以不管情况如何,不管任何内在或外在的条件制约和压迫,而决心按道德律令行事,"他由于觉得自己应行某种，就能够实行某事，并且亲身体会到自己原是自由的"。人不同于机器，不同于自然界，不同于动物，不是盲目地或机械地受因果律支配，全在于他的行为是经过自己自觉意志来选择决定的。意志也就是对自己行为的抉择，自由选择便成了问题要害所在。这也就是自由。Kant强调，人作为感性现象界的存在，从属于时间条件，他的任何行为、活动和意志不过是自然机械系统的一个部分，遵循着严格的因果规律；但人作为本体的理性存在，可意识到自己是不属于时间条件的，他的这同一行为、活动和意志只服从于理性的自我立法。而道德优于认识，本体高于现象，自由可以作为原因干预自然，所以Kant强调，我"能做"是因为我"应做"。"能做"属于自然因果，"应做"就属于自由。[1]

我觉得这已经讲得很明晰，意志自律和自由意志是一个伦理学问题，即在群体生存延续中的个体行为的价值问题，与自然科学研究的脑神经元和触突下导致的身体活动属于不同的领域。如我以前所指出，一个人杀人和自杀或任何善恶行为，包括属于法律范畴的各种犯罪，都有其原因，都由因果律所支配。当然，因果律并不能等同于决定论，其中包含着更多的偶然性、几率性、循环性，等等，在现象上则呈现为"选择性"。尽管人的行为的各种不同和对立的选择都可以找出其先天或后天的原因，但在当时，这个"选择"却具有重大

---

[1] 三联版，2008年，第308—310页。

的伦理学的意义,即必须厘定这个行为对社会群体的生存延续所带来的或产生的正负面价值的效应,这些效应是由不同的自觉选择所作出的,从而"自觉选择"便成了意志自律,即自由意志的核心。是选择死还是活,是选择服从道德律令(一般都是当时社会的伦理规范)还是相反,所以,Kant认为"自由离开了道德就远远不能被人感到","只有道德才给我们初次发现出自由意志概念来"(《实践理性批判》)。

再引一段《批判哲学的批判》:

> Kant《道德形而上学》中曾明确指出意志的两个含义。一个是Wille,指实践理性自身。一个是Willkünr,指行为的自觉意识。前一个是普遍立法的意志,后一个是个体执行的意志。前一个无后一个,等于只有立法而无执行,便是空洞的;后一个无前一个,便失去其道德意义而不能成立。只有Willkünr将Wille当作法令接受而执行时,意志才成立。[1]

所谓Wille,所谓自己立法的意志也就是可普遍立法的"实践理性自身",我认为它主要是指道德心理三要素中的观念。它在履行者或执行者看来,是可普遍立法的原理原则,虽然实际并不如此,因为它是随时代社会以及文化传统的不同而不同而变异,并没有超越具体时空的可普遍立法的绝对律令,我在《批判》中把Kant的"普遍必然性"改称为"客

[1] 三联版,2008年,第307页。

观社会性"。但 Willkünr 则大不相同，它是三要素中的意志，它执行观念，古今同一，并无变化，因为它是人类百万年积淀下来的心理形式，不管人类任何时代、文化所作的伦理规范，都需要这个不变的意志力量才可能去履行，所以我认为它是三要素中的主要角色。如已再三说明，它不但不是自然本能生来就有，虽有时似乎是直觉行动，但也并非天赐的先验动力，恰好相反，它仍然是广义教育的成果，而且绝大多数是需要长期的艰苦锻炼才能获有。

此外，要补充一点的是，虽然刚才讲观念是变化的，但某些观念所造成的心理结构却又可以积淀下来。例如，"忠"这个观念和与之相连的情感，其具体对象可以变，由忠君变为忠于人民；"信"这个观念和与之相连的情感，由过去的"与朋友交，而不信乎"，变而为后代商务贸易往来中的诚信如"童叟不欺"的招牌，再变而为如今的遵守契约，作为内容的观念虽变了，这个情理结构的心理形式却仍然保存，它超越了特定时空。冯友兰所提出的"抽象继承法"就是想讲这个问题，但未能讲清楚，因为它并不抽象，而是有脑神经元和触突作为生理物质的基础的心理结构，经过历史—教育而保存、沉积下来。应注意的是，文化人类学的大量材料证明，不同地区、不同文化、不同宗教等等，各有其巨大的差异甚至冲突的道德观念，但同时又仍有许多的共同点，即维持作为人类所共同拥有的群体生存延续的同样要求。例如，Kant 伦理学那著名的"不说谎"，虽然并不具有无往不适的、绝对的普遍必然性，但一般说来，却又仍然为不同宗教、文化、民族的人类群体内部生存延续所必需。从普遍地教育儿童不说谎到许多宗教不打诳语的严格教义，都证明如此。诚恳、诚实、诚信，成了各不同文化、宗教、传统所公认的美德，而且经常加以神圣化。中国巫史传统认为，"诚者天之道也，诚之者人之道也"、"至诚如神"（《中庸》），"不诚则不能化万物"（《荀子》），以及老百姓相信"心诚则灵"，充满神圣情感（参阅1999年拙作《说巫史传统》"'仁'与'诚'"节）的诚实无妄乃行动、语言、心灵"通天人"之路，"诚"几乎成了宇宙和人类生存延续的神秘。

至于 Kant 的"人是目的"，我已多次讲过，这是具有理想性和现实意义的现代社会性道德，具有突出的时代内容，至今也远未全部实现。它成为人类继续为之奋斗的目标。这一条与可普遍立法和意志自律作为心理结构，并不相同，以前已说过了。

11. Kant 从自由意志即人的自觉选择来谈道德的善恶，真所谓"有善有恶意之动"，突出了"理主宰情"在道德结构中的特点。但也引发出 Kant 认为"根本恶"（Redical Evil）来自自由意志的问题。中国传统无此说，为什么？这又是一大问题，它又涉及了"情本体"。

我以为，所谓"根本恶"来自基督教和神学，正如 Schelling 认为上帝有邪恶的一面（见其《对人类自由本质的研究》）、Augustinus 等神学家认为人有"原罪"一样，一些神学家认为亚当、夏娃不听上帝警告的自由意志，开启了恶的根源。而中国传统与之不同,"有情世界观"带来的是恰好与之相反的"人性善"的说法。在我的伦理学中,所谓"最高的善"或"至善"便不是上帝、理式、绝对精神、超验理性,而是人类总体的生存延续,每一个人生下来就开始参与这个生存延续,因之人不但没有"原罪",反而有"原善",这也就是"人性善",它是与"生为贵"(郭店竹简)紧密连在一起的。这正是对人(包括群体与个体)的物质性身体的存在和成长延续从而对社会生活的高度肯定。当然,与"天地之大德曰生"、"天行健"一样,所谓"人性善"也只是一种逻辑推理的设定,它不是某种先验实在如孟子的"善端",也不是动物本能如社会生物学,从而它就不会与强调"学"并站在"其善者伪(人为)也"(所谓"人为"当然包括压抑动物坏的本能和培育动物好的本能这两个方面)相矛盾,因为"人性善"在这两处有根本不同的内容、含义和层次。一个层次是讲动物本能问题,另一层次是某种形上设定问题。所以,中国讨论的性善性恶与基督教讲的原罪实际上是根本不同的问题,是完全不同的概念。"生下来就有罪"来自"两个世界",人必须下罚人间经历劳苦而死亡。"人生下来性善性恶",实际是指在"一个世界"中人有动物本能的两个不同方面,这是我所理解的"生之谓性",若硬要把它们说成先验或超验,便等于认同有另一个世界而接近或类似基督教、伊斯兰或佛家的"彼岸"了。以人类生存延续为"至善"而推论出个体的"性善",是一种情感的信仰设定,即我生下来是好事,在这不可知晓而足可敬畏的物自体苍茫宇宙中,我这偶然性的渺小生命应该是善良的。这一设定可以让人对此世生存和生活有一种非常积极的、乐观的情感,展示出中国传统无人格神却有以"天地国亲师(历史以及至圣先师)"为归依对象而具备深刻宗教性的信仰特色,这也就是情本体的"有情宇宙观"的意义所在。它可以与上帝-基督情感-信仰的设定并驾齐驱。可见,我既反对社会生物学(social biology),也反对社会建构论(the theory of social construction),却又兼取其长。

与此紧相联系的问题,是 Kant 认为"应做"就一定"能做",有 Wille 就有 Willkün,但实际上在道德领域,人们经常知道"应该"去做却"不能"去做,自古至今,比比皆然,特别是在生死关头的自觉选择,"千古艰难惟一死,伤心岂独息夫人"。Augustinus 早就指出了这一点,认为只有请求上帝来帮助自己,才能够去做。但中国传统没有上帝。我以为,正是这个"有情世界观"将好恶感情与是非认知(亦即理性)紧密联系交融,以强烈好恶爱憎之心来帮助"应做"变为"能做"。这当然与请上帝帮助一样,未必能普遍实现,意志仍然是道德的动力,但情感爱憎在此具有重要的作用和特别的意义。"杀身成仁,舍生取义;惟其义尽,所以仁至",并以此与天地生生的有情之"德"相通,成为辅助"理主宰情"并推动此情进入天地境界的巨大力量。

12. 于是这里就必须讲到道德情感了。

这又是一个麻烦和复杂的问题。

首先，什么是道德情感？是道德行为前发生的情感，还是道德行为中的情感，还是道德行为后的情感？这三者并不相同。

道德行为前的情感，一般认为就是同情（sympathy）或移情（empathize）。Hume 认为它是道德行为的动力，Schopenhauer 认为是基础。当今的道德情感主义更是如此，并成为反 Kant 的理性义务论的主流。对此，我已多次明确表示反对，并举过前述 911 事件双方的例证，还说明正如双方士兵即使憎恶战争，但作为士兵却必须奉命向前，以履行作为士兵的道德义务一样，执行命令与个人情感可以无关。

至于道德行为中的和道德行为后的情感，我仍然认为 Kant 讲得比较准确：敬重。在 Kant 所描述的敬重情感中，有一种不快的因素，为什么？因为这种情感在开始时总有不能舍弃自己的利益和恋生之情，所以不快，但随后又以能够自我克服这种卑怯，从而产生愉快。所以 Kant 说，这是一种"知性的愉快"。人们忍受、克服酷刑苦役来坚持自己的观念，所感到的就是这种精神上的"知性的愉快"即自豪。人们或后人对这种道德行为的情感更是如此。首先是自惭形秽（即自己未必能做到的渺小、卑怯），随后认识到自己能战胜这种卑怯，展示出自己心灵的理知力量而愉快。这与审美的崇高感相当类似。审美是对大自然，道德是对人，前者是崇高感，后者是敬重。

我曾译 Kant 那著名的"墓志铭"，"恒兹二者，畏敬日增：位我上者，灿烂星空；道德律令，在我心中"。我与 Kant 不同的是，在 Kant 那里，灿烂星空与道德律令都属于不可知的物自体即本体世界，也就是一个超人类的理世界。我以为这仍然是"两个世界"的文化心理结构。巫史传统的一个世界去追求超验，是失败过的（见《论实用理性与乐感文化》文中"宋明理学追求超验的失败"节）。我以为，灿烂星空的宇宙为何存在确不可知，但道德律令服务于人类总体的生存延续却是可知的。我更赞同 Einstein 的话："我不相信个体的不朽，我认为伦理学只是对人类的关怀，并无超人类的权威站在其后。"总体宇宙，人所难知，道德领域，人人参与。"舜何人也，予何人也，有为者亦若是。"所以在自由意志中，得归结于孟子了。

再引一段旧作（略有一句增添）吧：

> 问：与你似乎相反，许多中外学者都高谈孟子的"恻隐之心"，亦即同情，以之为伦理道德的出发点。从宋明理学到牟宗三，更是把它抬到超验的本体高度，构成了从内到外的道德形而上学。
>
> 答：很抱歉，我在根本上便不赞成孟子的"四端"说。"恻隐之心"不是什么超验或先验的"本体"、"天命"，它倒的确可以是动物也有的某种本能，但"是非"、"辞让"、"羞恶"也说成是动物本能或自然天性，恐怕很难说通了。总之，我反对孟子的"不虑而知"、"不学而能"的先验论，认为它已背离孔子，我对孟子的看法不同，我认为孟子对伦理学的

伟大贡献不在这里。

问：那在哪里呢？

答：孟子的伟大贡献，我以为是极大地突出了士大夫知识人的独立自主的个体人格，亦即伦理道德中的自由意志。他继承和极大地发扬了孔子的"三军可夺帅也，匹夫不可夺志"、"岁寒，然后知松柏之后凋也"(《论语·子罕》)，提出"至大至刚"(《公孙丑上》)、"上下与天地同流"(《尽心上》)可与宇宙"浩然之气"相通的大丈夫伟大品德，"富贵不能淫，贫贱不能移，威武不能屈"(《滕文公下》)。它本源出于远古巫师所夸扬的内在心灵能上天通神的巨大神秘力量，孟子把它理性化了，对中国后世影响极大，成了中国历代士大夫知识人的伟大传统和心魂骄傲，至今仍有巨大影响和现实意义。而这恰好是伦理学的要害所在。

……尽管鲁迅骂孔子、批国粹，是反传统的急先锋，但鲁迅死后，灵柩上盖着的仍然是"民族魂"的旗帜。可见，这"民族魂"正是关怀国事民谟、坚韧奋斗、决不屈从的知识人独立的伟大个体人格和自由意志。

问：这才是中国传统强调"人之所以为人"的哲学伦理学。

答：正是。难道这些是由"恻隐之心"所自动生发出来的吗？当然不是。所以孟子才大讲"苦其心志，劳其筋骨，饿其体肤，空乏其身，行拂乱其所为，所以动心忍性，曾益其所不能"等等，说的正是这种人格塑造、这种意志力量是由理性主宰不断锻炼的结果。这就是我讲的理性凝聚。[1]

孟子突出的是《孔子再评价》文中的"仁的结构"第四因素，即个体的独立人格，亦即自由意志。阳明学"即知即行"（亦即认识"应做"就"能做"，即强调意志力量）的价值也在这里。中国传统不作身心两分，它不脱离感性去空谈心性和先验。上述的"劳其心志"与"饿其体肤"便是紧接在一起的。因此，所谓工夫就在伦常日用之中，而不是在"半日静坐"中去求做圣人。其实《孔子再评价》便说过：

> 作为伦理实践必要条件的意志力量之所以不同于一般的感性，便正由于其中已凝聚有理性，这就是所谓"集义"。它是自己有意识有目地培育发扬出来的。这就是"养气"。……孟子强调的正是凝聚了理性的感性力量。[2]

孟子所谓"先验"的"四端"并没有离开人的感性心理。

后儒以脱离人的感性心理讲"四端"并以之为道德源头，却忽视或掩盖了孟子强调具有巨大感性力量的自由意志乃其主要贡献，是伦理学核心。正因为个体道德以此具有感性力量

[1] 《人类学历史本体论》，青岛出版社，2016年，第176—177页。

[2] 《中国古代思想史论》，三联版，2008年，第48页。

的自由意志为轴心，便使"仁"的四因素能运作展开，从而构成中国传统伦理道德具有"人情"特色，而不同于Kant纯理性的"绝对律令"(categorical imperative)。[1]

所以中国传统的自由意志充满情感和内容，而不同于为Hegel所批评的康德那虽普遍立法却无内容的自由意志。

总之，伦理学总览表仍然只是描述整个伦理道德的形式结构，仍然只是哲学伦理学，而非某种具体的规范伦理学。从人类学历史本体论看来，各种规范伦理学和政治哲学由于时空条件的不同，便会有各种对社会伦理准则和个体道德义务的不同规范，这也就是说，它们都属于我所说的道德三要素中的"观念"范围之内，"情感"也因之可变易，唯有自由意志即坚持的自觉选择而行动可以不变，但自由意志总必须有观念内容，如两德论等等，所以伦理学总览表是 Kant+Hegel，而非纯形式主义。

尾声

13. 以上就是对"伦理学总览表"的通俗解说。"美学是第一哲学"开始于制造—使用工具的实践活动的"以美启真"，而终结于"以美储善"的审美形而上学。这形而上学不是神秘经验，而是面对伟大宇宙所产生的生命感受、生存体验、生活态度和人生境界。我认为这才是今日所

---

[1]《伦理学纲要续篇》，三联版，2017年，第399页。

谓"孔颜乐处"之所在。《论语今读·16.5注》中曾引孙奇逢的话"礼乐全在日用间应事接物上讨求个心安理顺,此便是孔颜乐处",不是空洞深渊的 Dasein,而是如何具体地对待 Dasein,不是盲目地向前冲行,而是"道在伦常日用中",在"非本真"中寻到"本真",陈献章静坐默会通体光明可以是孔颜乐处,文天祥宁死无屈杀身成仁便更是孔颜乐处、天地境界。孔学的"情本体"—"仁的结构"(见《孔子再评价》)并不离开日常生活的"情境",也只有这样,才能极大地反馈于"情境"。这才不同于释、道种种。也许,我将重提中国古人所说的:佛治心("心空万物"、"深知万相皆非相"),道养身("保身全生"、"道是无情却有情"),儒处世"知其不可而为之"、"吾非斯人之徒与而谁与"。

人是动物,但是具有情理结构的动物。既然一开头便强调以理入情,才能使动物性情绪变为人的情感,那么,何谓理、何谓理性?

如我在认识论中所认为,"理"由"实践中的理性"到"实践理性",都是人类制造—使用工具的群体活动中有效的可重复次序如先后(时)左右(空)等所产生和构成的规范性(伦理)和"规律性"(认识),其中的核心是人群协作以捕获食物和分配食物的"规范"(荀子所谓"礼之所起")和"规律",亦即伦理命令和操作技能。人的情绪和理性在这百万年以上的规范和规律中的不断磨合、冲突、调整、协和、变化、巩固,使人逐渐脱离动物界,不再是纯欲望的生理生存,也不是纯逻辑的操作机器,而成为具有仍在不断磨合变化中的情理结构的人类和个体，从而人类也就将时间的历史带入这个不可理解的宇宙物质性的物自体的伟大存在中，也只有这样，才能使这情理结构成为心理本体，才使这心理本体成为异常丰富、复杂、深刻的而能不断生成、成长的人性结构。一向被视为"形下"的历史居然闯进形上，这可能是破天荒不值一谈的谬论和不可容忍的异端，因为学人们的形上论说总是在寻求那个超时间超历史的永恒存在——Being；而"历史进入形上"与此恰好不同，与强调历史的暂时性、相对性而抹杀历史的积累性、绝对性，从而认为历史主义将导致相对主义、虚无主义的论说的确完全相反。这里不便展开漫长辩论，我以为，其真正关键仍在一个世界还是两个世界的区别[1]，后者当然以归依于神即另个世界才能得到真理、道路和生命，才能有真实的生存和安息。中国传统命题与之不同。中国的人道即天道的一个世界观恰好使历史能成为宇宙（天、becoming）、"天行"的主要课目，并使这课目得到不断的活泼生动、丰富多彩的开展。我这里又引一段以前的话：

[1] "一个世界 两个世界"亦见安乐哲（Roger T.Ames）教授译著《Sun-Tze The Art of Warfare》（《孙子兵法》）(Ballantine Books,Randon House 1993)"导论"。我于1995年正式提出此说，1996年作了论述，当时并不知安书。我逐渐展开了这命题，并认为它与巫史传统相关，非常重要。因多年未见安教授继续申论，我曾于2014年特地面问安是否放弃了此说，他说没有。

> 有如基督徒之于上帝，Heidegger之于Being，对中国人来说，"崇拜成为一种专属一己个人的真诚的审美经验（Aesthetic experience）。

事实上，它非常相似于面对太阳从远山树林中落下去的那种经验。对人来说，宗教乃意识的最终实在，有类于诗"（林语堂：《生活的艺术》）。这也就是历史本体论所讲的"人自然化"的最高境地：既执着人间，又回归天地。由"以美启真"、"以美储善"到"以美立命"。

人觉醒，接受自己偶然有限性的生存（"坤以俟命"），并由此奋力生存，不怨天，不尤人，下学而上达（"乾以立命"）。人意易疲，诸宗教主以信仰人格神立教，让众生归依皈从。但在后现代之今日，神鞭打的宗教魔方已难奏效，"人是什么"和"人是目的"终将落实在美感双螺旋充分开展的人性创造中，落实在时间性的情本体中，落实在此审美形而上学的探索追求中。[1]

我曾提出"感性的神秘"与"理性的神秘"的区分。前者是各种鬼神现象、心灵异象，特别是不可言说的某种神秘体验。后者是指宇宙自然作为无比巨大的总体，超出了因果这种在感性经验世界中通由实践所产生形成的概念和范畴，所以是不可用理知（概念、判断、推理）去认识的，只能推论、设想和思考其存在。Wittgenstein说"神秘的是世界就如此存在着"。这就是"理性的神秘"，对这种理性神秘的感受如我举过的面对星空也是一种感性经验，但它不是那种"感性的神秘"，而是对宇宙为何存在不可知晓所产生的敬畏，引发出

[1]《华夏美学·美学四讲》，三联版，2008年，第428页。

对渺小自身的生存感受、生活态度、生命意义和人生境界的深刻领会和了悟。有人认为我的"人和宇宙的物质性协同共在"只是"物理学的设定"而不是所谓"第一义"的"形而上学的设定"。可惜的是,各种各样无论是以"仁"还是以"天"为本体的所谓"第一义"的"形而上学的设定",都最终只能以某种宗教或准宗教的神秘主义为指向和归宿。牟宗三就明确说过反对 Kant 的反神秘主义,说"我们讲 Kant 是使他上升"到神秘主义(见牟著《中国哲学十九讲》结尾)。这神秘主义常常是以某种"感性的神秘"即以神秘经验为基础或指归,如 W.James《宗教经验种种》所描述的那些。但由"工具本体"发展而来的未来脑神经科学,将逐渐揭开这种种"感性的神秘",作出实证的、经验的阐明甚至复制,其"神秘"、"神明"、"神圣"便难再有。所以,惟有"世界如此存在"由于超出因果等逻辑范畴从而理性无由处理和解答,才可能成为永不可知的最大神秘,其无由解释、不很确定但又规律性的运行才是"神明"。"理性的神秘",使"情本体"以"无情辩证法"("天地不仁,以万物为刍狗")为背景(参见《哲学探寻录》),挺立和彰显出"有情宇宙观":以美立命,使"无"成"有",以深层的情感信仰去肯定、热爱、把握、创造人生。

我在《关于"美育代宗教"答问》文中说:

> 尽管《圣经》讲肉体复活,一般却较难相信常人肉体的永生、复活、不朽,从而灵肉分离、灵魂不朽,成为所期望

的情感-信仰寄托之所在。但没有了肉体,也就没有食色欲望和由此产生的种种矛盾、冲突、爱恨情感和理解。一切十全十美,圆善完满,实际上恰恰是同质、单调、极其贫乏无聊的。脱此苦海,舍此肉身,在满堂丝竹尽日笙歌的西方净土变式的佛家乐土或上帝天国中纯灵相聚,无爱无恨,无喜无嗔,即使天长地久,又有何意味?没有肉体生存,所谓"精神生命"才真正是苍白的空无。真乃"我欲乘风归去,又恐琼楼玉宇,高处不胜寒。起舞弄清影,何似在人间",即使"人有悲欢离合,月有阴晴圆缺",甚至充满苦难悲伤,也比那单调、同质的天堂要快乐。一切幸福和不幸,其意义和价值都在发现人的历史生命,都在实现、丰富和发展现实的人性能力和人情感情。[1]

我说过历史有三性:具体性[2]、积累性[3]、偶然性。偶然性极为重要,它含有主动和选择,不仅与立命有关,而且造成了历史。我也一再说过"历史进入形上",没人注意,但我以为十分重要。尽管这命题似乎荒谬,但与我反对超验却主

[1] 《人类学历史本体论》,青岛出版社,2016年,第573页。
[2] 具体性指一定的时间、地点、条件等等,其中也就包括人们的社会性、时代性、阶级性、相对性等等。
[3] 积累性包括外积累和内积累。外积累主要指人们社会生活的文明、文化亦即"人文"的变化发展,尽管历史有倒退时期,但因为人要吃饭,即要求食衣住行性健寿娱的存在和改善,这唯一强劲的必然性,使历史从总体说仍在或极缓慢或极迅速地向前行进,其硬核仍在制造使用工具的改进、更新、变化和发展。内积累主要即积淀,指人类心理即"人性"的出现、形成、演变和发展。积累性肯定人文和人性外内两方面曲折复杂的前行和进步。

张超越密切相关：超越一己的有限——己的生存、生命、生活、苦乐、悲欢、功业、名利、关系……面对青山绿水，进入审美代宗教，所以我说过"中国的山水画有如西方的十字架，几乎无处不在"这句很要害的话。正是历史进入形上，才能以丰足富饶、人所独有的情理结构，使人与宇宙物质性的协同共在具有多样而深沉的心灵内容而成为本体。也就是说，历史决不只是一堆僵化的文本纪录，不只是所谓事迹、人物、数字、账号，它实际容载着的是无数世代人们生存生活的悲欢离合、偶在实然。中国诗文中那么多的咏史感时、伤春悲秋、吟山叹水……便是以历史时间所产生的时间性的心灵审美进入超越的天地境界，它不是心、性道德的固定管束，而是并无实体却与宇宙节律（春秋代序、山川风物等等等等）协同共在的超道德的情本体。此之谓美学是第一哲学。

今天，电脑、手机、互联网等工具本体正在极其迅速地、大规模地影响和改变人们的生产－工作和生活方式。我曾开玩笑地说，一个手机就可以让你在虚幻世界与天地万物合为一体，你又何必去"半日静坐"苦求那将来可由科学复制出来的万物一体的神秘经验呢？你又何必在舒适书斋里去拼命论证和寻觅那并无切身体验的"通体是仁心德慧"、"清澈精诚恻怛之圆而神之境"的"圣人"呢？还是去好好珍惜、眷恋、感伤、了悟"当时只道是寻常"的生活吧。真乃日日是好日，担水砍柴，莫非妙道，"世俗可神圣，亲爱在人间"。

（原载《中国文化》2018年春季号，有增补）